EVERY SHOT
COUNTS

최상의 경기력을 끌어내는 프로들의 전략

EVERY SHOT COUNTS

에브리 샷 카운트

마크 브로디 지음 | 김상우 옮김

하빌리스

차례

PART❶ 골프 성적

PART **II** 골프 전략

서문

숀 폴리
(타이거 우즈 등 PGA 투어 프로 골퍼를 지도했던 스윙 코치)

내가 마크 브로디(Mark Broadie)의 분석을 처음 접한 건 PGA 투어 홈페이지에서 '퍼팅 이득 타수(Strokes Gained Putting)'라는 기록을 봤을 때였다. 골프는 단체 경기가 아니라 개인 경기다. 선수 개개인이 통계를 통해 본인의 상태에 대해 더 잘 알 수 있고, 이를 바탕으로 어떤 부분을 더 훈련해야 하는지 잘 파악할 수 있다. 이 점이 바로 골프의 매력이다.

이 통계 기록을 통해 우리는 선수 개개인이 오늘 퍼팅을 얼마나 잘했고, 상대 선수와 비교해 타수의 이득이나 손해를 어느 정도 봤는지 알 수 있다. 나는 당시 '이거 아주 좋은 아이디어인데?'라고 생각했다.

나는 브로디의 통계 분석 방법이 퍼팅뿐만 아니라 드라이브샷과 아이언샷을 평가할 때도 활용할 수 있는지 궁금했다. 그리고 바로 마크에게 연락을 취했다. 내가 수학을 잘하는 사람은 아니지만, 이득 타수 기록을 받았을 때 곧바로 다른 기록들과의 큰 차이를 발견할 수 있었다. 드라이브샷 종합* 1위인 선수가 브로디의 드라이브샷 이득 타수

---

* total driving. 드라이브샷 거리 순위와 페어웨이 안착률 순위를 합산한 결과.

순위로는 27위에 불과했다. 나는 처음에 이상하다고 생각했지만 '드라이브샷은 쇼, 퍼팅은 돈'이라는 오래된 골프 격언이 사실이 아님을 통계 기록을 통해 금방 알아차릴 수 있었다.

　수학은 거짓말을 하지 않는다고 한다. 드라이브샷 이득 타수에 따르면 드라이브샷은 정확도보다 거리가 중요하다. 드라이브샷 이득 타수 상위 5인을 보면, 모두 대단한 장타자라는 공통점이 있다. 어마어마한 장타자들이다. 하지만 이들의 드라이브샷이 페어웨이에 안착하지 못하는 경우도 많다. 스윙 스피드가 느린 다른 선수들의 드라이브샷과 비교해서 그들의 티샷 미스는 아주 큰 문제처럼 보인다. 하지만 버바 왓슨(Bubba Watson), 더스틴 존슨(Dustin Johnson), 타이거 우즈(Tiger Woods), 로리 매킬로이(Rory McIlroy)가 러프에서 9번 아이언으로 칠 때 페어웨이에서 5번 아이언으로 치는 선수보다 유리한 이유는 홀까지 남은 거리가 짧기 때문이다.

　그동안 많은 골퍼가 페어웨이에 안착시키고 그린에 올리는 것에 초점을 맞춰 배워왔다. 하지만 나는 직감적으로 롱 아이언샷이 더 중요하다고 말해왔다. 많은 사람이 나에게 "당신에게 배우는 선수들은 웨지샷을 훨씬 더 많이 연습해야 하지 않나요?"라고 말한다. 하지만 나는 그들이 경기에서 80야드* 웨지샷을 그렇게 자주 하지 않는다는 것을 알고 있다. 나는 항상 190~230야드 샷을 연습하라고 말한다. 이득 타수 기록이 나의 주장을 뒷받침해주고 있었다.

　연습 시간을 어떤 부분에 할애해야 하는지는 매우 중요하다. 당신이 좋아하고 잘하는 부분을 연습하는 것은 쉽다. 장점을 발전시키려

* 원저의 야드(yard)는 미터(m)로 환산하여 번역하지 않고 그대로 표기했음.

는 노력을 반대하는 것은 아니다. 장점은 유지하고 싶기 마련이다. 하지만 당신의 단점을 개선하려는 노력도 중요하다. 내가 가르치는 선수들도 이전까지는 자신의 단점을 잘 인정하려 하지 않았지만, 눈앞에 숫자를 보여주자 인정하지 않을 수 없었다.

이 숫자들 덕분에 나는 선수들에게 이렇게 말할 수 있다. "봐, 너는 대회 우승을 위해서 이런 점을 보완해야 하고, 상금을 따기 위해서는 이런 부분을 키워야 해. 네 느낌대로 훈련을 하는 게 아니라, 이 통계가 꼭 보완이 필요하다고 알려주는 부분을 연습해야 한다고." 그러면 선수들은 인정할 수밖에 없다. 숫자를 본 선수들은 "네, 무슨 말인지 알겠어요"라고 말한다.

이 분석은 심리적으로도 효과적이다. 언젠가 저스틴 로즈(Justin Rose)가 "웨지샷을 더 잘했으면 좋겠어요. 마음에 들지 않아요. 웨지샷 연습을 더 많이 해야겠어요"라고 말한 적이 있다. 나는 "이상한데? 마크 브로디는 네가 PGA 투어에서 웨지샷 1위라고 했거든"이라고 말했다. 기록을 본 후 그는 더 자신 있게 샷을 했다. 샷을 하기에 앞서 '아, 좀 찜찜한데'라고 생각하기보다 '내가 최고래. 이건 좋은 기회야'라고 생각하게 되었다.

훌륭한 선수라는 것을 납득시키는 데에는 이러한 숫자가 그 어떤 심리학자보다 낫다. 아주 합리적이고 논리적이기 때문이다.

선수들이 상금을 더 많이 벌고, 세계 랭킹을 더 높일 수 있도록 모든 장애물을 제거하는 것이 내가 할 일이다. 그렇기에 나는 브로디의 정보가 높은 가치를 가지고 있다고 생각한다. 정확하게 측정할 수 있는 것을 군이 대충 짐작할 필요는 없지 않은가? 우리가 일반적으로 믿어

왔던 많은 것은 오랜 경험이 축적되어 전달된 것들이었고, 우리는 그 것에 별 의문을 가지지 않았다. 코치로서 이러한 숫자의 가치를 높게 평가하는 이유는 이것이 단순한 짐작이 아니라 팩트이기 때문이다.

전통적인 골프 통계는 공항 상공을 선회하며 기름이 소진되기를 기다리는 비행기와 같다. 이 비행기는 착륙하거나 추락할 것이다. 사람들은 기존 방식에 안주하면서 구태여 새로운 사고방식을 개발할 노력도 하지 않고, 필요성을 느끼지도 않는다. 하지만 언젠가는 브로디의 분석 방법이 골프 성적을 평가하는 척도가 될 것이다. 너무나도 당연한 논리이기 때문에 사람들은 그냥 받아들이기만 하면 된다.

이 분석 방법으로 나는 많은 선수의 기량을 향상시킬 수 있었다. 다른 PGA 투어 선수들이 스코어의 6%만 차지하는 샷을 연습하느라 많은 시간을 쓰는 동안, 내가 가르치는 선수들은 손에서 피가 나도록 4번 아이언을 연습장에서 휘둘렀다. 어린 선수들에게도 있는 힘껏 치도록 연습시켰다. 파워와 스윙 스피드 향상에 중점을 두고 연습시켰다. 일단 멀리 칠 수 있는 게 가장 중요하다. 똑바로 치는 것은 나중에 배울 수 있다.

마크 브로디의 이론은 누구보다도 대회에 출전하는 선수들에게 중요하다. 내가 선수들의 기술을 약간 향상시키는 것보다, 선수들에게 이 숫자의 진실을 알려주는 것이 훨씬 더 효과적이었다. 지금까지 배워온 것과 다른 방법일지라도, 숫자를 통한 이 분석 방법이 더 좋은 성적을 내고 싶은 사람, 유소년 선수, 대학 선수 모두가 앞으로 가야 할 길이다.

들어가며

당신은 어떤 샷을 칠 것인가를 어떻게 결정하는가? 대부분의 사람이 스탠스를 잡고 그 순간의 느낌으로 결정한다. 주로 '음, 자신 있어. 핀을 보고 쏘자. 지난 홀을 망쳤지. 이번엔 안전하게 치자' 같은 직감대로 결정한다. 하지만 데이터와 신뢰도 높은 분석처럼 더 확실한 것을 바탕으로 이런 결정을 내린다면 어떨까? 찰스 디킨스(Charles Dickens)는 자신의 저서 『위대한 유산(Great Expectations)』에 "겉보기로 판단하지 말고 모든 것을 증거로 판단하라. 그보다 더 좋은 원칙은 없다"라고 썼다.

우리는 골프를 치면서 좋지 않은 결정을 자주 내린다. 아주 좁은 틈으로 샷을 날리다가 결국 공이 나무에 맞고 더 어려운 곳으로 가버린다. 핀을 보고 쏘다 벙커에 빠져 버디 기회를 놓치기도 한다. 좋은 결정과 나쁜 결정을 구분하는 것은 그리 어려운 일이 아니다. 치기 편한 거리인 90에서 100야드를 남기는 레이업* 샷을 하는 것이 좋은가, 더 길게 쳐서 20에서 30야드를 남기는 것이 유리한가? 경사가 심한

---

* lay up. 골프에서는 위험 요소를 배제하거나 원하는 곳으로 보낼 목적 등으로 의도적으로 안전하고 짧게 치는 것을 의미한다.

1.5m* 퍼팅 때, 살살 태워서 치는 것이 더 나은가, 아니면 경사를 덜 보고 세게 치는 것이 더 좋은가?

골프에서의 모든 결정은 위험 부담과 보상의 양면성이 있다. 그린 에지 쪽에 치우진 홀을 직접 노리는 것은 벙커에 빠질 위험 부담이 커짐과 동시에 가깝게 붙여 버디를 노릴 가능성이 높아지는 것을 의미한다. 하지만 낮은 스코어를 기록하기 위해 이러한 위험 부담과 보상을 어떻게 균형 있게 유지하면 좋을지는 확실하지 않다.

골프 전략을 종합적으로 평가하기 위해서는 몇몇 샷의 결과가 아닌 많은 양의 데이터가 필요하다. 나는 10여 년 전, 효과적인 골프 전략을 알아내기 위해 데이터와 증거를 찾으려 노력했지만, 그 어떤 골프 교습서나 잡지에서도 그걸 찾지 못했다. 그래서 내가 직접 수집하기로 마음먹었다.

나는 골프의 전략과 성적을 더 잘 이해하기 위해 골프 경기를 세분화하려 했다. 골프 샷에 대한 많은 양의 세부 데이터만 있다면, 여러 가지 전략과 샷의 결과를 분석할 수 있고, 어떻게 하면 최선의 결과를 만들 수 있는지에 대해 새롭게 이해할 수 있을 것이라고 생각했다.

전통적인 통계 기록의 문제

내게 필요한 증거를 찾을 수 없었던 한 가지 이유는 전통적인 통계

---

* 원저의 피트(feet)와 인치(inch)는 미터(m)나 센티미터(cm)로 환산하여 번역함. 편의상 '1피트 =30cm'로 환산했으나, 정확히는 '1피트=30.48cm'임.

기록이 올바른 정보를 제공하지 않았기 때문이다. 스코어를 10타 줄이려면 어떻게 해야 하나? 드라이브샷을 20야드 더 길게 치는 것은 얼마나 유리한가? 최고의 프로 골퍼와 평범한 프로 골퍼를 구별하는 요인은 무엇인가? 전통적인 통계 기록으로는 이 질문에 답할 수 없었다.

루크 도널드(Luke Donald)의 코치이자 노스웨스턴 대학교(Northwestern University) 수석코치인 팻 고스(Pat Goss)는 골프 통계 분석의 힘을 믿었다. 하지만 선수들에게 전통적인 통계 기록을 적으라고 하지 않았다. 왜냐면 전통적인 통계 기록은 시간과 노력을 들일 만큼 효과적이지 않기 때문이다. 예를 들어 한 라운드에서 한 사람은 퍼팅을 31개 하고, 다른 사람은 28개를 했다고 가정하자. 퍼팅을 그린의 어디에서 했느냐에 따라 31개를 한 사람이 퍼팅을 더 잘한 것이라고 할 수 있다. 그린을 미스한 것이 드라이브샷을 엉망으로 쳤기 때문인지, 세컨샷을 잘못 친 것 때문인지를 따지지 않으면 그린 적중률이 무슨 의미가 있겠는가?

골프를 올바르게 이해하기 위해 새로운 통계 기록을 개발할 필요가 있다고 생각했다. 하지만 그 선결 조건으로 좋은 데이터가 아주 많이 필요했다.

그 당시에는 아마추어 관련 데이터는 거의 없거나 쓸모없는 데이터뿐이었고, 프로 관련 데이터는 전통적인 통계 기록뿐이었다. PGA 투어가 데이터를 수집하긴 했지만, 대부분은 스코어, 라운드당 퍼팅 수, 페어웨이 안착 수와 같은 타수와 개수에 대한 정보였다. 종이와 연필만 있던 시절에 대량의 데이터 수집은 이것이 최선이었다. 하지만 내가 하고 싶었던 분석을 위해서는 더 세부적인, 한 샷 한 샷 단위의 데이터가 필요했다.

　내가 원했던 샷 데이터는 얼마나 멀리 갔나, 어느 방향으로 갔나, 홀에서 얼마나 떨어진 거리에 멈췄나, 이런 것들이었다. 내가 알고 싶었던 것은 샷의 출발점과 도착점, 출발점이 페어웨이였는지, 러프였는지, 벙커였는지, 페스큐(fescue)*였는지, 샷이 나무에 가로막혔는지, 퍼팅이 오르막인지 내리막인지, 그리고 퍼팅이 오른쪽에서 왼쪽으로 휘는 경사인지 왼쪽에서 오른쪽으로 휘는 경사인지 등이다. 그래서 나는 지난 2001년, 골프 데이터를 수집, 저장, 분석하기 위해 골프메트릭스(Golfmetrics)라는 컴퓨터 프로그램을 이용하기 시작했다.

　제일 먼저 코스 지도를 그렸다. 지금은 구글 어스(Google Earth)를 활용할 수 있지만, 그때는 직접 그렸다. 그리고 골프를 치면서 홀의 모양이 나와 있는 야디지북**에 샷을 할 때마다 'x'자를 표시하도록 했다. 라운드를 종료한 후에는 20분 정도에 걸쳐 모든 샷을 컴퓨터에 입력했다(나중에 이 작업을 모바일 앱으로 편하게 할 수 있으면 좋겠다. 볼 옆에서 버튼 하나로 데이터를 입력하고, 라운드가 끝나면 버튼 하나로 결과와 분석을 알려주는 식으로 말이다).

　몇 년간 프로그래밍을 하고 데이터를 입력한 덕분에, 골프메트릭스 데이터베이스에는 8세 어린아이부터 70세가 넘은 베테랑까지 200명 이상으로부터 수집한 10만 개 이상의 샷이 축적되었다. 여기에는 LPGA 투어 프로, 클럽 프로, 대학 선수, 남녀 아마추어가 모두 포함되었고, 스코어의 범위는 60대 타수부터 140개 이상까지 다양했다. 이 방대한 데이터를 입력하기까지 정말 힘든 과정이었다. 이 정도 양

---

* 키가 큰 풀, 목초.
** yardage book. 골프장 각 홀의 모양과 주요 지점 간의 거리가 표시된 작은 책.

의 데이터를 수집한 후에야 골프 성적에 대한 분석과 연구를 시작할
수 있었고, 몇몇 경향성이 분명해지는 걸 확인할 수 있었다.

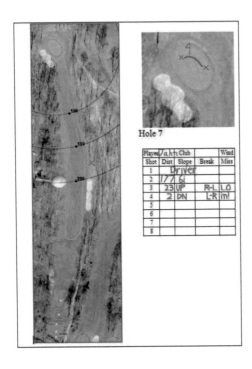

Hole 7

Player	Ja	hn	Club		Wind
Shot	Dist	Slope	Break		Miss
1	Driver				
2	177	6i			
3	23	UP	R-L	LO	
4	2	DN	L-R	in!	
5					
6					
7					
8					

골프메트릭스 야디지북의 샘플 페이지로, 내 친구 얀 레빈스(Jahn Levins)의 드라이브샷이 오른쪽 러프에 떨어졌고 홀까지 177야드 남았다. 6번 아이언으로 공을 그린에 올렸다. 오른쪽에서 왼쪽으로 휘는 7m 오르막 퍼팅은 홀의 아래쪽으로 미스했고, 왼쪽에서 오른쪽으로 휘는 60cm 내리막 퍼팅을 성공하면서 파를 했다. 샷 지점을 골프메트릭스에 입력하면 프로그램이 자동으로 페어웨이, 러프, 벙커, 그린을 구별하게 했고, 거리와 샷의 각도 등을 계산하도록 했다.

골프메트릭스가 주로 아마추어의 데이터를 입력한 것이기 때문에
아마추어와 프로를 비교하기 위해서는 프로들의 데이터가 필요했다.
본인이 직접 샷 데이터를 기록하는 선수가 몇몇 있다는 것은 알고 있
었다. 1971년 마스터스(Masters) 우승자인 찰리 쿠디(Charlie Coody)는 대
회에서의 모든 샷을 기록했다고 한다. 골프 기자 론 그린(Ron Green)은
"쿠디가 본인 경기에서의 경향을 분석하고, 어떤 부분을 연습해야 할
지 결정하는 데 그 기록을 활용했다"고 말했다. 또한 안니카 소렌스탐
(Annika Sorenstam)은 1990년대와 2000년대 본인의 약점을 파악하기 위

들어가며

해 모든 라운드의 모든 샷을 기록했다고 한다.

물론 나는 그들의 데이터를 확보할 수 없었고, 가능한 많은 프로의 데이터가 필요했다.

내가 골프메트릭스를 개발하던 당시 나도 모르는 사이에 PGA 투어는 샷링크(ShotLink)라는 한 샷 한 샷 단위의 데이터 수집 시스템을 개발하고 있었다. 2003년부터 PGA 투어는 레이저 기술과 대회당 350명의 자원봉사자를 활용하여 대회에서 모든 샷의 세부 정보를 기록하기 시작했다. 샷링크 데이터 수집을 위해 그린에서는 2인치(5cm) 내의 오차 범위로, 그린 밖에서는 1야드(90cm) 내의 오차 범위로 볼의 위치를 측정했다. 2003년부터 2012년 사이에 샷링크 데이터베이스에는 PGA 투어의 기술 후원사인 CDW의 지원으로 1,000만 개 이상의 샷 정보가 축적됐다. 이 정보야말로 내가 세계 최고의 선수들을 정확히 분석하는 데 꼭 필요한 것이었다.

이러한 데이터 수집은 PGA 투어가 대규모로, 많은 비용을 들여서, 미래를 내다보고 진행한 사업이었다. 무엇을 위하여 그랬을까? 새로운 스코어보드 시스템이 필요했고, 팬들에게 새로운 경험을 주며, 미디어에게 더 좋은 정보를 제공하고 싶었기 때문이다. 골프는 야구, 농구, 그리고 다른 종목과 달리 팬들에게 통계 기록 정보를 제공하는 방법이 상대적으로 적었다. 그런데 샷링크 데이터가 팬들에게 상세한 골프 정보를 제공함으로써 비약적인 발전을 이루었다.

나와 같은 연구자에게 이런 데이터는 동굴 속의 보물과도 같다. 사방에 새롭고 흥미진진한 정보가 있다. PGA 투어 선수가 4.5m 퍼팅을 성공시킬 확률은 얼마나 될까? 반반, 아니면 30%? 하지만 샷링크

내 아들 다니엘과 그린 뒤의
샷링크 레이저 장치

PGA 투어의 샷링크 장비차 안에서 데이터 수집을 하는 모습

데이터를 통해 PGA 투어 선수들의 평균 확률이 23%라는 것을 알 수 있었다. TV 중계를 보면 프로들은 어느 곳에서든 꾸준하게 퍼팅을 성공하는 것처럼 보인다. 성공한 퍼팅은 계속해서 방송되지만, 실패한 퍼팅은 하이라이트에 나오지 않기 때문에 이와 같은 오해가 발생하는 것이다.

이 데이터 정보가 어떤 도움을 줄 수 있을까? 당신이 4.5m 퍼팅을 앞둔 프로라면, 당신이 투어 평균보다 잘하는지 잘 못하는지 안다고 해서 퍼팅이 들어가는 것은 아니다. 그럼에도 4.5m 퍼팅 성공률을 40%라는 비현실적인 목표로 올리기 위해 퍼팅 연습에 너무 많은 시간을 투자한다면, 그것은 아주 큰 시간 낭비일 것이다.

이득 타수 : 골프 성적을 알려주는 더 좋은 지표

샷이 어디에서 출발해 어디에서 멈췄는지에 대한 이 산더미 같은 정보는 그 자체로는 의미가 없다. 이를 분석할 새로운 방법이 필요했

들어가며

다. 나는 컴퓨터 시대 초창기에 개발한 아이디어와 '동적 프로그래밍
(dynamic programming)'이라는 기법을 활용하여, 지금은 '이득 타수(Strokes
Gained)'라고 불리는 골프 성적 분석 방법을 만들었다. 이득 타수 방법
으로 선수의 경기를 전체적으로 분석할 수 있다. 이 방법으로 단순히
퍼팅 개수를 세는 것보다 더 정확하게 퍼팅 성적을 측정할 수 있게 되
었다. 페어웨이 안착 수나 드라이브샷 거리를 측정하는 것에 그쳤던
이전의 방법보다 더 정확하게 드라이브샷 성적을 알 수 있다. 무엇보
다 퍼팅, 숏게임, 롱게임* 성적의 직접 비교가 가능해졌다.

　골프에 대한 이러한 생각은 '머니볼(Moneyball)'이라는 책과 영화로도
유명한, 야구 기록에 대한 세이버메트릭스 혁명을 이끈 빌 제임스(Bill
James)의 접근 방식과 비슷하다. 야구에서 타율은 오랜 기간 타자의 효
율성을 나타내는 주요한 기록이었다. 그는 OPS**라는 다른 기록을 소
개하며, 이 기록이 득점에 대한 타자의 기여도를 더 잘 예측할 수 있
고, 따라서 그 선수의 가치를 평가하는 데 더 유용하다고 설명했다.

　메이저리그(MLB) 휴스턴 애스트로스(Houston Astros)의 분석 책임자인
시그 메이달(Sig Mejdal)은 나에게 "UZR이라는 또 다른 세이버메트릭스
통계 기록이 세이버메트릭스와 이득 타수 이론이 얼마나 비슷한지를
보여주는 좋은 예"라고 말하기도 했다. 야구에서 UZR은 선수가 수비
를 통해 평균적인 선수보다 얼마나 실점을 막느냐를 측정하는 기록이
다. 골프에서 이득 타수는 평균적인 선수보다 얼마나 평균 타수를 더

* 골프는 크게 롱게임(long game)과 숏게임(short game)으로 나눌 수 있다. 롱게임은 힘차게 쳐서
멀리 보내는 것이 주 목적인 드라이브샷과 페어웨이 우드샷, 롱 아이언샷을 주로 의미한다. 반면 숏게
임은 정교하게 쳐서 홀 가까이 보내는 것이 주 목적인 그린 주변의 샷과 퍼팅을 주로 의미한다.
** on-base plus slugging percentage. 출루율과 장타율의 합산.

줄이느냐를 측정하는 데이터다. 두 기록 모두 야구에서는 득점, 골프에서는 홀아웃이라는 목표를 향한 성적을 측정하는 기록이다. 두 기록 모두 동적 프로그래밍이라는 혈통에서 나왔다는 공통점이 있다.

동적 프로그래밍은 미래를 예측하는 시스템적 접근 방식이다. 그리고 이 개념은 다른 스포츠 종목으로도 확장되었다. 북미 아이스하키 리그(NHL) 역사상 최고의 선수인 웨인 그레츠키(Wayne Gretzky)는 어린 시절 아버지로부터 "퍽이 있는 곳 말고 퍽이 갈 곳으로 스케이팅하라"라는 조언을 받았다고 한다. 동적 프로그래밍은 여러 단계의 연결된 문제들을 통해 최적화된 길을 알려준다. 골프장에서 이루어지는 많은 샷들 중 최적화된 길을 선택하는 것은 하나의 동적 프로그래밍 문제와도 같다. 티샷의 최적화된 결정은 그 티샷으로 어떤 일이 벌어질지, 그리고 세컨샷을 어떻게 치겠다는 결정이 어떤 결과로 이어질지 등에 달려 있다. 골프는 사실 모든 샷을 할 때마다 최선의 결정을 통해 스코어를 최소화시키는 목적을 가진 동적 프로그램이라고 할 수 있다. 이득 타수 이론은 이러한 관점에서 자연스럽게 도출된 것이며, 홀아웃을 향한 과정에서 거리가 아니라 평균 타수를 얼마나 줄이느냐를 측정하는 이론인 것이다.

나는 지난 2005년, 퍼팅 이득 타수와 필드샷* 이득 타수 이론을 골프메트릭스 시스템에 도입했다. 그리고 2008년에 프로와 아마추어의 다양한 샷을 비교하는 이득 타수 결과에 대한 글을 작성하기도 했다. 나는 퍼팅, 숏게임, 롱게임의 이득 타수 결과에 대해 쓰기는 했지만, 당시에는 '샷 가치(shot value)'라는 용어를 사용했다. 지난 2011년,

---

* 원저자의 off-green shots 또는 tee-to-green을 퍼팅과 대비하기 위해 편의상 필드샷으로 번역함.

매사추세츠공대(MIT) 세 명의 연구자인 더그 피어링(Doug Fearing), 제이슨 아시모비치(Jason Acimovic), 스티브 그레이브스(Steve Graves)는 똑같은 개념으로 PGA 투어의 퍼팅 순위를 매겼는데, 당시 그들의 논문에 '이득 타수'라는 용어가 사용되었다.

PGA 투어는 2010년, 새로운 퍼팅 통계 기록을 찾고 있었다. 퍼팅에 대하여 그동안 사용해온 세 가지 통계 기록인 라운드당 퍼팅 수, 그린 적중 시 퍼팅 수, 그리고 성공한 퍼팅의 평균 거리에 문제가 있음을 발견했기 때문이다. 나는 MIT의 연구자들, PGA 투어 측과 합심해 퍼팅 이득 타수를 적용시킬 방법과 세부 사항을 연구했다.

PGA 투어는 2011년 5월, 퍼팅 이득 타수를 공식적으로 발표했다. 이는 새로운 주요 통계 항목을 15년 만에 발표한 것이며, 이득 타수는 퍼팅을 측정하는 주요 기록으로 빠르게 인정받았다.

퍼팅 이득 타수나 다른 이득 타수 기록이 골프의 심리적인 부분이나 경기 후반부의 중압감을 고려하지 않았다고 비판하는 사람들도 있다. 나는 이에 대해 중압감 속의 퍼팅 성적 같은 무형 요소를 분석하는 데에도 퍼팅 이득 타수가 단순히 퍼팅 수를 세는 것보다는 낫다는 반론을 폈다.

이 책은 이득 타수의 배경에 대한 설명서이다. 여러 가지 이득 타수의 결과를 살펴보면 프로와 아마추어 모두의 드라이브샷, 어프로치샷*, 숏게임, 퍼팅의 기술을 분석할 수 있다. 이 네 가지 카테고리는 더 세부적인 분석과 골프 성적 이해를 위해 세분화해 설명할 것이다.

* approach shot. 흔히 그린 주변에서의 샷을 의미한다고 생각하지만, 이 책에서는 그린을 향해 치는 샷(파4에서의 세컨샷 등)을 의미한다.

나는 이 책에서 PGA 투어 프로가 어떻게 대회 우승을 차지했는지 그들의 경기를 분석할 것이다. 타이거 우즈는 그가 활약하던 당시 이론의 여지 없는 최고의 골프 선수였다(물론, 그가 역대 최고의 골프 선수였느냐에 대해서는 논쟁이 있다). 전성기 시절 우즈의 대성공이 퍼팅 덕분인지, 스크램블링* 때문인지, 아니면 롱게임 덕분인지에 대해서는 의견이 분분하다. 이득 타수 방법은 퍼팅, 숏게임, 롱게임 성적을 서로 간에 직접적이면서 과학적으로, 선입견이나 숨겨진 편향 없이 비교할 수 있다. 타이거 우즈 성공의 진짜 원동력이 무엇인지 이를 통해 알 수 있다.

골프 전략에 대한 과학적 접근 방법

데이터를 통해 골프 성적을 이해하려는 것은 이제 시작일 뿐이다. 골프는 선택과 전략의 경기이기 때문이다. 혹시 당신 친구 중에 드라이브샷 거리도 비슷하고, 숏게임과 퍼팅 성적도 비슷한데 항상 네다섯 타 차로 당신에게 승리하는 친구가 있지 않은가? 물리적인 성적이 비슷하더라도 그 친구는 전략이 좋아서 이기는 것이다. 그 친구가 골프를 더 잘 치는 것이다.

골프는 분석하기 참 어려운 경기이다. 어떤 경우에는 좋지 못한 전략이 성공한다. 어떤 때는 좋은 전략, 즉 성공 가능성이 가장 높은 전

---

* scrambling. 정규 타수로 그린에 올리지 못한 상태에서 그 홀에 파를 기록하는 것을 일컫는 골프 용어. 일반적으로 그린 주변에서 칩샷으로 그린에 올리고 한 번의 퍼팅으로 홀아웃하는 상황을 말함. 흔히 업앤다운(up-and-down)과 혼용하기도 함.

략임에도 실패하기도 한다. 제임스 한(James Hahn)은 PGA 투어 카드*를 따기 위해 파5 홀에서 세컨샷을 어떻게 칠지 결정해야 하는 상황에 놓였다. 한은 물을 건너는 세컨샷으로 그린에 올릴 수 있다고 생각했지만, 그의 캐디이자 친구였던 동 이(Dong Yi)는 레이업 하길 원했다. 재미있게도, 그들은 가위바위보로 결정하기로 했다. 한이 가위를 내서 보를 낸 이를 이겼다. "분명히 물을 넘기기에 충분한 클럽을 잡았어요. 물을 살짝 넘겼는데 굴러 내려와 빠졌죠"라고 한이 내게 설명해줬다. 결국, 업앤다운으로 파를 하기는 했다.

이 책에는 골프장에서 더 좋은 선택을 하고 더 낮은 스코어를 기록할 수 있는 방법이 있다. 스윙을 어떻게 고쳐야 하는지에 대한 내용은 없지만, 현재의 스윙으로 조금 더 현명한 플레이를 하면 핸디캡**을 낮출 수 있다는 것을 보여줄 것이다. 이 책에서의 교훈으로 스코어가 줄어드는 것을 확인할 수 있을 것이다.

골프 작가인 빌 페닝턴(Bill Pennington)은 "평균 정도의 실력을 가진 사람들이 자기 문제가 무엇인지 정말 모른다는 것은 의문의 여지 없는 사실"이라고 말했다. 이를 해결하기 위하여 이 책의 9장에 여러 가지 게임과 연습 방법을 소개했으니 시간을 가지고 당신의 성적을 측정하고, 프로 및 아마추어와 비교해보는 것도 좋을 것이다. 당신의 장점과 약점을 파악할 수 있는 새로운 방법을 알게 될 것이다. 당신의 약점을 이해하고 보완하려고 노력하는 것이 연습장에서 죽어라 볼만 때리는

---

* PGA 투어 대회에 출전할 자격을 취득하는 것을 PGA 투어 카드를 딴다(받는다)고 표현하며, 반대로 성적이 좋지 않아서 그 자격을 상실하는 것을 카드를 잃는다고 표현한다.
** 과거의 경기 결과를 통해 현재의 스코어를 예상할 수 있도록 해주는, 일종의 골프 실력을 나타내는 수치. 핸디캡 10은 파72의 골프장에서 평균적으로 82타를 친다는 뜻.

것보다 스코어를 낮추는 데 훨씬 도움이 된다. 이러한 노력으로 더 나은 골프를 칠 수 있을 것이다.

프로와 코치들은 골프 통계 기록에 대해 어떻게 생각할까?

전통적인 골프 통계 기록과 이득 타수 분석에 대하여 몇몇 프로 및 코치들과 나눴던 대화를 소개하고자 한다. 로베르트 칼손(Robert Karlsson)은 나를 처음 보자마자 "난 골프 통계 기록을 별로 좋아하지 않아요"라고 말했다. 나는 그의 솔직함을 이해했고, 왜 그렇게 이야기했는지 알 수 있었으며, 그의 말에 동의했다. 많은 선수들, 코치들, 그리고 팬들이 골프 통계 기록을 회의적으로 생각하는 것은 그리 놀라운 일이 아니다. 왜냐하면 라운드당 퍼팅 수, 페어웨이 안착 수, 그린 적중률 등 전통적인 통계 기록은 혼란을 줄 수 있고, 유용하지도 않으며, 심지어 오해를 불러일으키기 때문이다.

하지만 나는 올바른 통계 기록의 힘을 강하게 믿는 사람이다.

2011년 초부터 나는 루크 도널드와 그의 코치인 팻 고스와 함께 도널드의 경기를 분석해왔다. 노스웨스턴 대학교에서 경제학을 전공한 팻은 "난 항상 루크의 경기를 통계학적으로 평가하려고 노력해왔고, 그런 통계 기록을 바탕으로 측정 가능한 방법을 개발하려고 했다. 난 그런 식으로 머리를 쓰는 사람이거든"이라고 말했다. 그는 우리의 분석을 MLB 세인트루이스 카디널스(Saint Louis Cardinals) 전 감독이었던 토니 라루사(Tony La Russa)와 비교했다. "토니 라루사가 하려던 것은 확률을 높이려는 것이었다. 왼손 투수가 나왔을 때 타율 0.240의 타자 대신 0.270의 타자를 내보내는 것이지. 1년 동안 이 과정을 반복하면 몇 점 정도가 누적되었다. 도널드의 숏게임이 2.5%만 좋아져도 1년을 누적하면 업앤다운을 더 많이 할 수 있을 것"이라고 말했다.

콜린 스와턴(Colin Swatton)과 저스틴 포인터(Justin Poynter)는 팻 고스처럼 분석하기를 좋아하는 코치들이다. 스와턴은 제이슨 데이(Jason Day)와 그레그 차머스(Greg Chalmers)의 코치였다. 그는 분기별 통계 기록 보고서를 작성하여 선수들의 기량 발전을 점검하고, 목표 수립에 활용한다. 저스틴 포인터는 J. J. 헨리(J. J. Henry)와 헌터 하스(Hunter Haas)를 지도했다. 그 역시 골프 통계 분석의 힘을 믿는 사람이다.

스와턴과 포인터는 그들의 유소년 선수들에게 점수제 기술 테스트를 실시하여 장점과 단점을 파악하고 연습 계획을 세워준다.

숀 폴리는 타이거 우즈와 저스틴 로즈, 헌터 메이헌을 지도한 바 있다. 그와 얘기를 나눠보면, 발사각(launch angles), 회전수(spin rates), 약간의 기하학, 물리학, 철학, 그리고 몇몇 재미있는 이야기에 빠지게 된다. 폴리, 고스, 스와턴, 포인터는 골프계에서 가장 통계 분석을 즐기는 코치들이다.

코치뿐만 아니라 많은 프로들도 통계 기록 분석의 가치를 믿고 있다. 내 친구인 톰 던든(Tom Dundon)이 자기 친구인 보 반 펠트(Bo Van Pelt)를 내게 소개시켜 준 적이 있다. 당시 나는 펠트에게 "통계 기록에 관심 있냐"고 물었다. 그는 "아주 관심 많다"며 "가족이 있고, 시간이 소중하니까 연습 시간을 최대한 효과적으로 활용하길 원한다"고 대단히 훌륭한 이유를 들었다.

내 친구이기도 한 에도아르도 몰리나리(Edoardo Molinari)는 이득 타수 개념을 바로 이해했다. 그는 주로 유러피언 투어(European Tour)*에서 활

* 현 DP 월드 투어(DP World Tour).

동했는데, 거기에는 기본적인 통계 기록밖에 없었기에 그는 직접 이득 타수를 계산하는 컴퓨터 프로그램을 만들기도 했다. 몰리나리는 공대 석사 학위자로서 본인의 전공을 훌륭히 활용한 셈이다. 그는 퍼팅뿐만 아니라 경기의 모든 부분에 대한 이득 타수를 따졌다. 학교 수업의 박사과정 대학원생보다 더 훌륭한 질문을 내게 하기도 했다. 몇 년 전, 그는 자신이 수집한 기록을 통해 어떤 패턴을 발견하고는 스윙을 고쳤다. 그러한 변화는 2010년 두 번의 우승으로 보상받았다.

몰리나리는 예외적으로 수학을 좋아하는 골프 선수이다. 하지만 많은 프로들이 자신의 경기에 대한 통계학적 분석을 알고 싶어 하고, 그 결과가 어떻게 나왔으며 어떤 의미인지 궁금해한다. 그래도 대부분의 프로가 퍼팅 이득 타수에 대하여 세부적으로는 이해하지 못하고 있다. D.A.포인츠(D.A.Points)는 골프 작가 애덤 슈팍(Adam Schupak)에게 "진짜 하나도 모르겠어요"라고 말했다고 한다. 이득 타수의 원리에 대한 설명을 접해보지 못했다면 당연한 일이라고 생각한다.

이득 타수의 핵심 원리는 몇 분 정도의 설명만 들으면 이해할 수 있는 간단하고도 강력한 개념이다. 이득 타수의 멋진 점 중 하나는 어떻게 계산되는지 몰라도 그 결과를 이해하는 데 문제가 없다는 것이다. 프로가 4타의 이득 타수를 기록했는데, 퍼팅 이득 타수가 3타이고 필드샷 이득 타수가 1타라면, 누구라도 그 선수의 좋은 스코어에는 퍼팅의 역할이 컸다는 것을 알 수 있다. 이것을 전통적인 통계 기록과 비교해보자. 프로가 퍼팅을 29개 하고 페어웨이 안착을 12번 했다면, 이 기록이 그의 경기에 대하여 무엇을 설명해줄 수 있는가? 애매하다.

대부분의 프로들은 원리를 충분히 이해하지 못했다 하더라도 퍼팅 이득 타수를 인정하고 있다. 왜냐하면, 그 순위와 결과가 말이 되기 때문이다. 일단 첫 반응이 괜찮다. 웨브 심프슨(Webb Simpson)은 "새 퍼팅 기록인 이득 타수가 아주 마음에 들어요. 진짜 선입견이 없는 기록이거든요"라고 말했다.

이득 타수나 다른 골프 통계 기록에 대한 프로들의 의견이 분분하기는 하다. 기록은 고사하고, 요즘에는 야디지북을 사용하지 않는 프로들도 있는데, 1960년대와 1970년대 딘 비먼(Dean Beman)과 잭 니클라우스(Jack Nicklaus)가 유행시킨 방법이기도 했다. 코치나 야디지북, 통계 기록의 도움 없이 성공하는 선수도 물론 있을 수 있다.

골프 통계 기록은 올바른 정보를 제공하더라도 그 자체만으로는 더 좋은 선수로 만들어주지 못한다. 하지만 투어 프로들은 세상에서 골프를 제일 잘 치는 사람들과 경쟁을 하고 있고, 비교 우위가 될 만한 것을 찾고 있으며, 더 잘 치기 위해 끊임없이 노력한다. 자기 기록 보는 것을 별로 좋아하지 않는 선수라도 자기 코치가 자기 기록을 봐주길 원한다. 코치를 정보 전달자로 활용하는 것도 괜찮은 생각이다. 나는 코치들로부터 많은 요청과 질문을 받고 있다. 가끔 코치가 선수의 경기에서 문제점을 발견하지만, 선수가 미더워하지 못하는 경우가 있다. 이럴 때 이득 타수가 코치에게 객관적이고 계량화된 도움을 줄 수 있고, 실제로 주고 있다.

나는 골프 데이터를 활용하여 골프 전략을 분석할 수 있다는 사실이 아주 마음에 든다. 이 책의 후반부에 몇 가지 예를 볼 수 있을 것이다. PGA 투어 프로들을 위해 몇몇 홀들에 대한 전략 분석을 해봤는

데, 이 책의 9장에 이러한 접근 방법의 예를 설명하였다. 피터 핸슨 (Peter Hanson)은 내 분석 덕분에 어떤 대회에서 4, 5타를 줄였다고 말하기도 했다. 부풀려서 이야기한 것이겠지만, 골프 전략 분석에 대한 이러한 과학적인 접근 방법의 잠재력을 보여주는 이야기라고 생각한다.

저자와 연구 방법에 대하여

컬럼비아 대학교 경영대학(Columbia Business School)에서의 내 연구와 강의의 주제는 주로 양적 재무(quantitative finance), 즉 재무 리스크를 측정하고 관리하여 투자 목표의 최대치를 달성할 수 있도록 재무 포트폴리오를 만드는 것이다. 고등학생 때부터 치기 시작한 골프는 나의 취미이다. 나의 홈코스인 뉴욕주 펠럼 컨트리클럽(Pelham Country Club)에서 나는 한 번의 클럽 챔피언과 두 번의 시니어 클럽 챔피언을 하기도 했다. 핸디캡은 4이고, 운이 좋게도 홀인원을 세 번이나 했다. 내 골프 실력이 엉망은 아니지만, 프로나 많은 아마추어와 비교했을 때 그렇게까지 대단한 수준은 아니라서 나한테 골프 스윙에 대한 조언을 기대하지는 않았으면 좋겠다.

이 책은 골프 스윙의 원리에 대한 책이 아니다. 이 책은 데이터를 이용해서 골프 성적과 골프 전략을 더 잘 이해하기 위한 책이다. 내가 이 프로젝트를 시작한 이유는, 학교나 컨설팅에서 사용했던 방법이 골프를 분석하는 데 아주 잘 들어맞기 때문이었다. 교수로서의 열정과 골프 덕후로서의 열정을 합쳐서, 재무의 세계에서 얻은 분석 기법으로 골프치는 많은 사람들에게 도움을 주고 싶었다.

2003년부터 나는 미국골프협회(United States Golf Association, USGA)의 핸디캡 연구팀(Handicap Research Team, HRT)의 멤버로 활동 중이다. HRT는 현재의 핸디캡 시스템과 슬로프 시스템*을 개발한 조직인데, 슬로프 시스템은 1987년에 USGA 핸디캡 제도에 공식적으로 통합되었다. HRT는 지금도 시스템을 유지, 관리하고 개선시키고 있다.

골프 핸디캡 제도와 골프 성적 평가는 비슷한 점이 있다. 핸디캡 제도의 가장 중요한 부분은 골프 실력이 스코어에 얼마나 영향을 줬고 코스 난이도가 스코어에 얼마나 영향을 줬는지를 결정하는 것이다. 뻥 뚫린 5,800야드 코스에서 기록한 75타와 페어웨이가 좁고 워터 해저드**가 아주 많은 7,300야드 코스에서의 75타는 절대로 똑같다고 할 수 없다. 스크래치 골퍼***와 보기 플레이어의 코스 난이도를 설명해주는 코스 슬로프 수치는 서로 다른 코스에서도 통용될 수 있도록 USGA가 만든 핸디캡 제도이다.

골프를 연구하는 데 사용했던 많은 기법들, 즉 통계학, 시뮬레이션, 최적화, 그리고 동적 프로그래밍은 내가 재무 분야 문제들을 분석할 때 사용했던 것들이다. 통계 분석은 골프 통계 기록을 만들고 분석하는 데 도움이 됐다. 통계 분석으로 결과값이 유의미한지 의미 없는 것인지 알 수 있었다.

시뮬레이션은 컴퓨터 모델을 이용하여 현실 세계의 행동을 모방하

* slope system. 골프장의 난이도를 수치로 표현하는 방식.
** 2019년부터 공식적으로 '워터해저드' 또는 '해저드' 표현을 사용하지 않고 '페널티 구역(penalty area)'으로 사용 중임.
*** 핸디캡이 0인 사람을 일컫는 말.

는 기법이다. 이제 시뮬레이션은 많은 사람들에게 익숙해졌는데, 이는 컴퓨터 게임이 어느 정도는 현실 세계의 시뮬레이션 모델이기 때문이다. 시뮬레이션은 데이터에서 일어나지 않는 상황에 대한 분석을 할 때 유용하다. 드라이브샷을 20야드 더 길게 치면 스코어가 얼마나 낮아지는지 시뮬레이션해볼 수 있다. 아니면 너무나 오랫동안 수없이 언급된 '골프에서 퍼팅의 중요성이 지나치게 강조된 것은 아닌가'에 대하여 시뮬레이션 기법을 활용하여 테스트해볼 수 있다. 홀의 지름이 2배가 되면 어떻게 될까? 퍼팅을 잘하는 사람에게 유리할까, 못하는 사람에게 유리할까? 홀이 커진 코스에서의 수천 번의 라운드를 시뮬레이션해보고 그 답을 알려줄 수 있다.

최적화는 여러 선택 중 최선의 결정을 찾기 위해 사용되는 기법이다. 가장 좋은 헤지펀드 포트폴리오를 찾을 때, 시장에 물건을 배송하는 가장 좋은 경로를 찾을 때, 가장 낮은 스코어를 기록할 수 있는 가장 좋은 골프 전략을 찾을 때 사용할 수 있다. 골프는 위험 부담과 보상이 연속된 경기이다. 내가 이 샷을 안전하게 쳐야 하나?, 공격적으로 쳐야 하나? 어떤 전략을 선택해야 스코어를 낮출 수 있나? 최적화 기법은 선택 가능한 모든 방법을 고려하고, 각각의 장단점을 분석해내서, 최선의 선택을 추천하는 아주 현명한 캐디와도 같다.

동적 프로그래밍은 여러 단계에 걸친 문제를 수학적으로 해결해주는 기법으로, 앞으로 일어날 일을 계획하는 데 도움을 준다.

PGA 투어의 샷링크 시스템과 나의 골프메트릭스 프로그램으로 골프의 숨은 비밀을 알려줄 엄청난 양의 데이터를 확보할 수 있었다. 통계학, 시뮬레이션, 최적화, 그리고 동적 프로그래밍이 비밀을 파헤치는 도구들이었던 것이다. 골프 경기의 비밀을 밝혀낼 재료가 준비됐다. 개별 샷 단위의 데이터와 이득 타수 분석으로 몇 년 전만 해도 답을 알 수 없었던 골프 성적과 전략에 대한 많은 궁금증에 이제 답할 수 있게 됐다. 어떤 답은 깜짝 놀랍고, 전통적으로 알고 있던 내용과 상반된 내용일 수도 있고, 어떤 답은 우리의 직감에 힘을 더해줘 우리가 오랫동안 사랑해왔던 이 경기의 새로운 모습을 보여줄 수도 있다. 이 책의 내용은 개인적인 의견이나 추측이 아니라, 많은 아마추어와 프로로부터 수집한 실제 데이터를 이용하여 진행한 수학적 분석으로 얻은 증거에 기반을 두고 있다. 이 책은 수년간의 프로그램 개발과 데이터 보물창고를 분석하여 완성한 결과물이다. 자, 이제 시작해보자.

PART I

골프 성적

EVERY SHOT COUNTS

과대평가된 퍼팅의 중요성 :

우리가 알고 있는 것이 틀린 이유

골프에서 가장 신성한 통념은 퍼팅이 스코어의 가장 중요한 요소라는 것이다. 타이거 우즈가 수년간 세계 최고의 선수였던 이유는 무엇인가? 메이저대회 9승의 게리 플레이어(Gary Player)는 "그가 퍼팅을 제일 잘하기 때문"이라고 했다. 2006년 US오픈 우승자인 제프 오길비(Geoff Ogilvy)는 "투어에서 뛰는 모든 선수들은 타이거 우즈가 가장 뛰어난 선수인 이유로 그가 퍼팅을 가장 잘하기 때문이라고 알고 있다"고 했다.

"드라이브샷은 쇼, 퍼팅은 돈"이라는 말이 있다. 이는 1949년부터 1957년 사이에 네 번의 브리티시 오픈을 우승한 남아공의 위대한 선수 보비 로크(Bobby Locke)가 남긴 골프계 명언이다.

퍼팅의 중요성에 대한 이야기는 골프 그 자체만큼 오래되었다. 찰스 다윈(Charles Darwin)*의 손자였던 유명 골프 작가 버나드 다윈(Bernard Darwin)은 1912년, "골프를 아주 조금만 경험해본 사람마저도 퍼팅의

* 진화론을 정립한 영국의 생물학자.

엄청난 중요성에 대해 절대 부인할 수 없다"고 쓰기도 했다. 1894년부터 1913년 사이에 브리티시 오픈을 다섯 번이나 우승했던 존 헨리 테일러(John Henry Taylor)는 "그린에서 결정되는 승부가 코스의 다른 부분에서 결정되는 것보다 많다"는 글을 남겼다. 1887년과 1889년의 브리티시 오픈 우승자 윌리 파크 주니어(Willie Park Jr.)는 프로 선수 출신으로 골프 레슨 책을 처음 출판한 사람이다. 그는 "퍼팅이 골프에서 아마도 가장 중요한 부분일 것이다. 드라이브샷과 어프로치를 아무리 잘해도 퍼팅을 대충 하면 절대로 성적이 좋아질 수 없기 때문"이라고 썼다. 또한 "퍼팅을 잘하는 사람은 누구와도 겨뤄볼 만하다"는 명언을 남기기도 했다.

퍼팅이 스코어의 가장 중요한 요소라는 잘못된 생각은 200년이 넘는 기간 동안 전문가와 일반인을 가리지 않고 고정 관념으로 자리 잡았다. 그린을 아직 그린이라고 부르기도 전이었던 1805년, 스코틀랜드의 작가 로버트 포사이스(Robert Forsyth)는 스코틀랜드의 아름다움에 관한 그의 책에서 "소위 퍼팅이라고 하는, 홀에서 가까운 곳에서의 샷이 가장 중요한 샷이다"라고 썼다.

사람들은 한때 우주가 지구를 중심으로 돌고 있다고 믿기도 했다. 어떤 의견이 오랜 세월 반복되고 받아들여졌다고 그것이 반드시 사실인 것은 아니다.

왜 골퍼들은 그렇게 과장된 퍼팅의 중요성에 집착할까? 퍼팅의 중요성을 입증할 증거는 존재할까? 퍼팅이 골프의 심장 역할을 한다고 생각하는 사람들의 다섯 가지 주장을 한번 살펴보자.

퍼팅을 과대평가하는 다섯 가지 이야기

1 잘못 친 드라이브샷은 만회가 가능하지만, 미스한 퍼팅은 되돌릴 수 없다

당신은 완벽한 티샷을 페어웨이에 보냈지만 세컨샷이 벙커로 갔고, 벙커샷으로 그린에 올렸지만 파 퍼팅을 놓쳤다. 당신의 동반자는 티샷이 숲으로 가서 페어웨이로 쳐냈고, 업앤다운으로 파를 했다. 당신은 퍼팅 실패로 한 타를 손해 봤다. 당신의 동반자는 퍼팅 성공으로 한 타를 아꼈다. 위에서 언급한 제목처럼 당신의 동반자는 잘못 친 드라이버를 만회했고, 당신의 보기는 되돌릴 수 없는 퍼팅의 실패 때문이었다.

아, 잠깐만. 수학적으로는, 실패한 퍼팅으로 한 타를 손해 봤고 성공한 퍼팅으로 한 타를 아꼈다는 것은 말이 안 된다. 당신과 동반자의 타수 차이는 한 타이지, 두 타가 아니지 않은가? '실패한 퍼팅으로 한 타 손해'와 '성공한 퍼팅으로 한 타 아낌'의 논리는 그럴듯해 보이지만 명백한 오류다. 중복 집계 때문에 퍼팅의 중요성이 과장된 것이다.

이런 논리 때문에, 스코어에 영향을 주는 것이 단 하나의 샷이라고 잘못 생각할 수 있다. 당신의 보기는 실패한 퍼팅 하나 때문만이 아니다. 당신의 보기는 준수한 티샷에도 불구하고 아쉬운 세컨샷을 쳤기 때문이기도 하다. 동반자의 파도, 물론 퍼팅을 성공하기도 했지만 티샷 미스를 만회하는 훌륭한 서드샷 덕분, 즉 하나 이상의 샷 덕분인 것이다.

한 홀에서의 스코어는 모든 샷 각각의 이득과 손해의 총합이다. 단

하나의 샷으로 그 홀의 스코어가 결정되는 일은 극히 예외적이다.* 따라서 '잘못 친 티샷은 만회할 수 있고, 실패한 퍼팅은 되돌릴 수 없다'는 말은 그 자체로는 사실이지만, 퍼팅의 중요성을 과장했고 다른 샷들의 가치를 잘못 평가하게 만든다.

2 퍼팅은 자신감에 영향을 주고 자신감은 스코어에 영향을 준다

퍼팅을 잘 못하는 사람은 기술이 부족할 수 있다. 예를 들어, 퍼팅을 잘하는 사람보다 업앤다운을 자주 못 한다. 자신감이 부족해서 스코어에 영향을 줄 수도 있다. 그린을 미스했을 때 파를 할 자신감이 부족해 어프로치샷을 할 때 부담감을 더 느낄 수도 있다. 퍼팅에 실패하면 긴장감과 속상함 때문에 다음 홀에서 좋지 않은 결과가 나오기도 한다. 골프 심리학자가 주로 하는 일 중 하나는, 그런 부정적인 영향을 최소화시키는 것이기도 하다.

위와는 반대의 상황도 벌어진다. 업앤다운으로 파를 하거나, 긴 퍼팅을 성공하거나, 여러 번의 숏퍼팅을 계속 성공하면 남은 홀들에서 자신감을 가질 수 있다. 아일랜드의 파드리그 해링턴(Padraig Harrington)은 "파4 홀에서 마음에 들지 않은 세 번의 샷을 하더라도 3m 파 퍼팅에 성공하면 그 세 번의 샷을 잊게 된다. 반대로 티샷과 세컨샷을 잘 쳐도 쓰리 퍼팅을 하면, 왠지 모르게 스윙에 대한 자신감이 갑자기 떨어진다"고 했다.

샷의 결과로 인한 자신감과 샷을 칠 때의 자신감은 퍼팅만의 이야기가 아니다. 어떤 골퍼는 페어웨이 한가운데로 날아가는 티샷으로

* 홀인원의 경우를 말한다.

자신감을 얻기도 한다. 홀 30cm에 붙는 세컨샷은 말할 필요도 없이 퍼팅에 대한 부담감을 없애준다. 다른 샷들로 얻은 자신감이 퍼팅에 영향을 주지 않는다고 할 수 있을까?

한 샷이 다른 샷에 긍정적 또는 부정적인 영향을 간접적으로 줄 수는 있겠지만, 아직 이런 심리적인 요인과 경기력에 미치는 영향을 계량화하는 방법은 개발되지 않았다. 하지만, 스코어에 미치는 퍼팅의 영향력은 데이터를 통해 계량화할 수는 있다. 이러한 양적 접근을 통해 데이터를 분석하면 자신감에 대한 문제를 해결할 수 있다.

3 결정적인 퍼팅은 골프 역사의 핵심 소재이다

퍼팅에 대한 유명한 일화는 역사적으로 넘쳐흐른다. "성공하나요, 예스, 서!*" 아나운서 번 룬드퀴스트(Verne Lundquist)는 46세의 잭 니클라우스가 우승을 차지한 1986년 마스터스에서 17번 홀 5.5m 버디 퍼팅을 성공시키며 퍼터를 들어 올리던 역사적인 순간에 이렇게 멘트를 했다. 2008년 US오픈에서 타이거 우즈는 버디 퍼팅에 성공해야만 로코 미디에이트(Rocco Mediate)와 연장전에 들어갈 수 있었다. 3.5m 퍼팅은 살짝 우둘투둘한 포아 아누아 잔디** 위로 굴러가더니, 홀 가장자리에 걸렸다가 떨어졌다. 우즈는 다음 날 열린 연장전을 승리하며 메이저 14승째를 달성했다.

1970년, 더그 샌더스(Doug Sanders)는 브리티시 오픈 우승을 위한 1m 퍼팅을 하려다 퍼팅 라인에 작은 돌조각이 있는 것을 발견했다. 돌조

---

* "Maybe, yes, sir!"
** Poa annua grass. 벤트그라스(bent grass), 버뮤다그라스(bermuda grass)와 함께 그린 조성에 사용되는 잔디의 종류.

골프 성적

각을 제거하고, 다시 퍼팅 자세를 잡고, 홀 한 번 쳐다보고 퍼팅을 준비했다. 그러고는 퍼팅을 했는데 홀을 건드리지도 않고 오른쪽으로 미스했다. 샌더스는 다음 날 열린 연장전에서 잭 니클라우스에게 패했다. 그날 이후 샌더스는 그 퍼팅 실패로 인한 트라우마를 겪었다.

1946년 마스터스의 마지막 순간. 벤 호건(Ben Hogan)은 3.6m 퍼팅을 성공시키면 우승, 투 퍼팅만 해도 연장전이었다. 부드럽게 퍼팅했지만 빗나가면서 75cm를 지나갔다. 호건은 그 짧은 퍼팅마저 놓치며 우승은 무명의 허먼 카이저(Herman Keiser)가 차지했다.

위에서 언급한 이야기들로 퍼팅이 골프의 다른 부분보다 중요하다는 것이 입증되었나? 아니면 확증 편향이 잘 드러난 이야기인가?

확증 편향은 사람들이 이미 믿고 있는 내용을 선별적으로 받아들이고, 그렇지 않은 내용은 깎아내리는 경향을 말한다. 영국의 철학자이자 수학자인 버트런드 러셀(Bertrand Russell)은 "사람은 자기 본능이 거부하는 사실이 주어지면 일단 세심하게 살펴보고, 아주 확실한 증거가 있지 않은 한, 그 사실을 믿지 않는다. 반대로, 본능적으로 괜찮다고 느끼면 아주 작은 이유로도 그것을 받아들인다"고 쓴 바 있다.

메이저대회 결과를 결정지은 퍼팅의 예를 쉽게 찾을 수 있는 것처럼, 수많은 중요한 필드샷들도 똑같이 인상적이다.

페블비치(Pebble Beach)에서의 1972년 US오픈 최종 라운드, 잭 니클라우스는 무시무시한 218야드 파3 17번 홀에서 엄청난 맞바람을 뚫고 1번 아이언 티샷을 날렸다. 볼은 홀 30cm 앞에 떨어져 깃대를 때리고 홀 13cm 옆에 멈췄다. 이 버디로 메이저 18승 중 11승째를 달성했다.

22년 전, 벤 호건은 머라이언(Merion)에서의 US오픈 마지막 홀에서 파를 해야 로이드 맹그럼(Lloyd Mangrum), 조지 파지오(George Fazio)와 연장전을 할 수 있었다. 호건은 1년 전에 있었던 자동차 사고로부터 죽음의 위기를 넘겼고, 이날도 36홀째 경기를 하느라 다리가 불편한 상태였다. 1번 아이언으로 친 그의 세컨샷은 사진사에 의해 상징적인 장면으로 역사에 남았다. 12m 떨어진 곳에서 투 퍼팅으로 파를 기록한 호건은 다음 날 열린 18홀 연장전에서 이기며 우승을 차지했다.

스티븐 리드(Steven Reid)의 매력적인 책『보비의 오픈(Bobby's Open)』에는, 1926년 브리티시 오픈 최종 라운드 17번 홀에서 위대한 보비 존스(Bobby Jones)가 보여준 믿을 수 없는 175야드 샷이 그 대회의 가장 결정적인 샷이라고 나와 있다. 존스는 그린이 보이지 않는 황무지에서 샷을 했고, 결국 세 번의 브리티시 오픈 우승 중 첫 번째를 이뤄냈다. 많은 사람들이 이 환상적인 샷을 그의 전설적인 경력을 대표하는 샷이라고 생각한다. 버나드 다윈은 "티 스푼 하나 정도만 뒤땅을 쳤어도 되돌릴 수 없는 파탄의 결과가 됐을 것"이라고 쓰기도 했다.

골프 역사에 길이 남은 위대한 퍼팅의 순간들을 다시 떠올리는 것은 재미있는 일이긴 하지만, 아무리 많은 예를 들어 봐도 좋은 데이터가 되지는 못한다. 대회 마지막 부분에 일어나는 모든 중요한 샷이나 퍼팅 이전에는 그 선수의 성공적인 샷이 많이 있었다. 한 라운드 또는 한 대회에 어떤 퍼팅이나 어떤 샷이 가장 결정적이었나? 퍼팅이 다른 샷들보다 스코어에 더 영향을 주었나? 퍼팅의 상대적 중요성을 알기 위해서는 스코어를 구성하는 다른 모든 샷에 대한 선입견 없는 조사가 필요하다. 퍼팅의 중요성을 평가하기 위해서는 퍼팅만 고려해서는 안 되고, 우승자만 따져도 곤란하며, 몇몇 샷에만 국한된 유명한 일화들만 살펴봐도 안 된다.

4 퍼팅 개수가 퍼팅의 중요성을 나타낸다

퍼터는 모든 홀에서 사용되는 유일한 골프채다. 한 라운드에 벙커샷을 한 번도 안 할 수 있는데, 어떻게 벙커샷이 퍼팅에 비해 얼마나 중요한지를 알 수 있는가? 대부분의 골퍼들은 라운드당 드라이버를 10~14회, 퍼터는 25~40회 사용한다. 통념대로 퍼팅이 드라이브샷이나 벙커샷보다 중요하다는 것은, 샷의 횟수만 놓고 봤을 때에만 사실이다.

보비 존스는 퍼팅을 "골프 경기 안에서의 또 다른 하나의 신기한 게임"이라고 했다. 또한, "골프에서 퍼팅의 중요성은 말할 필요가 없다. 어떤 뛰어난 골퍼라도 타수의 거의 절반은 그린에서 친다. 어떨 때에는 절반이 넘는다. 1926년 브리티시 오픈 최종 라운드 때 그린에서 39타를 쳤고 다른 샷들의 합은 35타였던 것이 기억난다"고 덧붙였다. 존스는 두 타 차로 그 대회를 우승했다.

타수 집계 통계 기록은 잘못된 결론을 도출할 가능성이 있다. PGA 투어 프로는 라운드당 평균 71타를 기록하면서 29개의 퍼팅을 한다. 퍼팅이 스코어의 약 40%를 차지한다. 하지만 퍼팅을 몇 개 했느냐와 그것이 얼마나 중요하냐는 다른 이야기이다. 29개의 퍼팅 중 9개는 프로가 99.5%의 성공률을 보여주는 75cm 안쪽에서 이뤄지니 75cm 바깥쪽의 퍼팅은 스코어의 30%를 차지할 뿐이다. 핸디캡이 높은 골퍼는 퍼팅이 스코어의 30%를 차지하고, 75cm 안쪽의 퍼팅을 제외하면 약 20% 밖에 되지 않는다.

　이러한 오케이* 거리의 퍼팅은 모든 샷의 중요성이 같은 것은 아니라는 점을 보여준다. 60cm 퍼팅과 3m 퍼팅의 중요성이 똑같지는 않다. 왜냐하면, 거의 모든 골퍼는 60cm 퍼팅을 성공하기 때문에 이런 퍼팅 때문에 스코어의 차이가 나지는 않기 때문이다. 3m 퍼팅이 중요한 이유는 사람마다 성공하는 확률이 다르기 때문이다. 단순한 퍼팅의 개수, 드라이브샷의 개수, 벙커샷의 개수가 중요한 것이 아니다. 스코어의 차이를 만들어내는 샷이 가장 중요하다.

천국으로의 여행

　모든 드라이브샷이 300야드를 날아가 페어웨이 한가운데 떨어지는 마법의 세계인 '드라이브샷 천국'에 살고 있다고 상상해보자. 당신은 파5 홀마다 당당하게 티 그라운드에 올라가 바람이 불든, 전 홀의 스코어가 어떻든, 전날 밤잠을 설쳤든 상관없이 폭발적인 티샷을 똑바로 보낼 것이란 것을 알고 있다. 하지만 안타깝게도, 당신과 함께 라운드를 하는 다른 사람들도 300야드 티샷을 페어웨이에 떨어뜨릴 것이다. 300야드 티샷은 당신의 부인도, 열 살짜리 딸도, '드라이브샷 천국'에 사는 사람들 모두 다 칠 것이다. 티샷의 마법이 모든 사람에게 적용되니 폭발적인 티샷의 짜릿함도 금방 지루함으로 바뀔 것이다.

　'드라이브샷 천국'에서는 사실 티를 꽂고 드라이브샷을 날릴 필요가 없다.

---

* 아주 짧은 거리의 퍼팅이 남았을 때 성공한 것으로 인정한다는 의미로 흔히 '오케이'라고 하는데, 정확한 표현은 '컨시드(concede)하다'이며 영미권에서는 '기미(gimme)'라고도 한다.

골프 성적

티샷이 경기의 결과에 아무런 영향을 주지 않기 때문이다. 결국, 사람들은 시간 절약을 위해 티샷을 생략하고 페어웨이 중간에서 경기를 시작하게 될 것이다. '드라이브샷 천국'에서는 드라이버가 필요한 홀이 4개든 14개든 상관없다. '드라이브샷 천국'에서는 드라이브샷의 개수가 아무런 의미가 없게 된다. 누가 적은 타수를 기록하는지는 전적으로 드라이브샷 이외의 샷들로 결정된다.

이제 그린의 어느 지점에 있더라도 투 퍼팅으로 홀아웃하는 '퍼팅 천국'에 살고 있다고 상상해보자. 퍼터로 실제 퍼팅을 하는 대신, 사람들은 볼이 그린에 올라가기만 하면 그때까지의 타수에 2타를 더하기만 하면 된다. 모두가 똑같은 퍼팅 실력을 가졌으니, 퍼팅 개수는 스코어 차이에 아무런 영향을 주지 못한다. '퍼팅 천국'에서는 퍼팅이 스코어에 영향을 주지 않는다. '퍼팅 천국'에서는 전적으로 퍼팅 이외의 샷들로 스코어가 결정된다.

천국에서 현실로 돌아와 보면, 퍼팅이 반드시 다른 샷들보다 중요한 것은 아니라는 것을 알 수 있다. '드라이브샷 천국'에서는 드라이브샷이 무의미했고, '퍼팅 천국'에서는 퍼팅이 무의미했다. 30cm 퍼팅은 현실에서 거의 모든 사람이 성공시킬 수 있기 때문에 의미가 거의 없다고 할 수 있다. 퍼팅과 드라이브샷은 그 개수만으로 어느 쪽이 더 중요하다고 말할 수 없다.

5 퍼팅을 잘하는 선수는 롱게임에 뛰어나지 않더라도 우승을 차지한다

루카스 글로버(Lucas Glover)는 2009년 US오픈 우승 이후에는 대회 우승이 없었고, 2011년 퀘일 홀로(Quail Hollow)에서 열린 웰스파고

(Wells Fargo) 챔피언십에 참가하기 전에는 3연속 컷오프*를 당했다. 하지만 글로버는 이 대회에서 15언더파로 클렘슨(Clemson) 대학교 동창인 조너선 버드(Jonathan Byrd)와 공동 선두로 정규 라운드를 마쳤고 첫 번째 연장홀에서 승리했다. 우승을 차지하고 글로버는 "이번 대회에서 퍼팅이 잘될 것이라는 느낌이 1라운드 때 들었다. 그런 느낌이 들면 퍼팅 라인이 아주 잘 보인다"고 했다. 글로버는 이 대회에서 상금을 받아간 선수 중 퍼팅 순위 1위를 기록했지만, 드라이브샷 거리 순위는 25위였다. 드라이브샷의 정확도는 형편없어서 페어웨이 안착률은 고작 46%로 49위였다. 글로버는 분명히 훌륭한 퍼팅이 많은 죄를 사하였다고 생각할 것이다.

반대로, 2004년의 비제이 싱(Vijay Singh)은 PGA 투어 대회에서 9회 우승하면서 퍼팅의 도움은 거의 받지 못했다. 4월의 셸 휴스턴(Shell Houston) 오픈에서 싱은 11언더파로 우승을 차지했다. 싱은 드라이브샷 거리 1위, 페어웨이 안착률 3위를 차지했지만 퍼팅 순위는 55위를 기록하는 데 그쳤다. 2009년에 숀 오헤어(Sean O'Hair)도 싱과 비슷하게 컷을 통과한 67명 중 퍼팅 순위 67위임에도 불구하고 퀘일 홀로 챔피언십에서 우승을 차지했다.

사람들이 일반적으로 믿는 바와 다르게, 우승과 높은 퍼팅 순위를 기록하는 것은 항상 함께 가지 않는다. 루카스 글로버가 2011년 퀘일 홀로에서 우승했을 때처럼 퍼팅이 중요한 역할을 할 경우도 있지만, 다른 대회들의 많은 우승이 퍼팅을 잘 못하더라도 이루어졌다. 결론

---

* 대회 중간에 정해진 숫자의 선수를 탈락시키는 것을 의미한다. 일반적으로 4라운드 대회의 경우 2라운드 종료 후 참가 선수의 절반 정도를 탈락시키며, 탈락된 선수는 상금을 받지 못한다. 탈락되지 않은 선수들은 '컷을 통과했다'고 표현한다.

골프 성적

은? 최소한, 퍼팅이 골프 경기에서 유일하게 중요한 건 아니라는 것이다. 어떤 패턴이 나타나는지를 확인하려면 많은 대회에서의 데이터를 분석해봐야 한다.

순위는 어떤 의미를 나타내는가?

최근 PGA 투어 대회 우승자들의 각종 분야별 순위를 비교하다 보면, 퍼팅이 드라이브샷 거리나 페어웨이 안착률보다 두 배는 더 중요하다는 결론을 내기 십상이다. 당연히 그 해석은 틀렸다. 우승자를 결정짓는 것은 분야별 순위가 아니라 스코어다. 퍼팅이나 다른 한 분야에서의 높은 순위가 우승을 만들어주지는 않는다. 어느 대회 우승자가 벙커샷 한 번으로 샌드 세이브*에 성공하고 샌드 세이브 순위 1위를 차지했다고 해서 벙커샷이 우승의 원동력이라고 하지는 않는다. 어느 대회 우승자가 퍼팅, 드라이브샷 거리, 페어웨이 안착률, 샌드 세이브 순위 모두 1위를 차지했다면, 어떤 것이 우승에 가장 크게 공헌했다고 할 수 있을까?

2004년부터 2012년까지 PGA 투어에서 우승한 선수들의 평균 퍼팅 순위는 꽤 높은 14위이다. 반면에 우승자들의 평균 드라이브샷 거리 순위는 26위, 평균 페어웨이 안착률 순위는 28위이다. 우승과 퍼팅 순위는 드라이브샷 순위나 페어웨이 안착률 순위보다 밀접해 보인다. 우승자들이 퍼팅 순위 톱10에 들었던 대회가 약 60%인데 비하여,

* 그린 주변 벙커에서 업앤다운에 성공할 경우 샌드 세이브(sand save)에 성공했다고 표현한다.

드라이브샷 거리 톱10이나 페어웨이 안착률 톱10에 들었던 대회는 겨우 30%였다.

똑같은 대회들로 분석을 해보니 조금은 덜 알려진 통계 기록이 선수들의 최종 순위와 밀접한 관계를 보여줬다. 바로 '그린 적중률(GIR, Greens in regulation)'이다. 그린 적중률은 필드샷의 성적을 측정하는 통계 기록이다. 파3 홀에서 한 타 만에 볼을 그린에 올리면 그린 적중에 성공했다고 한다. 파4 홀에서는 두 타 또는 그보다 적은 타수로, 파5 홀에서는 세 타 또는 그보다 적은 타수로 볼을 그린에 올리면 그린 적중에 성공했다고 한다. 볼을 그린에 올리는 '정규(regulation)' 타수는 그 홀의 파에서 2를 뺀 숫자이며, 2는 명목상의 퍼팅 개수이다. 그린 적중률이 볼을 그린까지 올리는 타수로만 정해지기 때문에, 이는 퍼팅에 대한 측정이 아니라 '볼 스트라이킹(ball striking)'*에 대한 측정이다.

2004년부터 2012년까지 우승한 선수들의 평균 그린 적중률 순위는 14위이다. 우승자들이 그린 적중률 톱10에 들었던 대회는 약 60%였다. 대회 우승자들의 퍼팅과 그린 적중률 결과가 거의 일치한다. 대회 우승자들은 퍼팅도 잘했고 공도 잘 쳐서 우승한 것이다. 우승자들은 퍼팅과 그린 적중률만큼은 아니지만 드라이브샷 거리와 페어웨이 안착률 순위에서도 평균 이상이었다.

통계 기록 그 자체만으로는 이해하기 어렵기에 순위를 따져 보는 것이 유용하기도 하다. 예를 들어보자. PGA 투어 선수의 평균 홀 근접치**가 10m라면, 이것은 좋은 기록인가, 나쁜 기록인가? PGA 투

---

* '타구 행위'로 번역하기보다 그대로 '볼 스트라이킹'이라고 쓰는 편이 더 자연스럽다고 여겨진다.
** proximity to the hole. 그린 이외의 지역에서 그린을 향해 친 샷의 결과와 홀 사이의 평균 거리.

표 1-1	2004년부터 2012년까지 PGA 투어 우승자들 분석 결과. 퍼팅은 PGA 투어의 퍼팅 메인 기록인 퍼팅 이득 타수를 의미함. 순위는 컷을 통과하여 상금을 수령한 선수들을 대상으로 한 순위임.

	퍼팅	드라이브샷 거리	페어웨이 안착률	그린 적중률
우승자 평균 순위	14	26	28	14
우승자의 톱10 비율	58%	32%	31%	58%

어의 그린 적중 시 평균 퍼팅 수가 1.79개라면, 이것은 높은 수치인가 낮은 수치인가? 통계 기록 하나만으로는 알 수 없다. 사실, 2011년의 데이터를 분석해보면 평균 홀 근접치 10m는 꽤 괜찮은 기록이다. 이 기록으로 10위를 차지할 수 있다. 반대로, 그린 적중 시 평균 퍼팅 수 1.79개는 아주 좋지 않은 기록이다. 투어 평균을 한참 밑돌며 125위를 차지하게 된다.

같은 카테고리 안에서는 선수의 성적을 비교하는 데 순위가 유용하지만, 서로 다른 카테고리 간의 비교에는 도움이 되지 못한다. 순위만으로는 드라이브샷 거리 1위와 샌드 세이브 순위 1위 중 어느 쪽이 더 좋다고 말하기 어렵다. 대회 우승과 퍼팅 순위의 상관관계가 높다는 것을 확인했지만, 대회 우승과 그린 적중률의 상관관계도 마찬가지로 높다. 순위만으로는 퍼팅과 필드샷 중 어느 쪽이 대회 우승과 더 밀접한 관계인지 알 수 없다.

퍼팅, 드라이브샷, 샌드 세이브, 그리고 다른 모든 샷이 우승에 얼마나 중요한지를 계량화하기 위해서는 모든 샷을 똑같은 척도로 측정하는 통계 자료가 필요하다. 이런 목적으로 내가 개발했고 앞으로 설명할 통계 자료가 '이득 타수'이다.

결론 : 퍼팅은 큰 그림의 일부일 뿐이다

1장에 나온 퍼팅에 대한 많은 이야기는 그것들이 사실이기 때문에 설득력 있어 보이는 것이다. 실패한 퍼팅을 되돌릴 수 없는 것, 자신감이 결과에 영향을 주는 것, 역사적으로 결정적인 퍼팅이 있었던 것, 퍼팅이 골프의 모든 샷 중 많은 부분을 차지한다는 것 모두 사실이다. 퍼팅이 골프의 다른 부분보다 더 중요하다는 잘못된 믿음은 부분적으로는 이러한 사실 때문이다.

왜 사람들은 퍼팅이 제일 중요하다고 오해하는 것일까? 마지막 퍼팅은 한 홀의 마무리를 의미하기는 하지만, 퍼팅이 그 이전의 샷들보다 반드시 더 중요하다고 말할 수는 없고, 우리는 이를 수학적으로 증명할 수 있다. 800m 달리기의 마지막 부분에 두 명의 선수가 결승선을 앞두고 전력 질주한다고 해서 그 앞의 750m가 중요하지 않다고 할 수는 없다. 골프 대회의 최종 결과가 마지막 홀에서 두 선수의 퍼팅 대결로 결정될 수도 있겠지만, 이 두 선수가 다른 선수들보다 성적이 좋고 마지막까지 경쟁하게 만든 것은 앞서 했던 다른 샷들 덕분이다.

매치플레이에서는 드라이브샷이 OB가 나서 퍼팅을 하기도 전에 그 홀에서 패할 수도 있다. 타수를 따지는 기록 카테고리에서는 샷의 개수가 어느 정도 중요하겠지만, 샷의 개수와 중요성은 동등한 개념이 아니다. 골퍼들은 라운드당 9~10개의 오케이 거리 퍼팅을 하게 되는데, 그린 주변의 벙커샷을 이보다 적게 한다고 오케이 거리 퍼팅이 벙커샷보다 중요하다고 말할 수는 없다. 벙커샷의 결과가 오케이 거리에서의 퍼팅 결과보다 스코어 차이를 훨씬 크게 만들기 때문이다.

대회 우승자는 퍼팅 순위가 높은 경향이 있지만, 다른 기록에서도 높은 순위를 기록한다. 순위가 유용한 것은 통계 기록 그 자체보다 이해하기 쉽기 때문이지만, 서로 다른 카테고리 간의 비교가 불가능하기 때문에 순위만으로 경기 전체를 평가할 수는 없다. 순위로는 다른 샷들과 비교하여 퍼팅의 상대적인 중요성은 알 수 없다. 퍼팅에 대한 사람들의 잘못된 생각을 북돋운 유명한 일화들은 이제 데이터의 체계적인 분석으로 대체되어야 한다. 그리고 그러한 분석을 하기 위해서는 모든 종류의 샷 기술을 일관성 있게 측정할 방법을 찾아야 한다. 이것은 데이터를 조금만 다뤄본 사람이라면 금방 알 수 있을 것이다.

19번 홀 1장 총정리

- 골프의 태동 이래로 사람들은 퍼팅의 중요성을 과대평가해왔다.
- 퍼팅에 대한 과대평가는 데이터가 아닌 느낌으로 인한 것이기도 하고, 원하는 데이터만 활용하고 다른 데이터는 무시하는 데에서 기인한 것이기도 하다.
- 드라이브샷을 엉망으로 쳐서 한 타를 잃는 것은 퍼팅을 미스해서 한 타를 잃는 것과 같다.
- 골프를 이해하려는 양적 접근은 미신을 타파하는 데 도움이 된다.
- 대부분의 골퍼는 60cm 안쪽의 퍼팅을 거의 모두 성공하기 때문에, 그렇게 짧은 퍼팅은 스코어 차이를 설명하는 데 도움이 되지 못한다.
- 퍼팅의 중요성을 평가할 때 퍼팅만을 고려해서도, 우승자만 고려해서도, 몇몇 샷에만 국한된 유명한 일화들만 고려해서도 안 된다.
- 순위는 하나의 카테고리 안에서는 선수를 비교하는 데 도움이 되지만 경기 전체적인 측면에서는 도움이 되지 못한다.

숫자로 확인하자 :
수치로 본 퍼팅의 중요성

　골프 역사를 살펴보면, 퍼팅이 가장 중요하다는 주류 의견에 도전
했던 몇몇 사람이 늘 있었다. 조지 브라운(Geroge Brown)은 1913년 그
의 책『골프 첫걸음(First Steps to Golf)』에서 "퍼팅이 가장 중요하다고 생
각하는 사람이 많지만 나는 퍼팅의 중요성이 과대평가되었다고 생각
한다. 퍼팅을 잘하는 사람이 그렇지 않은 사람보다 유리하겠지만, 그
보다는 2번 우드를 잘 치는 사람이 2번 우드를 골프백에서 꺼내보지
도 않은 사람보다 훨씬 유리하다"고 했다. 보비 존스는 "드라이브샷과
아이언샷을 잘 치면 퍼팅을 잘하는 것만큼 보상을 받는다"는 글을 남
기기도 했다.

　《뉴욕타임스》 작가 빌 페닝턴이 몇몇 유명 골프 지도자에게 "아마
추어에게 가장 중요한 샷이 무엇인가"라고 물은 적이 있다. 이에 대해
'2007년 PGA 올해의 지도자'였던 짐 하디(Jim Hardy)는 "골프에서 가장
중요한 샷은 티샷이다. 많은 사람이 티샷을 페어웨이는 고사하고 사
방팔방으로 보내기 때문"이라고 답했다. 골프 코치 랜디 스미스(Randy

골프 성적

Smith)와 짐 플릭(Jim Flick)도 하디의 의견에 동의했다. 또 한 명의 훌륭한 지도자 부치 하먼(Butch Harmon)은 드라이브샷 레슨과 퍼팅 레슨을 병행하면서도 "아마추어가 스코어를 줄이기 가장 좋은 샷은 웨지샷"이라고 주장했다.

위의 의견들에는 공통적으로 데이터와 분석이 빠져 있다. 데이터를 찬찬히 살펴보고, 골프 성적을 효과적으로 측정하면, 다른 샷과 비교하여 퍼팅의 상대적인 중요성을 계량화할 수 있다. PGA 투어 우승에 퍼팅이 어떤 역할을 했는지 조사해보고, 프로와 아마추어를 구별하는 샷이 무엇인지 살펴보자.

먼저, 2004년부터 2012년까지 PGA 투어 데이터를 다시 살펴보면서 대회 우승자들의 퍼팅 수를 확인해보자. 우승자들이 다른 선수들보다 대부분 퍼팅 수가 적었다는 사실은 그리 놀랍지 않다. 이 기간에 열린 PGA 투어 대회에서 우승자들의 라운드당 평균 퍼팅 수는 27.5개였고, 나머지 선수들의 평균은 29개였다. 우승자들은 라운드당 평균 1.5개의 퍼팅을 덜 한 것이다.

이렇게 퍼팅 1.5개를 줄이는 게 큰 차이를 만들어낸 것인지에 대해 데이터는 어떤 이야기를 해줄까? 이 질문에 답하기 위해, 퍼팅 수뿐만 아니라 드라이브샷, 어프로치샷, 그리고 다른 모든 샷을 포함하여 모든 타수를 살펴봤다. 그 결과, 대회 우승자들은 라운드 평균 67.4타를, 나머지 선수들은 라운드 평균 71.1타를 각각 기록했다. 대회 우승자들이 라운드당 평균 3.7타 앞섰다는 얘기다.

대회 우승자들이 퍼팅을 1.5개 적게 한 것은 앞선 3.7타의 40%에 해당한다. 나머지 60%는 퍼팅 이외의 샷, 즉 필드샷에서의 차이에서 발생했다. 이 간단한 계산을 통해 퍼팅보다는 필드샷이 대회 우승자와 나머지 선수의 타수 차이를 더 잘 설명해준다는 것을 알 수 있다.

단순히 퍼팅 수를 세는 것보다 더 정확하게 퍼팅의 공헌도를 계량화할 수 있다. 대회 우승자들은 평균적으로 각 홀의 첫 퍼팅을 다른 선수들보다 조금이라도 홀 가까이에서 한다(어프로치샷이 홀에 더 가깝게 붙는 경우가 그 예이다). 그래서 설령 대회 우승자의 퍼팅 실력이 다른 선수들과 완전히 똑같더라도 퍼팅 수가 적을 것이라고 예상할 수 있다. 퍼팅 이득 타수 기록은 이런 퍼팅의 남은 거리까지 고려했기 때문에 퍼팅 성적을 더 정확하게 측정할 수 있다. 2004년부터 2012년까지의 데이터를 분석하면, 대회 우승자의 퍼팅 이득 타수는 1.3타가 나온다(이득 타수의 계산 방법은 3장에서 자세히 설명할 것이다). 이는 단순히 퍼팅 수로 계산한 것보다 살짝 적은 수치다.

'우승에 대한 퍼팅 공헌도(Putting's contribution to victory, PCV)'는 우승자의 퍼팅 이득 타수를 우승자와 다른 선수들의 타수 차로 나눈 값이다. 대회 우승자들이 전체 타수 중에서 퍼팅으로 얼마나 이득을 봤는지 확인하기 위하여 2004년부터 2012년까지의 PGA 투어 모든 선수의 스코어를 살펴보자.

- 대회 우승자들은 라운드당 평균 3.7타를 앞섰다.
- 대회 우승자들은 퍼팅으로 1.3타의 이득을 봤다.
- 대회 우승자들의 퍼팅 이득 타수(1.3타)를 타수 차(3.7)로 나누면, 우승에 대한 평균 퍼팅 공헌도는 35%였다.

골프 성적

이 계산에 따르면 퍼팅이 다른 샷보다 대회 우승에 크게 중요한 건 아님을 알 수 있다. 퍼팅이 PGA 투어 우승에 평균 35% 정도 기여한 반면 다른 샷은 65%를 차지했기 때문이다.

> PGA 투어 우승에 대한 퍼팅 공헌도는 35%, 나머지 필드샷의 공헌도는 65%이다.

우승에 대한 퍼팅 공헌도 35%는 많은 대회로부터 얻은 평균값이다. 어떤 대회에서는 퍼팅이 우승에 더 많이 공헌하기도 한다. 그림 2-1은 2004년부터 2012년까지 315개 대회 PCV 결과값이다. 표 2-1은 PCV 순위로 정렬한 2004년부터 2012년까지의 PGA 투어 대회 중 상위, 중간, 하위 대회들이다. 표 중간에 나오는 대회들이 우승에 대한 퍼팅 공헌도가 평균값과 가까운 전형적인 대회들이다. 예를 들면, 메모리얼(Memorial)에서 2004년 어니 엘스(Ernie Els)가 우승했을 때, 그는 나머지 선수들을 라운드당 5.2타 앞섰고 1.76타의 훌륭한 퍼팅 이득 타수를 기록했다. 그의 우승에 대한 퍼팅 공헌도 34%(1.76 / 5.20)는 평균값 35%와 비슷하다.

평균값인 35%를 훨씬 넘는 퍼팅 공헌도를 보여주는 대회도 많다. 표 2-1의 윗부분 대회들에서는 퍼팅이 우승의 아주 중요한 요소였다. 가장 높은 순위의 빌 하스(Bill Haas)는 2011년 투어 챔피언십에서 우승할 때 나머지 선수들을 라운드당 1.79타 앞섰는데, 퍼팅 이득 타수는 2.05타였다. 우승에 대한 퍼팅 공헌도가 114%였다. 100%가 넘는 수치가 나오는 경우는 우승자의 필드샷이 나머지 선수들보다 떨어

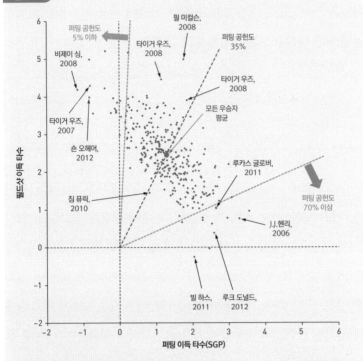

우승자의 라운드당 퍼팅 이득 타수(strokes gained putting per round, SGP) 대비 필드샷 이득 타수 분포도. 필드샷 이득 타수는 전체 선수 대비 우승자의 스코어(score versus the field, SVF)에서 퍼팅 이득 타수(SGP)를 뺀 수치다. 우승에 대한 퍼팅의 공헌도는 SGP / SVF 비율이다. 여기에 표시된 315개 대회의 우승에 대한 평균 퍼팅 공헌도는 35%다.

졌기 때문이다. 하스는 필드샷에서 나머지 선수들보다 0.26타를 손해 봤다. 표 2-1에는 없지만 루카스 글로버가 2011년 퀘일 홀로(Quail Hollow)에서 우승했을 때가 12위인데, 퍼팅 공헌도가 평균의 2배를 넘는 72%였다. 글로버는 72홀 중 36홀에서 퍼팅을 한 번씩만 했다.

골프 성적

좋지 못한 퍼팅에도 불구하고 우승하는 경우

표 2-1 하단의 선수들은 퍼팅의 도움이 전혀 없어도 우승할 수 있다는 살아 있는 증거다. 최하위를 차지한 비제이 싱의 2008년 월드 골프 챔피언십 브리지스톤(World Golf Championship-Bridgestone) 대회 우승을 살

표 2-1 ● 우승에 대한 퍼팅 공헌도 순서로 정리한 PGA 투어 챔피언들. 2004년부터 2012년까지의 우승자 315명의 결과. 퍼팅 성적은 라운드당 퍼팅 이득 타수(SGP)로 측정. 우승 성적은 라운드당 전체 선수 대비 우승자의 평균 스코어(SVF)로 측정. 우승에 대한 퍼팅 공헌도는 SGP/SVF의 비율. 필드샷 이득 타수는 전체 선수 대비 스코어(SVF)에서 퍼팅 이득 타수(SGP)를 뺀 결과. 상위 8명은 퍼팅 덕분에 우승을 차지함. 중간 8명은 우승에 대한 퍼팅 공헌도의 전형적인 모습을 보여줌. 하위 8명은 퍼팅이 좋지 않았음에도 우승을 차지함.

순위	선수명	연도	대회명	퍼팅 이득 타수 (SGP)	필드샷 이득 타수	전체 선수 대비 우승자의 스코어(SVF)	우승에 대한 퍼팅 공헌도 (SGP/SVF)
1	빌 하스	2011	투어 챔피언십	2.05	-0.26	1.79	114%
2	다니엘 초프라	2018	메르세데스-벤츠	2.47	-0.03	2.44	101%
3	루크 도널드	2012	트랜지션스	2.60	0.38	2.98	87%
4	J.J. 헨리	2006	뷰익 챔피언십	3.30	0.76	4.06	81%
5	맷 쿠차	2009	터닝 스톤 리조트	2.54	0.63	3.17	80%
6	비제이 싱	2006	바클레이즈 클래식	2.97	0.78	3.75	79%
7	벤 커티스	2006	부즈 앨런	3.57	0.96	4.53	79%
8	웨스 쇼트 주니어	2005	미셸린	2.28	0.72	3.01	76%
154	비제이 싱	2004	크라이슬러 챔피언십	1.63	3.15	4.78	34%
155	로리 사바티니	2009	바이런 넬슨	1.50	2.93	4.43	34%
156	애덤 스콧	2006	투어 챔피언십	1.19	2.32	3.51	34%
157	어니 엘스	2004	메모리얼	1.76	3.44	5.20	34%
158	프레드 펑크	2004	서던 팜 뷰로	1.15	2.26	3.42	34%
159	제프 오길비	2005	크라이슬러 투산	1.00	1.98	2.98	34%
160	존 센든	2006	존 디어 클래식	1.28	2.54	3.82	33%
161	조이 신들러	2004	와코비아	1.04	2.08	3.12	33%
308	마크 헨스비	2004	존 디어 클래식	-0.22	3.57	3.35	-7%
309	비제이 싱	2004	도이치 뱅크	-0.37	5.21	4.84	-8%
310	제이슨 더프너	2012	바이런 넬슨	-0.39	4.22	3.84	-10%
311	스티브 플래시	2007	리노-타호 오픈	-0.81	4.99	4.18	-19%
312	타이거 우즈	2007	WGC-CA	-0.79	4.29	3.50	-23%
313	세르히오 가르시아	2004	바이런 넬슨	-0.71	3.55	2.84	-25%
314	숀 오헤어	2009	퀘일 홀로	-0.82	3.99	3.17	-26%
315	비제이 싱	2008	WGC-브리지스톤	-1.14	4.19	3.05	-37%

퍼보자. 그의 우승에 대한 퍼팅 공헌도(PCV)는 -37%였다. 음수가 나왔다는 건, 우승했지만 나머지 선수들보다 퍼팅을 한참 못했다는 의미다. 이런 일은 필드샷을 아주 월등하게 잘했을 때만 가능하다. 결과적으로, 싱은 라운드당 1.1타를 퍼팅으로 손해 봤지만, 타수로는 3.1타를 앞섰다. 이 말은, 그가 드라이브샷과 다른 필드샷을 어마어마하게 잘 쳐서 라운드당 4.2타의 놀라운 필드샷 이득 타수를 기록했다는 것을 의미한다.

이 대회는 골프 통계학적으로 역사적인 의미를 지닌다. 그 당시 싱의 퍼팅에 대해 조금 더 자세히 살펴보자. 1라운드 때 싱은 3m 거리에서 쓰리 퍼팅을 했다. 2라운드에서는 1.2m 퍼팅을 놓치면서 12m에서 쓰리 퍼팅을 했다. 3라운드 12번 홀에서는 1.5m 퍼팅을 놓치면서 9m에서 쓰리 퍼팅을 했다. 17번 홀에서는 칩샷으로 60cm에 붙여 놨으나 퍼팅을 성공시키지 못했다. 최종 라운드 11번 홀에서는 1.8m 퍼팅을 놓치며 11.5m에서 쓰리 퍼팅을 했다. 13번 홀에서도 1.8m 파 퍼팅을 놓쳤다. 16번 홀에서는 1.5m 버디 퍼팅을 미스했다.

"숏퍼팅 연습을 왜 열심히 하냐"는 질문에 싱은 "그걸 많이 놓치기 때문이죠. 1.2m에서 1.8m가 남으면 마음이 아주 불편해져요. 그 거리가 남지 않도록 최대한 가깝게 붙이려고 했어요"라고 답했다. 17번 홀에서는 8m 퍼팅이 짧아서 1.4m가 남았는데 그 파 퍼팅을 성공시켰다. 그러고는 18번 홀에서 8.8m를 남겼는데, 투 퍼팅만 해도 우승이었다. 그는 "어렵지 않았지만, 최대한 침착하자고 다짐했죠. 바로 들어가면 좋겠지만 제발 1.2m 퍼팅만 남지 말라고 빌었어요. 그런데 1.2m 퍼팅이 남았죠"라고 회상했다. 하지만 그는 성공시키며 1타 차로 우승을 차지했고, 엉망인 퍼팅 덕분에 PCV 신기록을 세웠다. 샷링크 시대에 우승하면서 이보다 더 퍼팅을 못한 선수는 없었다.

2004년부터 2012년까지의 315개 대회에서 퍼팅을 다른 선수들보다 못하면서(PCV가 음수이면서) 우승을 차지한 경우는 전체의 4%에 해당하는 열네 번 밖에 없었다. 비제이 싱이 그중 다섯 번의 주인공이다. 필드샷을 다른 선수보다 못하면서(PCV가 100%보다 높으면서) 우승을 차지한 경우는 이것보다 더 드물다. 전체의 0.6%에 해당하는 두 번 밖에 없으며, 그것 모두 30명 혹은 31명이 출전했던 스몰 필드*의 대회였다. 수치에 의하면, 평균 이하의 퍼팅을 기록하더라도 우승할 수 있지만, 평균 이하의 볼 스트라이킹을 마크할 경우 정상에 오르기 매우 어렵다.

프로 골퍼들이 대회에서 정상에 오를 때는 세상 그 누구보다 골프를 잘 친다. 일반적으로 그 대회 기간에 모든 것을 다 잘한다. 다른 선수들에 비해 퍼팅을 잘하고, 드라이브샷도 잘 치며, 어프로치샷이 더 정확하고, 업앤다운도 더 자주 성공한다. 하지만 타이거 우즈가 퍼팅 덕분에 우승했다는 흔한 주장은 데이터 상으로 사실이 아니다. 우즈는 우승에 대한 퍼팅 공헌도 순위에서 하위 25%에 있다. 샘플에 포함된 그의 24승 평균 퍼팅 공헌도는 28%다. 이는 PCV 전체 평균 35%보다 현저하게 낮은 수치다. 우즈는 우승할 때 라운드당 1.14타의 퍼팅 이득 타수를 기록했지만, 필드샷 이득 타수가 2.94타나 됐다.

낮은 스코어를 기록하는 방법이 여러 가지인 것과 같이, 어떤 선수

* small-field. 출전 선수가 적은 대회. 일반적으로 PGA 투어에서는 132, 144, 또는 156명이 출전하며 스몰 필드에 대비하여 이를 풀 필드(full field)라고 함. 스몰 필드 대회라고 수준이 떨어지는 것이 아니며, 오히려 상위 30명 또는 지난해 우승자들만 출전하는 식으로 진행되는 경우가 많음.

표 2-2 우승에 대한 퍼팅 공헌도. 우승에 대한 퍼팅 공헌도 순서로 정리했으며, 2004년부터 2012년까지 PGA 투어에서 3승 이상을 차지한 선수들만을 대상으로 함.

순위	선수명	우승 수	퍼팅 이득 타수 (SGP)	필드샷 이득 타수	전체 선수 대비 우승자의 스코어(SVF)	우승에 대한 퍼팅 공헌도 (SGP/SVF)
1	맷 쿠차	3	2.17	1.12	3.29	66%
2	벤 커티스	3	2.67	1.53	4.20	64%
3	빌 하스	3	1.84	1.12	2.96	62%
4	스튜어트 싱크	3	2.15	1.45	3.60	60%
5	루크 도널드	3	1.96	1.52	3.48	56%
6	헌터 메이헌	4	1.77	1.86	3.63	49%
7	에런 배들리	3	1.94	2.06	4.00	48%
8	바트 브라이언트	3	1.71	2.09	3.80	45%
9	벤 크레인	3	1.56	1.97	3.52	44%
10	스튜어트 애플비	5	1.65	2.18	3.83	43%
11	최경주	6	1.61	2.15	3.76	43%
12	제프 오길비	4	1.28	1.76	3.04	42%
13	브랜트 스네데커	3	1.40	1.93	3.33	42%
14	저스틴 로즈	4	1.60	2.24	3.84	42%
15	짐 퓨릭	7	1.52	2.18	3.70	41%
16	칼 페테르손	5	1.57	2.31	3.88	41%
17	마크 윌슨	3	1.30	1.95	3.24	40%
18	조너선 버드	4	1.28	2.07	3.35	38%
19	앤서니 김	3	1.43	2.45	3.88	37%
20	애덤 스콧	7	1.47	2.69	4.15	35%
21	라이언 파머	3	1.17	2.15	3.32	35%
22	케니 페리	7	1.34	2.57	3.91	34%
23	데이비드 톰스	3	1.61	3.10	4.71	34%
24	스티븐 에임스	4	1.26	2.54	3.79	33%
25	카밀로 비제가스	3	1.18	2.40	3.58	33%
26	잭 존슨	7	1.24	2.65	3.89	32%
27	어니 엘스	5	1.17	2.81	3.98	29%
28	스티브 플래시	3	1.06	2.61	3.67	29%
29	스티브 스트리커	9	1.10	2.76	3.86	29%
30	닉 와트니	4	1.08	2.73	3.81	28%
31	타이거 우즈	24	1.14	2.94	4.09	28%
32	저스틴 레너드	3	1.15	3.01	4.16	28%
33	필 미컬슨	11	1.10	3.02	4.12	27%
34	로리 사바티니	4	1.04	2.88	3.92	26%
35	더스틴 존슨	4	0.76	2.73	3.49	22%
36	히스 슬로컴	4	0.67	2.72	3.39	20%
37	비제이 싱	17	0.77	3.15	3.92	20%
38	버바 왓슨	3	0.44	3.22	3.66	12%
39	세르히오 가르시아	4	0.36	2.98	3.34	11%
40	숀 오헤어	4	0.26	2.94	3.19	8%

는 좋은 퍼팅 덕분에 우승하고, 어떤 선수는 나쁜 퍼팅에도 불구하고 정상에 오른다. 표 2-2에는 3승 이상을 차지한 선수들의 우승에 대한 퍼팅 공헌도가 나와 있다. 가장 높은 순위에 오른 맷 쿠차(Matt Kuchar)는 3승을 차지하는 데 퍼팅이 중요한 역할을 했다. 벤 커티스, 빌 하스, 스튜어트 싱크(Stewart Cink), 루크 도널드도 퍼팅을 잘해 우승할 수 있었다. 순위의 아랫부분에는 뛰어난 필드샷 플레이를 보여준 비제이 싱, 버바 왓슨, 세르히오 가르시아(Sergio Garcia), 숀 오헤어가 있다.

샘플에서 오른 우승 횟수가 가장 많은 선수 중 필 미컬슨(Phil Mickelson)과 비제이 싱이 있다. 필 미컬슨은 샘플에 포함된 11승에서 우승에 대한 평균 퍼팅 공헌도가 27%였다. 비제이 싱은 앞서 살펴봤듯이, 다른 선수들보다 퍼팅을 훨씬 못하면서 평균 PCV 20%로 17승을 차지했다. 샘플에서 우승 횟수가 가장 많은 세 선수인 타이거 우즈, 필 미컬슨, 비제이 싱의 우승에 대한 퍼팅 공헌도는 하위권인 25%였다. PCV 전체 평균 35%보다 확실히 낮은 수치다.

2008년 베이힐에서의 타이거 우즈

타이거 우즈가 가장 극적으로 우승했던 대회 중 하나는 베이힐(Bay Hill)에서 열린 '2008년 아널드 파머 인비테이셔널(Arnold Palmer Invitational)'이었다. 당시 그는 매우 어려운 18번 홀에서 버디를 해야만 우승할 수 있었다. 290야드 드라이브샷은 페어웨이에 떨어졌고, 5번 아이언으로 친 세컨샷은 맞바람을 뚫고 165야드를 날아가 결정적인 버디 퍼팅을 남겼다. 결국 7m 버디 퍼팅에 성공하며 이 대회에서만 다섯 번째 우승을 차지했다.

사람들은 타이거 우즈에 대해 "결정적인 퍼팅에 있어서 역대 최고의 선수"라고 말한다. 많은 골프 팬들은 우즈의 우승 퍼팅을 하이라이트로 여러 번 봤겠지만, 그가 최종 라운드 10번 홀에서 2m를 남기고 쓰리 퍼팅을 했다는 것을 거의 기억하지 못한다. 당시 10번 홀에서 그냥 투 퍼팅만 했어도, 마지막 홀에서는 간단히 투 퍼팅으로 우승할 수 있었다. 우즈는 마지막 퍼팅을 성공하기 전까지 총 20회의 6m가 넘는 퍼팅 모두를 실패했다.

우승에 대한 퍼팅의 역할을 따져보기 위해, 그의 모든 샷에 대한 이득 타수와 퍼팅 이득 타수를 비교해 보았다. 이 대회에서 우즈는 10언더파로 우승을 차지했고, 라운드당 이득 타수는 3.4타였다. 라운드당 퍼팅 이득 타수는 1.0타였는데, 이는 120명의 출전 선수 중 18위였다. 필드샷 이득 타수는 2.4타였다. 타이거 우즈의 퍼팅은 이득 타수의 29%를 차지했다. 퍼팅이 우승에 중요한 역할을 했지만, 아주 압도적으로 중요하지는 않았다.

모든 대회를 대상으로 프로의 퍼팅 중요성 계량화하기

그동안 PGA 투어 우승에 대한 퍼팅의 공헌도를 조사해봤다. 똑같은 방법으로 모든 PGA 투어 선수들의 퍼팅 공헌도를 알아볼 수 있다. 표 2-3에서 볼 수 있듯이, 2004년부터 2012년까지 루크 도널드

골프 성적

표 2-3 프로들의 스코어에 대한 퍼팅 공헌도(PCS)로, 2004년부터 2012년까지 총 이득 타수 상위 40명의 수치. 2004년부터 2012년까지 최소 200라운드를 소화한 240명을 대상으로 한 순위(로리 매킬로이는 120라운드만 소화했지만 포함시킴). 라운드당 총 이득 타수는 전체 선수들과 비교한 평균 스코어를 의미함. 라운드당 필드샷 이득 타수는 라운드당 총 이득 타수에서 라운드당 퍼팅 이득 타수를 뺀 수치임.

선수명	순위			라운드당 이득 타수			PCS
	전체	필드샷	퍼팅	전체	필드샷	퍼팅	
타이거 우즈	1	1	3	2.79	2.16	0.63	23%
짐 퓨릭	2	7	19	1.84	1.44	0.40	22%
루크 도널드	3	10	1	1.82	1.11	0.71	39%
필 미컬슨	4	3	86	1.70	1.57	0.14	8%
로리 맥길로이*	5	3	153	1.66	1.72	-0.07	-4%
비제이 싱	5	2	193	1.58	1.76	-0.18	-11%
어니 엘스	6	4	164	1.43	1.52	-0.08	-6%
세르히오 가르시아	7	5	156	1.43	1.50	-0.07	-5%
스티브 스트리커	8	26	13	1.34	0.85	0.49	37%
애덤 스콧	9	6	178	1.33	1.45	-0.12	-9%
잭 존슨	10	31	16	1.24	0.79	0.45	36%
파드리그 해링턴	11	18	50	1.17	0.93	0.23	20%
데이비드 톰스	12	16	62	1.15	0.95	0.20	18%
저스틴 로즈	13	8	140	1.15	1.18	-0.03	-2%
르티프 구슨	14	23	45	1.13	0.88	0.26	23%
스튜어트 싱크	15	50	12	1.09	0.59	0.50	46%
제프 오길비	16	36	34	1.05	0.71	0.34	32%
최경주	17	28	64	1.02	0.82	0.20	20%
리키 파울러	18	27	77	1.02	0.85	0.17	17%
로버트 앨런비	19	9	191	1.00	1.17	-0.18	-18%
팀 클락	20	30	60	0.99	0.79	0.21	21%
케니 페리	21	11	180	0.98	1.11	-0.12	-13%
보 반 펠트	22	32	79	0.95	0.78	0.17	17%
스콧 버플랭크	23	17	130	0.94	0.95	0.00	0%
리 웨스트우드	24	14	160	0.92	1.00	-0.08	-8%
더스틴 존슨	25	13	165	0.92	1.01	-0.09	-10%
웨브 심프슨	26	70	22	0.90	0.51	0.39	43%
폴 케이시	27	49	42	0.88	0.59	0.29	33%
버바 왓슨	28	15	176	0.88	1.00	-0.12	-13%
제이슨 데이	29	74	24	0.87	0.49	0.39	44%
브랜트 스네데커	30	93	10	0.87	0.31	0.56	64%
로리 사바티니	31	22	146	0.85	0.89	-0.04	-5%
맷 쿠차	32	66	38	0.85	0.52	0.33	39%
존 센든	33	21	152	0.83	0.89	-0.07	-8%
찰스 하월 3세	34	43	78	0.81	0.64	0.17	21%
벤 크레인	35	110	9	0.81	0.24	0.56	70%
앤서니 김	36	51	58	0.80	0.59	0.21	27%
닉 와트니	37	38	91	0.79	0.68	0.11	14%
데이비스 러브 3세	38	25	159	0.78	0.86	-0.07	-9%
애런 오버홀저	39	40	88	0.78	0.66	0.12	16%
이안 폴터	40	54	59	0.78	0.57	0.21	27%
상위 40명 평균	20	29	87	1.13	0.95	0.17	15%

의 평균 스코어는 PGA 투어 평균보다 1.8타 좋았다. 퍼팅은 다른 선수들보다 0.7타 앞섰다. 루크 도널드 스코어에 대한 퍼팅 공헌도는 39%(0.7 / 1.8)였다. '스코어에 대한 퍼팅 공헌도(putting contribution to scores, PCS)'는 라운드당 퍼팅 이득 타수를 라운드당 총 이득 타수로 나눈 것이다.

선수들의 스윙과 체격이 제각각인 것처럼, 다른 선수보다 잘하는 분야도 제각각이다. 2004년부터 2012년까지 최경주는 다른 선수들보다 라운드당 평균 1타를 앞섰다. 퍼팅으로는 0.2타의 이득을 기록했다. 최경주의 PCS는 20%인 것이다. 즉 총 1타를 앞선 것에 퍼팅이 0.2타를 공헌한 것이다. 같은 기간에 로버트 앨런비(Robert Allenby)도 다른 선수들보다 라운드당 평균 1타를 앞섰다. 퍼팅으로는 0.2타 손해를 기록했다. 앨런비의 PCS는 -18%였다. 그의 퍼팅 성적이 투어 평균만 됐어도 라운드당 1타 대신 1.2타를 앞설 수 있었다.

표 2-3은 총 이득 타수 상위 40명의 PCS 값을 보여준다. 스코어에 대한 퍼팅의 공헌도가 선수마다 다 다르지만, 하나로 묶어서 보면 분명한 결론을 확인할 수 있다. 퍼팅은 총 이득 타수의 15%만 공헌하고, 필드샷이 나머지 85%를 결정하는 것이다.

> 2004년부터 2012년까지의 모든 대회에서 퍼팅은 상위 40명의 총 이득 타수에서 15%만 공헌하고, 필드샷이 85%를 결정했다.

그룹을 다르게 만들어도 퍼팅 공헌도는 비슷했다. 상위 20명만 보면 15%, 톱10만 분석하면 13%, 그리고 상위 100명을 따지면 17%였

골프 성적

다. 하위 100명을 살펴보면 퍼팅이 총 손해 타수의 18%를 차지했다. 아마추어와 프로, 잘 치는 아마추어와 잘 못 치는 아마추어를 뒤에서 비교하겠지만, 퍼팅은 스코어 차이의 12~18%의 공헌도를 보여준다.

스코어에 대한 퍼팅 공헌도는 라운드마다, 또한 사람마다 심하게 변한다. 퍼팅이 강점이라면 50%가 넘는 공헌도를 보이기도 한다. 브랜트 스네데커(Brandt Snedeker)나 벤 크레인(Ben Crane)의 기록을 보면 알 수 있다. 퍼팅이 약점이라면 음수의 공헌도를 보이기도 한다. 대표적인 예로 케니 페리(Kenny Perry)나 로버트 앨런비를 들 수 있다. 뛰어난 프로들과 평균적인 프로들 사이, 또는 잘 치는 아마추어와 잘 못 치는 아마추어 사이에는 스코어 차이의 평균 15%가 퍼팅에서 결정된다.

스코어에 대한 평균 퍼팅 공헌도가 15%라면, 어떻게 우승에 대한 퍼팅 공헌도가 35%일 수 있을까? 대부분 대회 우승자는 매주 바뀐다. 대회 우승자는 평소보다 더 잘 쳐서 우승하는 것이다. 이 경우, 다른 대회에서의 퍼팅 공헌도보다 우승했을 때 퍼팅 공헌도가 훨씬 더 크게 작용했다고 볼 수 있다.

몇몇 예를 살펴보자. 필 미컬슨은 우승을 차지한 대회들에서 라운드당 4.1타의 총 이득 타수를 기록했고, 이 중 27%인 1.1타가 퍼팅 이득 타수였다. 2004년부터 2012년까지의 모든 대회를 보면, 라운드당 1.7타의 이득 타수를 기록했는데, 퍼팅 이득 타수는 10%에 못 미치는 0.1타였다. 우승한 대회들에서 평소보다 2.4타의 차이를 더 냈고, 퍼팅으로는 1타의 차이를 만들어냈다. 비제이 싱은 우승을 차지한 대회들에서 라운드당 3.9타의 총 이득 타수를 기록했고, 이 중 20%인 0.8타

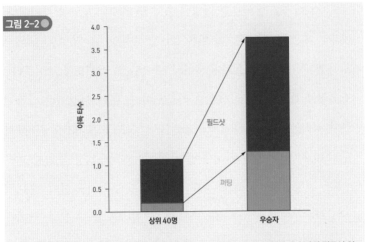

상위 40명과 우승자의 퍼팅 공헌도로, 2004년부터 2012년까지 상위 40명과 우승자의 필드샷 이
득 타수와 퍼팅 이득 타수. 스코어에 대한 퍼팅 공헌도는 상위 40명이 15%, 우승자는 35%.

가 퍼팅 이득 타수였다. 2004년부터 2012년까지의 모든 대회를 보면
라운드당 1.6타의 이득 타수를 기록했는데, 퍼팅으로는 0.2타 손해를
봤다. 우승을 차지한 대회들에서 평소보다 2.3타의 차이를 더 냈는데
퍼팅으로는 라운드당 1타의 이득 타수를 기록한 것이다. 이 두 가지
예를 통해 다른 대회들보다 우승을 차지한 대회들에서 퍼팅이 스코
어에 더 많은 공헌을 했다는 것을 알 수 있다. 그림 2-2에 2004년부터
2012년까지의 상위 40명과 우승자들의 퍼팅 공헌도가 나와 있다. 그
림 2-3에는 선수 개개인의 퍼팅 공헌도가 세부적으로 나와 있다.

062

골프 성적

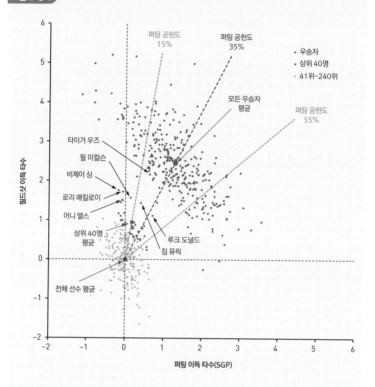

그림 2-3

2004년부터 2012년까지의 대회 우승자들과 240명의 선수 기록으로, 라운드당 퍼팅 이득 타수(SGP) 대비 라운드당 필드샷 이득 타수 분포도. 240개의 빨간색과 초록색 점은 2004년부터 2012년까지 최소 200라운드를 소화한 선수들의 평균 기록(120라운드를 소화한 로리 매킬로이 포함). 빨간색 점은 상위 40명, 초록색 점은 41위부터 240위. 파란색 점은 대회 우승자가 우승을 차지했을 때의 기록. 타이거 우즈는 2004년부터 2012년까지 라운드당 2.8타의 총 이득 타수를 기록했는데, 필드샷으로 2.2타, 퍼팅으로 0.6타를 기록함. 대회 우승자의 라운드당 총 이득 타수 평균인 3.7타에 가장 근접한 기록임. 많은 우승자의 퍼팅 공헌도는 55% 이상이었지만, 상위 40명 중 2명만 퍼팅 공헌도가 55% 이상이었음. 총 315개 대회 우승자들의 평균 퍼팅 공헌도는 35%. 상위 40명의 평균 퍼팅 공헌도는 15%.

아마추어의 퍼팅 중요성 계량화하기

프로들의 성적을 분석하는 것은 재미있는 일이었지만, 이것으로 아마추어의 성적에 대해 어떤 것을 알 수 있을까? 아마추어와 프로의 스코어 차이를 퍼팅으로 얼마나 설명할 수 있을지 살펴보자.

평균 스코어 80타인 사람들(싱글 골퍼)과 평균 스코어 100타인 사람들(100돌이)*인 아마추어 두 그룹의 퍼팅 성적과 스코어를 살펴보자. 이 두 그룹의 평균 스코어 차이는 20타이다. 이 20타 중 퍼팅이 얼마나 차지할까? 골프메트릭스의 아마추어 데이터를 통해 싱글 골퍼가 100돌이보다 라운드당 평균 3타를 퍼팅으로 앞선다는 것을 찾아냈다. 퍼팅이 싱글 골퍼와 100돌이 간 스코어 차이의 15%(20타 중 3타)를 차지한 것이다. 다른 말로, 싱글 골퍼와 100돌이 간 스코어 차이의 85%는 필드샷에서 발생하는 것이다.

데이터의 범위를 넓혀도, 평균 75타에서 125타를 치는 아마추어 중 어떻게 두 그룹을 만드느냐에 상관없이 퍼팅은 스코어 차이의 15%를 차지했다. 프로들의 스코어에 대한 퍼팅 공헌도가 선수마다 다르고 대회마다 차이가 나듯이, 아마추어 개개인의 스코어에 대한 퍼팅 공헌도 역시 천차만별이다. 가령 평균 100타를 치는 사람이 있는데 그가 80타를 치는 사람처럼 퍼팅한다면, 퍼팅은 두 사람의 스코어 차이에서 변별력을 발휘할 수 없다는 얘기다.

스코어에 대한 퍼팅 공헌도를 계산할 때에는 퍼팅 성적의 차이와

---

* 저자는 평균 스코어가 80타인 사람들을 80-golfers, 90타인 사람들을 90-golfers, 100타인 사람들을 100-golfers라 했지만, 이를 편의상 싱글 골퍼, 보기 플레이어, 100돌이로 번역하였다.

골프 성적

스코어의 차이를 비교해주는 것이 중요하다. 앞서 언급했던 퍼팅 천국으로 돌아가서, 그린의 어느 지점에서 퍼팅을 하느냐에 상관없이 투 퍼팅으로 홀아웃을 한다면, 모든 사람의 PCS를 계산해봐도 스코어에 대한 퍼팅 공헌도는 당연히 0이 나올 것이다.

최고의 프로들과 평균 정도의 프로들, 프로와 아마추어, 그리고 잘 치는 아마추어와 잘 못 치는 아마추어, 모든 경우에 퍼팅은 스코어 차이의 15%만 차지한다. 필드샷이 나머지 85%를 차지한다. 85% 중 드라이브샷은 얼마나 차지하는가? 어프로치샷은? 웨지샷은? 답은 뒤에서 설명할 예정이다. 그보다는 먼저, 퍼팅 성적을 측정하는 데 있어서 단순히 퍼팅 수를 세는 것보다 더 좋은 방법에 대해 살펴보자.

19번 홀 2장 총정리

- 나는 스코어의 차이를 만들어내는 샷을 '중요하다'고 정의했다. 일반적으로 드라이브샷이나 벙커샷보다 퍼팅을 많이 하지만, 그렇다고 퍼팅이 더 중요한 것은 아니다.
- 2004년부터 2012년까지 PGA 투어 각 대회 우승자들의 퍼팅은 우승에 평균 35%를 공헌했고, 이러한 기록을 우승에 대한 퍼팅 공헌도, PCV라고 한다.
- 스코어에 대한 퍼팅 공헌도는 대회 우승자의 경우 높은 수치(35%)를 보이며, 모든 대회에서의 성적에서는 상대적으로 낮은 수치(15%)를 보인다.
- 최고의 프로들과 평균 정도의 프로들, 프로와 아마추어, 잘 치는 아마추어와 잘 못 치는 아마추어의 거의 모든 비교 그룹에서 퍼팅이 스코어 차이의 15%를 차지한다. 필드샷이 나머지 85%를 차지한다.
- 골프에서 퍼팅은 중요하다. 그러나 골프가 퍼팅 콘테스트는 아니다.

퍼팅 이득 타수 :

퍼팅 성적을 측정하는 더 좋은 방법

멋진 샷은 보는 순간 멋지다는 것을 안다. 폭발적인 벙커샷으로 오케이 거리에 붙이기, 나무 사이를 빠져나가는 낮은 탄도의 훅으로 그린에 올리기, 내리막 9m 더블-브레이크* 퍼팅 성공, 도그레그 홀**에서 드라이브샷을 최단거리로 질러 페어웨이 안착. 동시에 끔찍한 샷 역시 딱 봐도 안다. 40야드 웨지샷을 탑핑***으로 그린 뒤로 넘기기, 페어웨이 우드샷을 뒤땅 쳐서 겨우 50야드 보내기, 숏 아이언으로 쳤는데 물에 빠뜨리기, 60cm 퍼팅을 모자라게 치기 등등.

가장 멋진 샷과 아주 엉망인 샷을 구별하기는 쉽지만, 드라이브샷을 20야드 더 치는 것과 어프로치샷으로 1.5m 더 가까이 붙이는 것을 비교하는 건 쉽지 않다. 라운드당 페어웨이 안착을 두 번 더 하는 것과 퍼팅을 하나 덜 하는 것 중 어느 쪽이 좋은 것인가?

* double-breaking. 퍼팅하려는 그린의 경사가 왼쪽에서 오른쪽으로, 또는 오른쪽에서 왼쪽으로 휘는 하나의 경사가 아니라 두 가지의 경사가 섞여 있음을 의미함.
** dogleg. 홀의 전체 모양이 꺾여 있어서 '개의 다리'처럼 생겼다는 의미로 사용되는 골프 용어.
*** 볼의 윗부분을 치는 것을 의미함.

이런 질문에 답을 하기 위해서는 드라이브샷, 어프로치샷, 벙커샷, 퍼팅처럼 서로 다른 종류의 샷을 비교할 수 있어야 한다. 하지만 야드로 측정되는 드라이브샷 거리와 타수로 측정되는 퍼팅 수를 비교하는 건 어렵다. 서로 다른 단위로는 비교하기 불가능하다. 샷의 질을 측정할 수 있는 일관성 있는 방법이 필요하다.

가장 자연스러운 단위는 타수이다. 모든 골프 샷을 타수 단위로 측정할 수 있다면, 드라이브샷과 퍼팅을 비교할 수 있게 된다. 가령 '드라이브샷은 평균보다 0.2타 잘했고, 퍼팅은 평균보다 0.1타 못했다'는 식으로 말이다. 루크 도널드의 비교 불가한 퍼팅과 버바 왓슨의 장거리 드라이브샷 중 어느 쪽이 유용한지 알 수 있다. 모든 사람의 강점과 약점을 찾아낼 수 있다. 그뿐만 아니라 더한 것도 알아낼 수 있다.

이렇게 샷의 질을 측정하는 새로운 방법이 '이득 타수'이다. 이득 타수는 골프에서 발생하는 많은 샷의 기량을 계산하는 데 타수라는 동일한 단위를 사용한다. 새로운 아이디어들 대부분이 다른 사람들의 과거 업적에서 태동했듯이, 이득 타수도 마찬가지다. 이 용어는 20세기 중반 뛰어난 응용수학자의 이론이자, 컴퓨터 시대 초창기에 개발된 위대한 이론인 '동적 프로그래밍'의 유산이다. 이것은 재무를 포함한 많은 분야에 널리 알려진 기법으로 리스크와 불확실성 속에서 복잡하고 다단계인 문제를 수학적인 방법으로 해결한다. 나는 이 기법으로 골프 샷들을 비교하고, 골프 선수의 기량을 계량화하는 방법을 개발했다.

나는 이제 이 새로운 통계 기록이 왜 혁명적이면서도 계시적이고, 몇몇 다른 긴 이름으로 불렸는지를 설명할 것이다. 그에 앞서, 몇 십

리처드 벨만,
1962년 동적 프로그래밍 개발

년 전 과거로 여행을 떠나보자.

리처드 벨만(Richard Bellman)이 고등학생이었을 때, 일류 대학 장학금을 위한 면접을 본 적이 있었다. 그 당시 그는 이론물리학자가 되고 싶어 상대성이론과 양자역학에 대한 책을 읽었다. 주제가 상당히 수학적이어서 말로 설명하기에는 쉽지 않다고 생각했다. 면접관이 이론물리학에 대해 무엇을 알고 있냐고 물었을 때, 그는 너무나도 솔직하게 "아무것도 모른다"고 답했다. 그것으로 장학금의 기회는 날아갔다. 그는 "이놈의 객관성 때문에 고생이 많다"는 글을 쓰기도 했다.

1952년, 벨만은 박사 학위를 받고 프린스턴 대학교에서 수학 교수가 되었다. 그 후에는 스탠포드 대학교에서 종신교수로 지냈다. 스탠포드 대학교 재직 시절, RAND 코퍼레이션으로부터 합류 제안을 받았다. 이곳은 미국 캘리포니아주 산타모니카에 새로 설립된 응용수학 연구의 요람이었다. RAND는 연구와 개발(Research ANd Development)의 영문 이니셜이다. 벨만은 이때의 선택에 대해 "전통적인 지식인으로 남느냐, 내 연구 결과를 이 시대의 사회문제에 사용할 수 있는 현대의 지식인이 되느냐"였다고 쓴 바 있다. 그는 RAND로 가기로 했다.

RAND에서 벨만은 그의 수학 능력을 활용하여 다단계 의사 선택 문제를 해결하였다. 그는 지난 1953년, 본인의 연구 적용 범위가 ▲제조 산업 라인 계획에서부터 병원 환자 일정 관리까지 ▲대학교의 장기 투자 프로그램 결정부터 공장 설비 교체 결정까지 ▲숙련 노동자와 비

골프 성적

숙련 노동자의 훈련 프로그래밍부터 백화점과 군사시설의 구매 및 재고 관리 최적화까지에 걸쳐 있었다고 쓴 바 있다. 그럼에도 벨만은 그의 다단계 문제 해결 기법이 현대 생활에서 얼마나 중요하고 일상적으로 사용될 지 상상도 못 했을 것이다.

1997년 벨만의 연구는 IBM의 딥 블루(Deep Blue) 컴퓨터가 체스 챔피언 가리 카스파로프(Garry Kasparov)를 이기는 데 사용되었다. 사실, 인간의 달 착륙이나 월마트(Walmart)의 성공 중 일부분은 벨만의 아이디어를 적용하거나 확장시킨 덕분이다.

그의 영향력은 자동차의 네비게이션 시스템이나 모바일 기기의 지도 앱으로 익숙할 것이다. 이러한 것들의 핵심적인 내용은 지점 간의 여러 가지 네트워크 중 A지점에서 B지점으로 가는 최단 경로를 찾아내는 것이다(그렇다고 막다른 길이나 절벽 아래로 안내하는 이상한 일을 벨만 탓으로 돌리지는 않길 바란다). '최단 경로 찾기 문제'는 하나의 예이다. 그림 3-1은 간단한 최단 경로 찾기 문제이다.

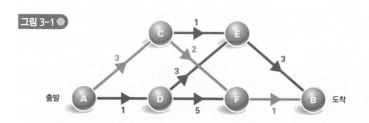

그림 3-1

최단 경로 찾기 문제. A에서 B로 가는 최단 경로는 여섯 시간이 소요되는 A-C-F-B이며, 다른 모든 경로는 일곱 시간이 소요된다. 더 큰 네트워크에서 최단 경로를 찾는 것은 더 어려운 일이지만, 동적 프로그래밍을 통해 해결할 수 있다. 위의 예에서, A에서 C는 세 시간이 소요되는 것에 비해 A에서 D는 한 시간밖에 걸리지 않지만, 최단 경로의 일부가 되었다. 골프에서도 때로는 홀까지 더 긴 경로로 가는 편이 유리할 수 있다. 예를 들면 도그레그 홀을 질러치지 않거나 드라이버 대신 페어웨이 우드로 티샷을 치는 경우다.

벨만은 이러한 새로운 다단계 의사 결정 문제의 해결 방법으로 '동적 프로그래밍'이라는 이름을 선택했다. 프로그래밍은 계획 수립과 일정 관리를 의미하는 군사 용어에서 따왔다. 프로그램이란 단어는 A에서 B로 가는 계획에서 사용된 것처럼 계획, 정책, 지침을 의미한다. 컴퓨터가 발명된 지 얼마 되지 않았을 때였는데, 컴퓨터 작동 설명서도 프로그램이라고 불렀다.

'동적 프로그래밍'이라는 용어는 '수학적 연구(mathematical research)'라는 표현을 하지 않기 위해 의도적으로 만들어졌다. RAND 코퍼레이션은 주로 공군으로부터 재정 지원을 받았는데, 그 당시 국방부 장관이던 찰스 윌슨(Charles Wilson)이 책임자였다. 벨만은 그에 대해 "윌슨은 연구(research)라는 단어를 병적으로 혐오했다. 그의 앞에서 이 단어를 사용하면 얼굴이 벌게지다가 심하게 화를 냈다. 하물며 수학적(mathematical)이라는 단어를 쓰면 어떻게 됐을까. 그건 여러분의 상상에 맡긴다"라고 말한 바 있다.

벨만은 윌슨으로부터 RAND를 보호하고 싶었고, 본인의 성과를 수학적 연구 대신 '동적 프로그래밍'이라는 창의력 넘치는 이름으로 지었다. 그는 "다이내믹(dynamic)이라는 단어는 나쁜 느낌으로 사용되기 불가능하다. 나쁜 느낌이 나도록 다른 단어와 아무리 조합을 해봐도 소용없다. 그래서 동적 프로그래밍이 좋은 이름이라고 생각했다. 국회의장이라도 이 이름에 반대하지 않을 것이라고 생각했다"고 쓴 바 있다. 지난 세기의 가장 돋보이는 수학자 중 한 명인 벨만은 동적 프로그래밍의 아버지로 알려져 있다.

동적 프로그래밍 문제로서의 골프

동적 프로그래밍은 불확실성이 존재하는 상황에서 최선의 결정을 하는 데 도움을 준다. 예를 들어, 은퇴 후 투자처를 선택하는 일 같은 재무 계획 수립은 복잡한 동적 프로그램의 주제로 자주 언급된다. 은퇴 후 계획의 목표는 불확실한 미래 자산 이익, 건강 관련 비용, 그 외의 다른 요소들에도 불구하고 편안하게 살 수 있는 충분한 돈을 마련하는 것이다. 동적 프로그래밍은 이러한 불확실성을 계량화하고 최대 이익이 가능하도록 계획을 수립하는 데 도움을 준다.

재무 계획 수립, 재고 관리, 네비게이션에 사용된 것과 똑같은 동적 프로그래밍을 골프에 적용할 수 있다. 골프의 목표는 적은 타수로 볼을 홀에 넣는 것이다. 재무 계획 수립과 마찬가지로, 결과가 불확실하기에 골프에서의 결정도 복잡하다. 스윙을 사람이 하고, 각자의 스윙이 다르기에, 볼이 정확히 어디에 떨어질지 아무도 모른다. 바람, 평평하지 않은 땅, 그 외의 다른 요인들이 불확실성을 키운다.

골프라는 경기가 다단계로 결정을 해야 하는 문제라고 생각할 수 있고, 그래서 동적 프로그래밍의 기본을 이용하여 생산적으로 접근할 수 있다. 샷 하나가 하나의 단계이다. 각 샷을 할 때마다 어떤 채로, 어디를 향해, 어떻게 쳐야 하는지 선택하여 결정해야 한다.

골프 전략은 체스처럼 미래의 상황을 고려해야 한다. 체스에서는 나의 수에 상대가 어떻게 나올지 예상하고, 상대의 수에 어떤 수와 전략으로 대응할지 결정한다. 골프에서는 첫 번째 샷의 결과뿐만 아니라 그다음 샷, 그리고 그다음 샷의 결과도 예상하는 것이 좋은 전략이다. 퍼팅의 전략에는 퍼팅을 실패했을 때 볼이 어디로 갈지도 고려해야 한다. 어프로치샷의 전략에는 그린에 올리지 못하더라도 그나마 좋은 곳과 가지 말아야 할 곳을 고려해야 한다. 드라이브샷의 전략에는 페어웨이의 너비와 굴곡, 페어웨이 옆의 해저드, 그리고 그린을 향한 다음 샷의 시야도 고려해야 한다.

사람들은 이러한 전략적인 결정을 그동안 축적된 경험, 다른 말로 예감에 의존하는 일이 많다. 더 객관적이고 정확한 결정을 위하여 전통적인 골프 지식을 검증해볼 수 있는데, 이는 샷링크 덕분에 이제는 수집 가능한 데이터와 현대 수학 기법을 통해서 가능하다. 그리고 리처드 벨만의 동적 프로그래밍의 기본을 적용하면 된다. 벨만은 "옛날 방식을 바꿀 필요가 있다"면서 "소매를 걷어붙이고 자기 아버지가 했던 방식으로 일한다고 해서 더 좋은 방향으로 나가는 것은 아니다"라고 말한 바 있다. 그의 언급은 골프라고 다르지 않다.

동적 프로그래밍은 목표와 결정을 규격화시킨다는 점에서 유용하다. 오늘날 수행되는 최고의 계획과 결정은 발생 가능한 미래의 다양한 결과, 즉 만약의 경우를 고려한 것이다. 결국, 미래에 벌어지는 것은 이 중 하나다. 은행 계좌의 돈이든, 스코어카드의 타수든 동적 프로그램의 목표를 성적 측정값으로 사용할 수 있다. 사실, 스코어를 최소화시키는 것이 목표인 골프를 동적 프로그램 관점에서 보면, 이득 타수 성적 측정값을 구하는 것은 자연스러운 결과다. 가장 적은 타수로 볼을 홀에 넣으려는 목표를 각각의 샷마다 얼마나 달성해나가는지를 측정해 골프 샷의 질을 알 수 있다.

골프 성적

동적 프로그래밍의 관점에서 얻을 수 있는 핵심 내용은 홀을 향한 과정을 거리가 아닌 타수 단위로 측정한다는 것이다. 드라이브샷을 1야드 더 멀리 치는 것과 퍼팅을 홀에 90cm 더 가까이 붙이는 것은 둘 다 똑같은 거리*를 홀에 근접시킨 것이지만, 그 가치가 똑같은 것은 아니다.

> 동적 프로그래밍의 관점에서 얻을 수 있는 핵심 내용은 홀을 향한 과정을 거리가 아닌 타수 단위로 측정한다는 것이다.

골프 경기에서의 다양한 샷을 살펴본 후에 다음 장에서 동적 프로그래밍 이야기를 다시 할 것이다. 다단계 결정 문제를 해결하기 위해서는 끝부분에서 시작해서 거꾸로 올라가는 방법이 필요하다. 이런 의미에서, 그린에서 시작해서 티를 향해 거꾸로 가보자.

그린에서의 샷 성적 주요 측정값은 퍼팅 이득 타수다. PGA 투어의 놀라운 샷링크 시스템이 모든 퍼팅의 출발점과 도착점을 인치 단위로 기록해주는 덕분에 이 새로운 측정값을 얻을 수 있었다.

퍼팅 수를 세는 것이 왜 잘못됐는가?

퍼팅 이득 타수 기록이 만들어지기 전에, 사람들은 골프 실력을 판단하는 방법 중 하나로 퍼팅 수를 세었다. '퍼팅을 잘하려면 칩샷으로

* 1야드는 3피트.

가까이 붙이면 돼'라는 말이 있다. 이것은 말이 안 된다. 홀에서 더 가까운 곳에서 퍼팅을 한다고 퍼팅 실력이 좋아지는 것은 아니기 때문이다. 칩샷으로 가까이 붙이면 퍼팅 수가 줄겠지만, 그렇다고 퍼팅을 잘하는 사람이 되는 것은 아니다. 라운드당 퍼팅 수는 퍼팅에 대한 잘못된 정보를 심어주는 통계 기록이다.

퍼팅 수를 세는 것은 연필과 종이만 있던 시절에는 퍼팅 실력을 따져보는 합리적인 방법이었다. 이제 퍼팅의 출발점이 홀에서 얼마나 떨어져 있는지와 같은 정보를 샷링크를 통해 알 수 있는 만큼, 이전보다는 더 정밀한 방법으로 퍼팅 성적을 측정할 수 있게 되었다.

2011년 프라이즈닷컴 오픈(Frys.com Open) 1라운드에서 타이거 우즈는 27개의 퍼팅을 하며 73타를 쳤다. 당시 PGA 투어 프로들의 라운드당 평균 퍼팅 수는 29개였다. 2011년 라운드당 평균 퍼팅 수 1위는 27.8개를 기록한 케빈 나(Kevin Na)였다. 타이거 우즈의 27개는 평균 1위보다 거의 1타 적은 것이었다. 그날 타이거 우즈는 쓰리 퍼팅을 한 번도 하지 않았다. 원 퍼팅을 아홉 번, 투 퍼팅을 아홉 번 했다. 1라운드가 끝난 후, 우즈는 그의 퍼팅에 대해 이렇게 인터뷰했다. "지금까지 했던 퍼팅 중 최악이었어요. 오늘보다 더 퍼팅이 나빴던 적이 없었던 것 같아요. 제대로 퍼팅을 하지 못하는 느낌이 들어 중간에 바꿨죠. 그랬더니 더 나빠졌어요. 본 대로 치지 못해서 자신감이 떨어졌어요. 악순환이 계속됐어요"라고.

타이거 우즈가 본인의 퍼팅 실력에 대해 너무 야박한 것이었나? 아니면 라운드당 퍼팅 수 기록이 그의 퍼팅 성적을 완전히 잘못 나타낸 것인가? 우즈의 관점에서 한번 보자. 세 홀에서 우즈는 90cm, 1.2m,

1.8m에서 각각 투 퍼팅을 했다. 첫 퍼팅 거리가 1.8m를 넘었던 홀에서는 일곱 번 중 한 번만 성공시켰다. 이날 우즈가 성공시켰던 가장 긴 퍼팅은 3.6m였다. 그의 첫 퍼팅 평균 거리가 3.3m를 살짝 넘었던 것에 비해 다른 선수들의 평균은 5.1m였다. 달리 표현하자면, 그런까지 너무나 잘 쳤기 때문에 퍼팅을 더 적게 했어야 했다는 느낌을 받은 것이다. 그래서 실망했던 것이다.

퍼팅 수를 단순히 세는 것은 골프 실력을 측정하는 데 전혀 도움을 주지 않는다. 퍼팅의 난이도를 결정하는 가장 중요한 요소인 거리를 고려하지 않기 때문이다. 18m에서의 투 퍼팅은 아주 좋은 결과다. 60cm에서의 투 퍼팅은 아주 아쉬운 결과이다. 두 경우 모두 퍼팅 수는 2로 같지만, 거리를 고려했을 때 퍼팅 실력의 차이는 분명히 존재한다.

다른 상황을 가정해보자. 한 사람은 9m 퍼팅을 성공시켰다. 같은 홀에서 다른 사람은 그린을 놓쳤지만, 칩샷으로 30cm에 붙여서 퍼팅을 성공시켰다. 두 사람 모두 퍼팅 수가 1로 같다. 9m 퍼팅을 성공시키는 것이 당연히 30cm 퍼팅을 성공시키는 것보다 어려운 일이다. 그렇기에 퍼팅 수를 세는 것만으로는 두 사람의 퍼팅 실력을 구별할 수 없다. 라운드당 퍼팅 수 기록은 첫 퍼팅의 거리를 고려하지 않기 때문에 두 사람의 차이를 설명해주지 못한다.

기준점을 고려한 측정

　퍼팅 이득 타수의 핵심 내용은 퍼팅 거리를 바탕으로 기준점 대비 퍼팅 결과가 어땠는지를 측정하는 것이다. 프로들의 기준점은 거리별로 홀아웃에 필요한 PGA 투어의 평균 퍼팅 수이다. 예를 들어, 10m 거리를 홀아웃하는 투어 평균 퍼팅 수는 2개다. 10m를 원 퍼팅으로 홀아웃하면 투어 평균보다 1타 이득을 본다. 10m를 투 퍼팅으로 홀아웃하면 0타 이득을 보는 것이다. 10m를 쓰리 퍼팅으로 홀아웃하면 투어 평균보다 1타의 손해를 본다. 프로의 퍼팅 이득 타수는 해당 거리에서 홀아웃하는 데 필요한 투어 평균 퍼팅 수에서 실제 퍼팅을 한 수를 빼는 것이다.

> 퍼팅 이득 타수는 해당 거리에서 홀아웃하는 데 필요한 투어 평균 퍼팅 수에서 실제 퍼팅을 한 수를 빼는 것이다.

　PGA 투어 프로들은 2.4m 거리에서 한 번은 원 퍼팅으로, 한 번은 투 퍼팅 꼴로 성공시킨다. 쓰리 퍼팅을 하는 경우는 거의 없다. 2.4m 에서 홀아웃하는 투어 평균 퍼팅 수는 1.5개다. 2.4m에서 원 퍼팅을 하는 프로는 투어 평균보다 0.5타의 이득을 보는 것이다. 2.4m에서 투 퍼팅을 하는 프로는 투어 평균보다 0.5타의 손해를 본다. 많은 사람이 타수를 소수로 생각하는 것이 어색할 수 있겠지만, 아주 간단한 산수다. 프로가 한 라운드에서 2.4m 퍼팅을 두 번 했다고 가정하자. 한 번은 원 퍼팅, 한 번은 투 퍼팅을 했다고 하자. 원 퍼팅으로 0.5타의

그림 3-2

10m에서의 투어 평균 퍼팅 수는 2개다. 10m에서 원 퍼팅을 하면 투어 평균 대비 1타의 이득을 본다. 2.4m에서의 투어 평균 퍼팅 수는 1.5개다. 2.4m에서 원 퍼팅을 하면 투어 평균 대비 0.5타 이득을 보는 것이다. 두 선수 모두 원 퍼팅을 했기 때문에, 퍼팅 수를 세는 것만으로는 두 선수의 차이를 알 수 없다. 이득 타수 기록은 10m 퍼팅 성공이 2.4m 퍼팅 성공보다 더 좋은 결과임을 보여주며 계량화해준다.

이득을 봤고, 투 퍼팅으로 0.5타의 손해를 봤기 때문에 총 이득 타수는 0인 것이다. 1과 2의 평균이 1.5이기 때문에, 이 선수가 한 두 번의 2.4m 퍼팅의 평균 타수는 1.5타이다. 이 1.5타는 이 거리에서의 투어 평균 퍼팅 수와 일치하기 때문에, 그의 총 이득 타수가 0이 된다.

이번에는 네 번의 2.4m 퍼팅을 했다고 가정해보자. 원 퍼팅을 세 번, 투 퍼팅을 한 번 했다고 하자. 원 퍼팅으로 0.5타 이득을 세 번 봤으니 1.5타의 이득을 봤고, 투 퍼팅으로 0.5타 손해를 봤으니 총 이득 타수는 1타가 된다. 총 이득 타수는 1.5에서 0.5를 뺀 1타이다.

이렇게 해도 똑같은 결과가 나온다. 원 퍼팅을 세 번, 투 퍼팅을 한 번 했으니 총 퍼팅 수는 5개다. PGA 투어 프로가 2.4m에서 한 번은 원 퍼팅, 한 번은 투 퍼팅 꼴로 성공한다는 것을 알고 있으니, 네 번의 2.4m 퍼팅의 평균 퍼팅 수는 6개가 될 것이다(두 번은 원 퍼팅, 두 번은 투 퍼팅 일 테니까). 따라서 이 선수가 퍼팅을 5개 했다는 것은 투어 평균인 6개 보다 1타의 이득을 본 것이다.

이득 타수 계산은 10m에서도 똑같이 적용할 수 있으며, 유일한 차이점은 10m와 2.4m의 투어 평균 퍼팅 수밖에 없다. 앞서 18m에서의 투 퍼팅은 아주 좋은 결과이고, 60cm에서의 투 퍼팅은 아주 아쉬운 결과라고 언급했다. 18m에서 홀아웃하는 투어 평균 퍼팅 수는 2.2개다. 이 거리에서의 투 퍼팅은 투어 평균보다 살짝 잘한 것이고 0.2타 이득을 봤다. 60cm에서 홀아웃하는 투어 평균 퍼팅 수는 1개보다 살짝 많다. 투 퍼팅으로 1타의 손해를 보는 것이다. 롱퍼팅을 성공시키는 것이 아주 짧은 퍼팅을 성공시키는 것보다 어려운 기술일 것이라는 우리의 일반적인 생각을 이득 타수 계산이 뒷받침해주고 있다. 게다가 신뢰도가 높은 데이터를 바탕으로 퍼팅 실력을 계량화하여 측정해주기까지 한다.

표 3-1에 몇몇 거리별 PGA 투어 평균 퍼팅 수가 나와 있다. 거리별 원 퍼팅 성공률과 쓰리 퍼팅 비율도 나와 있다. 이 결과는 샷링크 데이터베이스에 있는 수년간의 대회에서 수집한 수백만 개의 퍼팅을 바탕으로 한 것이다. 이 책에서 퍼팅 이득 타수 계산에 사용한 기준점은 2003년부터 2012년까지 있었던 PGA 투어 대회에서 기록된 모든 샷으로 계산한 PGA 투어 평균 퍼팅 수이다.

골프 성적

표 3-1 홀에서의 거리별로 PGA 투어 선수들의 원 퍼팅 성공률, 쓰리 퍼팅 비율, 그리고 홀아웃에 필요한 평균 퍼팅 수. 평균 퍼팅 수는 퍼팅 이득 타수 계산에 사용되는 PGA 투어 퍼팅 기준점이다. 이 표에 사용된 수치는 2003년부터 2012년까지 있었던 PGA 투어에서의 거의 4백만 개의 퍼팅 분석 자료에 바탕을 둔 것이다.

거리(피트)	거리(미터)	원 퍼팅 성공률	쓰리 퍼팅 비율	평균 퍼팅 수
2	0.6	99%	0.0%	1.01
3	0.9	96%	0.1%	1.04
4	1.2	88%	0.3%	1.13
5	1.5	77%	0.4%	1.23
11	1.8	66%	0.4%	1.34
17	2.1	58%	0.5%	1.42
18	2.4	50%	0.6%	1.50
19	2.7	45%	0.7%	1.56
20	3.0	40%	0.7%	1.61
15	4.5	23%	1.3%	1.78
20	6.0	15%	2.2%	1.87
30	9.0	7%	5.0%	1.98
40	12.0	4%	10.0%	2.06
50	15.0	3%	17.0%	2.14
60	18.0	2%	23.0%	2.21
90	27.0	1%	41.0%	2.40

　기대치를 조정하는 방법으로 기준점을 활용할 수 있다. 세상에서 가장 퍼팅을 잘하는 선수들인 PGA 투어 프로들의 2.4m 퍼팅 성공률은 50%이다. 프로가 2.4m 퍼팅에 실패한다면, 기회를 놓쳤다는 점에서 아쉽기는 하겠지만, 동전 던지기를 해서 뒷면이 나오는 확률만큼 자주 일어나는 일이기 때문에 그렇게까지 자책할 필요는 없다. 대신에 많은 라운드에서의 2.4m 퍼팅(또는 2.1~2.7m 거리의 퍼팅) 성공률을 기준점인 50%와 비교하는 것이 필요하다. 프로나 아마추어가 2.4m 퍼팅 성공률을 60%나 70%로 높이기 위해서 많은 시간을 들여서 연습할 필요가 있을까? 2009년부터 2011년까지 퍼팅 1위였던 루크 도널드의 2.4m 퍼팅 성공률이 57%였다. 소중한 시간을 어떻게 사용할 것인

지는 각자 알아서 결정할 일이지만, 이와 같은 기준점은 성적을 측정하고 합리적인 목표를 세우는 데 유용한 방법이 될 수 있다.

위에서 2.4m 퍼팅 성공률은 1위 루크 도널드가 57%, PGA 투어 평균은 50%라고 설명한 바 있다. 그 퍼팅 1개가 그리 대단한 결과라고 생각되지 않을 수 있지만, 실은 그렇지 않다. 익숙한 기록인 야구의 타율로 다시 생각해보자. 2.4m에서의 투어 평균 타율이 5할이고, 도널드의 타율이 5할 7푼, 즉 평균보다 7푼이 높은 것이다. 타율에서 7푼이 높다면 대단한 기록인 것과 마찬가지로 퍼팅 성적에서도 의미가 큰 것이다. 2.4m 퍼팅을 열 번 하면 투어 평균 퍼팅 수는 15개다(원 퍼팅 다섯 번, 투 퍼팅 다섯 번). 도널드의 평균 퍼팅 수는 14.3개로, 평균보다 0.7타 이득을 본다. 다른 방법으로 설명하자면, 7%의 우위가 열 번 발생하여 0.7타의 이득 타수가 된다는 뜻이다. 여기서 조금, 저기서 조금 이득을 보다 보면, 어느새 세계 1위가 될 수 있다.

한 라운드에서의 퍼팅 이득 타수는 그 라운드 각 홀에서의 이득 타수 총합이다. 타이거 우즈가 형편없었다고 했던 2011년 프라이즈닷컴 오픈 1라운드로 돌아가서 퍼팅 이득 타수를 살펴보자.

- 1번 홀, 타이거 우즈가 1.2m 퍼팅을 성공시켰다. 1.2m 투어 평균이 1.1타이니 0.1타 이득을 봤다.
- 2번 홀, 90cm 퍼팅에 성공했고, 이득 타수는 0이었다(편의상 소수점 첫째 자리까지 반올림).
- 3번 홀, 90cm에서 투 퍼팅으로 1타 손해를 봤다(투어 평균인 1에서 퍼팅 수 2를 뺌).

골프 성적

세 홀 동안, 우즈는 투어 평균보다 0.9타를 손해 봤다. 이날 우즈의 18홀 퍼팅에 대한 이득 타수 계산 과정을 반복하여 모두 더한 결과는 -1.3타였다. 다시 말해, 퍼팅으로만 투어 평균 대비 1.3타를 손해 본 것이다. 이날 타이거 우즈의 퍼팅 이득 타수 순위는 132명 중 105위였다.

우즈의 퍼팅 성적이 좋지 않았다는 것은 퍼팅 이득 타수 기록으로 분명히 나타난다. 반대로 그의 퍼팅 수 27개는 132명 중 퍼팅 수 26위였다. 라운드당 퍼팅 수는 이날 그의 퍼팅 성적에 대해 아주 잘못된 정보를 제공한 것이다. 이 오류의 가장 큰 원인은 거리에 있다. 타이거 우즈의 첫 퍼팅 평균 거리는 3.3m였다. 이날 다른 선수들의 평균은 거의 6m였다. 타이거 우즈의 퍼팅 수가 적었던 것은 퍼팅을 더 잘해서가 아니라 퍼팅을 홀과 더 가까운 데서 했기 때문이다.

표 3-2 코드벨(CordeValle) 골프장에서 열렸던 2011년 프라이즈닷컴 오픈 1라운드 타이거 우즈의 퍼팅 결과. 우즈의 총 퍼팅 이득 타수는 평균 이하인 -1.3타. 우즈의 첫 퍼팅 거리를 대입할 경우 투어 평균 퍼팅 수는 25.7개. 우즈의 퍼팅 수가 27개였으니 퍼팅 이득 타수가 -1.3, 즉 평균보다 1.3개의 퍼팅을 손해 봤다. 우즈의 첫 퍼팅 평균 거리는 3.3m, 다른 선수들의 평균은 6m. 우즈의 퍼팅 수가 평균인 29개보다 적은 27개였던 이유는 퍼팅을 더 잘해서가 아니라 평균적으로 홀에서 더 가까이에서 퍼팅을 했기 때문이다(표에서의 수치는 반올림한 값임).

홀	1	2	3	4	5	6	7	8	9	아웃
거리(피트)	4	3	3	3	1	6	22	45	6	
투어 평균 퍼팅 수	1.1	1.0	1.0	1.0	1.0	1.3	1.9	2.1	1.3	11.9
타이거 우즈의 퍼팅 수	1	1	2	1	1	1	2	2	2	13.0
이득 타수	0.1	0.0	-1.0	0.0	0.0	0.3	-0.1	0.1	-0.7	-1.1

홀	10	11	12	13	14	15	16	17	18	인	합계
거리(피트)	12	4	42	15	6	5	4	13	13		
투어 평균 퍼팅 수	1.7	1.1	2.1	1.8	1.3	1.2	1.1	1.7	1.7	13.8	25.7
타이거 우즈의 퍼팅 수	1	2	2	2	1	1	1	2	2	14.0	27
이득 타수	0.7	-0.9	0.1	-0.2	0.3	0.2	0.1	-0.3	-0.3	-0.2	-1.3

홀에 더 가까이 붙이면 퍼팅을 더 잘할 수 있다는 이야기를 얼마나 많이 들었는가? 기존의 퍼팅 기록은 우리의 대화와 생각을 뒤틀어버린다. 퍼팅은 그린을 향해 치는 샷들과 다른 기술의 샷이다. 어프로치 샷이나 칩샷으로 홀에 가까이 붙이면 퍼팅을 적게 할 것이고, 결국 스코어도 좋아질 것이다. 하지만 이 결과는 어프로치샷이나 칩샷을 잘 쳤기 때문이지 퍼팅 덕분이 아니다. 퍼팅 이득 타수는 그린을 향해 치는 다른 샷의 실력을 배제하고, 오직 퍼팅 능력만을 순수하게 측정하는 것이다.

위대한 보비 존스와의 라운드

보비존스

서로 다른 시대의 선수들을 비교하는 것이 재미있기는 하지만, 스코어 외에는 기록이 거의 남아 있지 않은 경우가 많다. 위대한 보비 존스는 그의 책 『페어웨이에서(Down the Fairway)』에 1926년 서닝데일(Sunningdale) 골프장에서의 브리티시 오픈 예선 1라운드에 대하여 자세한 내용을 많이 남겼다. 그는 "주요 대회에서의 내 최고 라운드"라고 했다. 그 책을 썼던

골프 성적

1926년까지 그는 이미 그의 생애 메이저 13승 중 5승을 달성한 상태였고, 준우승도 다섯 번이나 했었다.

서닝데일에서 존스의 라운드에 대하여 버나드 다윈은 "뭔가 마음에 들지 않은 듯 라운드 전에 드라이버를 바꿔가며 연습했다. 그러더니 비법을 터득한 듯, 지금까지 보여준 것과 차원이 다른 골프를 보여줬다. 완벽한 경기였다"라고 썼다. 존스는 스코어카드에 3과 4만 써넣으며 66타를 기록했다. 다윈은 "갤러리들은 충격 속에 귀가했다. 지금까지 그리고 앞으로도 다시 보기 어려운 최고의 라운드를 본 것이다"라고 쓰기도 했다. 그 당시에는 대회 코스에서 60대 타수를 기록하는 것이 아주 드물었고, 메이저대회 상위권자들이 70대 후반이나 80대 초반 타수를 기록하는 일도 많았다.

이 '완벽했던' 경기에서 보비 존스의 퍼팅은 어땠을까? 쓰리 퍼팅은 없었고, 7.5m, 2.1m, 1.8m에서 원 퍼팅을 하며 총 33개의 퍼팅을 했

표 3-3 ● 1926년 서닝데일에서의 브리티시 오픈 예선 1라운드 보비 존스의 퍼팅 결과. 2004년부터 2012년까지의 PGA 투어 기준점 대비 −0.7타의 퍼팅 이득 타수 기록. 그의 첫 퍼팅 거리를 대입할 경우 투어 평균 퍼팅 수는 32.3개. 그의 퍼팅 수 33개는 투어 평균 대비 0.7타 손해(32.3에서 33을 뺌). 1, 2, 14번 홀의 정확한 퍼팅 거리는 알려지지 않아 10.5m로 했음.

홀	1	2	3	4	5	6	7	8	9	아웃
거리(피트)	35	35	5	25	25	18	10	40	5	
투어 평균 퍼팅 수	2.0	2.0	1.2	1.9	1.9	1.8	1.6	2.1	1.2	15.9
보비 존스의 퍼팅 수	2	2	2	2	1	2	2	2	2	17.0
이득 타수	0.0	0.0	−0.8	−0.1	0.9	−0.2	−0.4	0.1	−0.8	−1.1

홀	10	11	12	13	14	15	16	17	18	인	합계
거리(피트)	30	7	30	6	35	12	40	30	30		
투어 평균 퍼팅 수	2.0	1.4	2.0	1.3	2.0	1.7	2.1	2.0	2.0	16.4	32.3
보비 존스의 퍼팅 수	2	1	2	1	2	2	2	2	2	16.0	33
이득 타수	0.0	0.4	0.0	0.3	0.0	−0.3	0.1	0.0	0.0	0.4	−0.7

다. 보비 존스가 7.5m 퍼팅 성공을 "이날의 유일했던 롱퍼팅 성공"이라고 쓴 것을 보면, 퍼팅을 잘한 날은 아니었다고 생각했던 것 같다. 표 3-3을 보면 현대 PGA 투어 기준점과 비교해 0.7타를 퍼팅에서 손해 본 것으로 나온다. "완벽했다"는 표현은 퍼팅이 아니라 필드샷에 대한 것이었다.

이득 타수 관점으로 본 예외적인 퍼팅 성적

폴 고이도스(Paul Goydos)는 2010년 존 디어 클래식(John Deere Classic) 1라운드에서 역대 최저타 타이인 59타를 기록했다. 이 라운드는 샷링크 시대에 퍼팅 이득 타수 역대 2위에 해당하는 기록이기도 하다. 고이도스는 투어 평균 대비 7.5타를 퍼팅으로 이득 봤다. 퍼팅 수가 겨우 22개였다. 16번 홀에서는 4.2m 거리의 프린지*에서 성공시키기도 했다. 하지만 이 특별한 샷은 퍼팅으로 기록되지 않기 때문에, 퍼팅 이득 타수나 라운드당 퍼팅 수 어느 쪽에도 포함되지 않았다. 표 3-4에 자세한 내용이 나와 있다. 그의 59타는 그 라운드 다른 선수들 평균인 69.5타보다 10.5타를 앞섰다. 퍼팅이 그중 71%(7.5 / 10.5)를 차지했다. 안타깝게도 그의 퍼팅감은 다음 세 번의 라운드 때에는 오지 않았고, 결국 그 대회에서의 퍼팅 이득 타수는 평균보다 조금 떨어진 -0.3타였다. 고이도스는 스티브 스트리커(Steve Stricker)에 2타 뒤진 2위를 차지했다.

* fringe. 그린보다 조금 잔디가 긴, 그린을 둘러싼 주변부. 상황에 따라 칩샷보다 퍼팅을 하기도 함.

표 3-4 TPC 디어런에서의 2010년 존 디어 클래식 1라운드 폴 고이도스의 퍼팅 결과. 그의 퍼팅 이득 타수 7.5타는 2003년부터 2012년까지 한 라운드 기록 중 2위를 차지함.

홀	1	2	3	4	5	6	7	8	9	아웃
거리(피트)	10	6	45	18	54	18	12	36	22	
투어 평균 퍼팅 수	1.6	1.3	2.1	1.8	2.2	1.8	1.7	2.0	1.9	16.5
폴 고이도스의 퍼팅 수	2	1	2	1	2	1	1	2	2	14.0
이득 타수	-0.4	0.3	0.1	0.8	0.2	0.8	0.7	0.0	-0.1	2.5

홀	10	11	12	13	14	15	16	17	18	인	합계
거리(피트)	6	40	20	25	6	6	0	11	8		
투어 평균 퍼팅 수	1.3	2.1	1.9	1.9	1.3	1.3	0.0	1.6	1.5	13.0	29.5
폴 고이도스의 퍼팅 수	1	1	1	1	1	1	0	1	1	8.0	22
이득 타수	0.3	1.1	0.9	0.9	0.3	0.3		0.6	0.5	5.0	7.5

반대로, 프로의 퍼팅 성적이 심하게 나쁜 경우도 있다. 2003년부터 2012년까지 PGA 투어의 14만 회 이상 라운드 중 가장 퍼팅이 나빴던 것은 퀘일 홀로(Quail Hollow)에서의 2008년 와코비아 챔피언십 (Wachovia Championship) 2라운드 조 듀랜트(Joe Durant)였다. 그는 PGA 투어 20년 경력으로 4승의 기록을 보유한 선수였다. 견고한 볼 스트라이킹과 드라이브샷을 구사했지만, 퍼팅으로 유명한 선수는 아니었다. 이 라운드에서 그는 79타를 치며 9타 차로 컷 탈락했다. 듀랜트는 그

표 3-5 퀘일 홀로에서의 2008년 와코비아 챔피언십 2라운드 조 듀랜트의 퍼팅 결과. 2003년부터 2012년까지 PGA 투어 최악의 퍼팅 이득 타수 라운드인 9.8타 손해를 기록함.

홀	1	2	3	4	5	6	7	8	9	아웃
거리(피트)	1	17	5	55	8	13	13	3	15	
투어 평균 퍼팅 수	1.0	1.8	1.2	2.2	1.5	1.7	1.7	1.0	1.8	14.0
조 듀랜트의 퍼팅 수	1	2	2	3	2	3	2	2	2	19.0
이득 타수	0.0	-0.2	-0.8	-0.8	-0.5	-1.3	-0.3	-1.0	-0.2	-5.0

홀	10	11	12	13	14	15	16	17	18	인	합계
거리(피트)	20	49	14	14	20	60	8	20	5		
투어 평균 퍼팅 수	1.9	2.1	1.7	1.7	1.9	2.2	1.5	1.9	1.2	16.2	30.2
조 듀랜트의 퍼팅 수	2	2	2	2	2	4	2	3	2	21.0	40
이득 타수	-0.1	0.1	-0.3	-0.3	-0.1	-1.8	-0.5	-1.1	-0.8	-4.8	-9.8

린에서 투어 평균보다 9.8타를 손해 봤다. 표 3-5에 자세한 내용이 나와 있다. 듀랜트는 포 퍼팅을 한 번, 쓰리 퍼팅을 세 번 했고, 원 퍼팅은 한 번밖에 하지 않아 총 40개의 퍼팅 수를 기록했다.

그린 난이도의 측정

2008년 퀘일 홀로에서 조 듀랜트의 끔찍한 성적을 어떻게 설명할 수 있을까? 기술적으로 문제가 있었을 수도 있고, 컷 통과가 어렵다는 것을 알고는 어느 순간부터 대충 쳤을지도 모른다. 퀘일 홀로의 그린이 까다롭고 언덕이 많았기 때문일 수도 있다. 이 부분을 알아보기 위해 퀘일 홀로와 투어 다른 코스의 그린 난이도를 살펴보자.

그 날 퀘일 홀로의 그린은 얼마나 어려웠나? 그린 난이도를 측정하는 쉬운 방법으로 대회에 출전한 모든 선수의 퍼팅 이득 타수를 확인해보는 것이 있다.

대회에 출전한 모든 선수가 평균보다 퍼팅을 잘한 라운드가 있다고 가정해보자. 평균보다 퍼팅을 잘하는 선수들만 출전했을 수 있겠지만, 정규 풀 필드 대회에는 거의 같은 선수들이 출전하기 때문에 이럴 가능성은 거의 없다. 대회에 출전한 모든 선수에게 '퍼팅의 신(神)'이 강림했을 수 있다. 하지만 이것도 주사위 두 개를 굴려서 1과 1이 열 번 연속 나오는 것만큼 가능성이 없는 일이다. 가장 가능성이 큰 이유는 그린이 평균보다 쉽기 때문이다. 그린이 심하게 빠르지 않고, 비교적 평평할 가능성이 크다. 홀 위치도 굴곡이 심한 곳이 아닐 확률이 높

골프 성적

다. 날씨도 매우 춥거나 바람이 많이 불지 않았을 가능성이 크다. 한 라운드에서의 그린 난이도는 전체 출전 선수의 퍼팅 이득 타수를 통해 측정할 수 있다.

2008년 퀘일 홀로 2라운드에서 조 듀랜트는 PGA 투어 기준점보다 9.8타를 손해 봤는데, 이 기준점은 많은 골프장에서의 PGA 투어 퍼팅 성적 평균을 나타낸 것이다. 그날 전체 출전 선수는 퍼팅 기준점 대비 평균 0.6타를 손해 봤다. 그린이 평균보다 어려웠지만, 듀랜트의 퍼팅이 엉망이었던 것의 아주 작은 이유일 뿐이다.

퀘일 홀로에 대한 다른 선수의 언급을 살펴보자. 프로가 2벌타의 위험을 감수하면서 깃대를 뽑지 않고 퍼팅을 하는 경우*는 극히 드물지만, 2010년 퀘일 홀로에서의 3라운드 18번 홀 그린에서 필 미컬슨이 실제로 그렇게 했다. 18m 밖에서 큰 둔덕을 넘어 홀에 가까이 붙일 방법이 없었기 때문에, 그가 생각한 최고의 전략은 홀 오른쪽 3m를 목표로 하고 다음 퍼팅을 성공하는 것이었다. 미컬슨은 거리감을 느끼기 위해 깃대를 뽑지 않았다. 계획한 대로, 첫 퍼팅은 홀 오른쪽 2.4m로 갔고, 다음 퍼팅을 성공시켰다. 미컬슨은 라운드 후 인터뷰 때 골프장 비판에 대한 벌금을 각오하면서까지 "티에서 그린까지 아름답게 디자인된 것만큼, 그린은 투어 최악의 디자인이다. 깔끔한 모양새이지만 18번 홀 그린은 정말 투어 최악이다. 그래도 이 골프장에서 가장 나쁘지는 않았다. 진짜 최악은 12번 홀"이라고 말했다.

표 3-6에는 PGA 투어 퍼팅 기준점 대비 모든 선수의 평균 이득 타

---

* 2019년부터 규칙이 변경되어 깃대를 뽑지 않고 퍼팅을 했다가 성공할 경우 벌타를 받지 않게 되었지만, 이 책은 규칙이 변경되기 전에 쓰였다.

수로 측정한 PGA 투어 퍼팅 난이도 순위가 나와 있다. 어려운 그린은 우둘투둘하거나 굴곡이 심하거나 바람이 많이 부는 곳이 많다. 가장 어려운 두 곳의 골프장은 페블비치(Pebble Beach)와 웨스트체스터(Westchester)이다. 두 곳 모두 하루에도 잔디가 살짝 자라며 우둘투둘한 그린이 되는 포아 아누아 그린이다. 카팔루아 플랜테이션 코스(Plantation Course at Kapalua)는 심한 고저 차와 바람으로 유명해 400야드 넘는 드라이브샷이 수시로 나온다. 바람은 퍼팅에도 영향을 주기 때

표 3-6 2003년부터 2011년까지 샷링크 데이터를 사용하여 평균 퍼팅 이득 타수로 측정한 퍼팅 난이도 골프장 순위. 샷링크 데이터 최소 12라운드 이상인 골프장만 포함시킴. 페블비치가 퍼팅하기 가장 어려운 골프장, 콜로니얼이 가장 쉬운 골프장으로 나타남.

순위	골프장	평균 SGP	순위	골프장	평균 SGP
1	페블비치	-0.77	24	엔 조이	-0.03
2	웨스트체스터	-0.73	25	TPC 포시즌스	-0.02
3	카팔루아	-0.63	26	라 칸테라	0.00
4	퀘일 홀로	-0.52	27	워릭힐스	0.01
5	TPC 슈가로프	-0.43	28	브라운디어파크	0.03
6	리비에라	-0.37	29	PGA 웨스트 파머	0.04
7	콩그레셔널	-0.35	30	TPC 사우스윈드	0.05
8	토레이 파인 남쪽 코스	-0.31	31	와이알레	0.08
9	몽트뢰	-0.24	32	코그힐	0.08
10	어투니오트	-0.20	33	파이어스톤 남쪽 코스	0.09
11	더 클래식 클럽	-0.19	34	매그놀리아	0.09
12	TPC 소그래스	-0.19	35	레드스톤 : 토너먼트 코스	0.09
13	뮤어필드 빌리지	-0.17	36	PGA 내셔널	0.10
14	투산 내셔널	-0.15	37	포레스트 오크스	0.13
15	베이힐	-0.13	38	TPC 루이지애나	0.15
16	세지필드	-0.13	39	이스트 레이크	0.17
17	이니스브룩-코퍼헤드	-0.12	40	TPC 스코츠데일	0.18
18	글렌 애비	-0.10	41	TPC 보스턴	0.19
19	TPC 리버 하일랜즈	-0.08	42	TPC 서머린	0.21
20	네마콜린-미스틱 록	-0.08	43	TPC 디어런	0.22
21	하버타운	-0.05	44	도럴 블루몬스터	0.24
22	레드스톤 : 제이콥슨/하디	-0.05	45	콜로니얼	0.26
23	애넌데일	-0.03			

골프 성적

문에 투어에서 퍼팅이 어려운 세 번째 골프장이 되었다.

필 미컬슨의 인터뷰대로 퀘일 홀로의 그린이 PGA 투어에서 어렵기로 4위에 올랐다. 선수들은 오르막 내리막이 많은 이 그린에서 수년간 PGA 투어 기준점 대비 평균 0.5타 손해를 봤다. 퍼팅에 좋은 조건은 부드러운 벤트그라스 그린, 잔잔한 날씨, 그리고 상대적으로 평평한 상태이다. 퍼팅하기 쉬운 골프장 네 곳은 TPC 서머린(TPC Summerlin), TPC 디어런(폴 고이도스가 59타를 기록한 곳), 도럴 블루몬스터(Doral's Blue Monster), 그리고 콜로니얼 컨트리클럽(Colonial Country Club)이다.

가끔 골프장 퍼팅 난이도는 지리적 영향보다 사람이 만든 요소에 달려 있기도 하다. 바람이나 날씨가 아주 심하게 변하지 않는 한, 같은 골프장의 퍼팅 난이도가 라운드별로 심하게 바뀌는 일은 별로 없다. 하지만 2012년 베스페이지 블랙 코스(Bethpage Black course)는 예외였다. 2라운드와 3라운드 사이에, 미니어처 도로공사 롤러처럼 생긴 그린 롤러로 그린을 세 번이나 눌러서, 그린이 더 단단해지고, 빨라지고, 고르게 되었다.

타이거 우즈는 "하루 사이에 그린이 이렇게까지 바뀐 것을 본 적이 없다. 미끄럽다고 느껴질 정도"라고 했다. 파드리그 해링턴은 "이보다 더 빠른 그린에서 쳐본 적이 없는 것 같다. 64타로 시작했다가 75, 75타를 치면 밖에서 보기에 별로 좋아 보이지 않는다"라고 했다. 14번 홀 그린과 18번 홀 그린에 대해서는 "홀 주변 그린 스피드가 20*은 나

* 그린 스피드는 그린의 평평한 곳에서 스팀프미터(stimpmeter)라는 측정 도구의 한쪽 끝을 들어 올려서 볼이 굴러간 거리로 측정하는데, 여기에서의 20은 20피트 즉 6m를 의미하며, 국내 대회에서는 일반적으로 3m 또는 그 이상, PGA 투어에서는 13피트(3.9m) 또는 그 이상으로 그린 상태를 조성한다.

올 것 같다"고도 했다. 전체 출전 선수의 평균 퍼팅 이득 타수가 1라운드 때 0.4타(아주 쉬움)였다가 2라운드 때 0(평균 난이도), 3라운드 때 -0.5타(매우 어려움)로 바뀌었다.

선수들의 불만을 수용하여 최종 라운드 전날 밤, 그린에 물을 뿌렸다. 전체 출전 선수의 퍼팅 이득 타수는 0.4타로 올라갔다. 하루 사이 거의 1타 정도 쉬워졌는데, 이는 퍼팅 난이도를 사람이 엄청나게 변화시킨 결과였다.

전체 출전 선수가 PGA 투어 기준점보다 퍼팅을 잘했다는 것은 그 대회의 그린이 투어의 평균적인 그린보다 쉬웠다는 것을 의미한다. 전체 출전 선수의 평균 퍼팅 이득 타수는 그린의 퍼팅 난이도를 간단하면서 신뢰도 높게 측정할 수 있는 방법이다.

새로운 통계 기록의 미세 조정 : 전체 출전 선수 대비 퍼팅 이득 타수

어떤 선수가 콜로니얼처럼 퍼팅이 쉬운 골프장에서 열리는 대회에는 참가하지 않고 페블비치처럼 퍼팅이 어려운 골프장에서 열리는 대회에 출전했다고 가정하자. 다른 선수는 반대로 퍼팅이 어려운 골프장에서의 대회를 건너뛰고 퍼팅이 쉬운 골프장에서의 대회에 나섰다고 가정하자. 동일한 기준점을 바탕으로 두 선수의 퍼팅 성적을 비교하는 것은 공평하지 않다. 왜냐하면, 두 골프장의 퍼팅 난이도에 분명한 차이가 있기 때문이다.

서로 다른 대회에 출전한 선수들의 스코어를 비교하는 것에도 똑같은 문제가 있다. 2012년에 마크 윌슨(Mark Wilson)은 휴매나 챌린지 (Humana Challenge)에서 24언더파로 정상에 오른 반면, 웨브 심프슨(Webb Simpson)은 US오픈에서 1오버파로 우승했다. 윌슨의 스코어가 심프슨 보다 25타 앞서지만, 골프에 대해 조금이라도 아는 사람이라면 윌슨 이 심프슨보다 잘 쳤다고 말하기 어려울 것이다.

휴매나 챌린지 대회의 코스는 쉽게 조성됐는데, 이는 대회가 프로 암 방식*으로 진행됐기 때문이다. 그에 반해 US오픈은 코스 조성을 지독할 정도로 어렵게 하기로 유명하다. 평균 타수상 트로피가 단순 히 스코어만으로 수여된다면, 윌슨은 심프슨보다 아주 크고 불공평하 게 유리할 것이다. PGA 투어에서는 한 해 평균 타수가 가장 적은 선 수에게 바이런 넬슨(Byron Nelson) 트로피를 시상한다. 이때, 최소 평균 타수 대신 최소 조정 평균 타수를 기준 기록으로 삼는다. 라운드별 전 체 출전 선수의 평균 타수를 고려해 조정하는 것이다.

이와 마찬가지로, 퍼팅 순위를 공평하게 산정하기 위해서는 라운드 별 퍼팅 난이도를 고려해야 한다. 베이힐(Bay Hill)에서의 아널드 파머 (Arnold Palmer) 대회 1라운드에서, 라이더컵(Ryder Cup)**의 유럽팀 스타 선수 에도아르도 몰리나리는 PGA 투어 퍼팅 기준점보다 2.3타 이득 을 봤다. 하지만 그날은 바람이 많이 불었고, 강한 바람이 퍼팅 스피드 와 라인에 영향을 줄 정도로 어려운 상황이었다. 전체 출전 선수들의 평균 퍼팅 이득 타수가 -0.8타일 정도로 퍼팅이 어려웠으며, 이는 투 어에서 난이도 5%에 들어갈 정도였다. 몰리나리는 퍼팅 기준점 대비

---

* pro-am format. 프로와 아마추어가 한 조가 되어 경기하는 방식. 주로 프로 한 명과 아마추어 세 명 또는 네 명이 한 조가 되어 경기함.
** 2년마다 개최되는 미국과 유럽의 프로골프 대항전.

2.3타 이득을 봤고, 전체 출전 선수들은 퍼팅 기준점 대비 0.8타 손해를 봤으니, 몰리나리가 전체 출전 선수 대비 3.1타의 퍼팅 이득 타수를 기록했다고 할 수 있다. 내가 몰리나리에게 어떻게 그렇게 잘했냐고 물었더니, 그는 "바람이 많이 부는 유럽에서의 퍼팅 경험이 그날 베이힐에서 퍼팅을 할 때 도움이 됐다"고 답했다.

PGA 투어는 현재 주요 퍼팅 통계 기록으로 '전체 출전 선수 대비 퍼팅 이득 타수'를 사용하고 있다. 이는 퍼팅 기준점 대비 SGP에서 그 라운드의 투어 평균 SGP를 뺀 결과이다.

> 전체 출전 선수 대비 퍼팅 이득 타수는 퍼팅 기준점 대비 SGP에서 그 라운드의 투어 평균 SGP를 뺀 결과이다.

2004년부터 2012년까지 PGA 투어에서 퍼팅을 가장 잘한 선수는 누구일까? 일요일 후반 9홀에서 누가 퍼팅을 가장 잘하는지에 대한 질문이 아니다. 애매한 1.8m 퍼팅을 누가 가장 잘하는지를 묻는 것도 아니다. 누가 쓰리 퍼팅 없이 가장 많은 홀을 경기했는지에 대한 질문도 아니다. 또한, 몇몇 대회나 몇 달 동안 누가 퍼팅을 가장 잘했는지에 대해 궁금한 것도 아니다. 샷링크 데이터베이스에 기록된 모든 퍼팅을 바탕으로, 수년간 퍼팅을 가장 잘한 선수를 찾아보자는 것이다. 라운드당 퍼팅 수, 그린 적중 시 퍼팅 수, 성공한 퍼팅의 거리가 아니라 퍼팅 이득 타수만이 누적 퍼팅 성적을 측정할 수 있는 신뢰도 높은 통계 기록이다. 퍼팅 이득 타수를 통해 순수하게 퍼팅 실력으로 순위를 산정할 수 있고, 누가 퍼팅을 가장 잘한 선수인지 알려준다.

골프 성적

표 3-7에 나온 퍼팅 이득 타수 기록으로 살펴본 결과, 이 세상에서 가장 퍼팅을 잘하는 선수는 루크 도널드다. 샷링크 시대의 퍼팅 상위 5인은 도널드, 브래드 팩슨(Brad Faxon), 타이거 우즈, 에런 배들리(Aaron Baddeley), 그리고 그레그 차머스였다. 만약 브래드 팩슨의 전성기 시절 데이터를 포함시킬 수 있다면 그의 순위는 더 높아졌을 것이다. 만약 메이저대회의 퍼팅 기록을 넣는다면 우즈의 순위는 더 위에 있겠지만, 안타깝게도 메이저대회의 기록은 샷링크 데이터에 포함되지 않았다. 그렇다 하더라도, 이들이 퍼팅을 가장 잘하는 선수들이라는 사실에 많은 사람이 동의할 것이다.

루크 도널드는 1997년부터 2001년까지 노스웨스턴 대학교에서 골프 선수로 활약했고, 미술 이론과 실기 전공으로 졸업했다. 팻 고스는 그 당시 도널드의 코치였고, 지금도 그를 지도하고 있다. 고스는 지난 1997년 27세의 나이로 골프위크(Golf Week)를 통해 '올해의 코치'로 선정됐다. 그는 당시 미국에서 가장 나이 어린 코치였다. 고스는 "루크 도널드가 가장 뛰어난 선수가 될 것이라고 이미 알고 있었어요"라고 이야기한 적이 있다. 도널드는 1999년에 NCAA* 개인전 우승을 차지했고, 그때까지 타이거 우즈가 보유하고 있었던 최소 평균 타수 기록을 갈아치웠다. 도널드는 PGA 투어 신인이었던 2002년에 서던 팜 뷰로 클래식(Southern Farm Bureau Classic)에서 우승을 차지하기도 했다. 실력을 더 발전시켜 PGA 투어와 유러피언 투어 대회에서 승수를 쌓아가며 2011년 5월에는 세계랭킹 1위까지 올랐다. 그는 퍼팅 비결을 묻는 기자의 질문에 "꾸준한 연습이죠. 매번, 매년 더 잘하려고 노력

---

* National Collegiate Athletic Association. 미국대학스포츠협회.

합니다"라고 답했다. 도널드는 세계에서 퍼팅을 가장 잘하는 선수임에도 불구하고, 연습장에서 볼을 치는 것보다 두 배나 많은 시간을 숏게임과 퍼팅에 할애한다고 한다. 재능과 노력의 결과인 것이다.

수년간 많은 대회를 거치며 도널드는 퍼팅으로 PGA 투어의 일반적인 선수들 대비 라운드당 0.7타 이득을 봤다. 이 수치는 대회당 거의 3타에 해당한다. 루크 도널드에게 있어서 퍼팅은 계량적으로 봤을 때 성공의 아주 큰 요인이었다.

표 3-7 ● 2004년부터 2012년까지 PGA 투어 퍼팅 상위 50명. 순위에는 최소 120라운드를 소화한 선수만 포함시킴. 퍼팅 이득 타수(SGP)는 라운드당 PGA 투어 전체 출전 선수 평균 대비 수치이다(자세한 설명은 부록 참조).

순위	선수명	SGP	순위	선수명	SGP
1	루크 도널드	0.70	26	파커 맥라클린	0.40
2	브래드 팩슨	0.64	27	네이선 그린	0.39
3	타이거 우즈	0.64	28	웨브 심프슨	0.39
4	에런 배들리	0.64	29	제프 퀴니	0.38
5	그레그 차머스	0.63	30	스콧 맥캐런	0.38
6	예스퍼 파르네빅	0.62	31	제이슨 데이	0.38
7	브라이언 게이	0.62	32	브렌트 가이버거	0.38
8	로렌 로버츠	0.62	33	맷 고글	0.38
9	브라이슨 몰더	0.58	34	마루야마 시게키	0.38
10	벤 크레인	0.58	35	리처드 S. 존슨	0.36
11	브랜트 스네데커	0.54	36	제프 오길비	0.35
12	딘 윌슨	0.52	37	에릭 맥슬리	0.35
13	스티브 스트리커	0.50	38	블레이크 애덤스	0.35
14	스튜어트 싱크	0.49	39	스티븐 에임스	0.34
15	호세 마리아 올라사발	0.48	40	마크 터네사	0.34
16	프레드릭 야콥슨	0.47	41	다니엘 초프라	0.34
17	마이클 톰슨	0.46	42	밥 트웨이	0.34
18	찰리 위	0.45	43	개빈 콜스	0.32
19	채드 콜린스	0.45	44	라이언 무어	0.32
20	잭 존슨	0.44	45	제프 클록	0.31
21	코리 페이빈	0.44	46	맷 쿠차	0.31
22	칼 페테르손	0.43	47	데이비드 매티스	0.30
23	짐 퓨릭	0.41	48	대런 클락	0.30
24	렌 머티스	0.40	49	밥 하인츠	0.29
25	마크 오메라	0.40	50	케빈 나	0.29

골프 성적

퍼팅의 강점과 약점 진단하기

퍼팅 이득 타수를 통해 프로가 투어 평균 대비 퍼팅을 잘하는지 못하는지를 확인할 수 있다. 하지만 선수의 퍼팅 그립, 스탠스, 퍼팅 스트로크에 대한 정보 없이 그 이유를 설명하기는 어렵다. 하지만 이득 타수 접근 방법을 통해 데이터로부터 더 많은 정보를 뽑아내 까다로운 숏퍼팅, 성공 가능할 만한 중거리 퍼팅, 붙이기만 해도 좋은 롱퍼팅 중 어떤 쪽에 강점이 있고 약점이 있는지 알아볼 수 있다. 또한 이 정보를 통해 숏퍼팅, 중거리 퍼팅, 롱퍼팅을 가장 잘하는 선수가 누구인지 확인할 수 있다.

프로가 10m에서 투 퍼팅을 했다고 가정하자. 투어 평균이 투 퍼팅이니 이는 이득도 손해도 보지 않은 평균 성적이다. 하지만 10m에서의 첫 퍼팅이 짧아서 2.4m가 남았다고 치자. 별로 좋지 않은 결과이지 않은가? 이는 표 3-1의 PGA 투어 퍼팅 기준점으로 확인할 수 있다. 2.4m에서의 투어 평균 퍼팅 수가 1.5개이니, 2.4m 퍼팅을 성공한 것은 투어 평균 대비 0.5타 이득을 본 것이다. 이 예에서 10m에서의 첫 퍼팅으로 0.5타를 손해 봤지만, 2.4m에서의 퍼팅 성공으로 0.5타의 이득을 봤으니 투어 평균 대비 손익은 0이다.

이 선수가 이런 퍼팅을 계속한다면, 결과적으로는 퍼팅을 평균적으로 하는 선수지만 공교롭게도 10m 퍼팅은 약하고 2.4m 퍼팅은 강한 선수라고 이야기할 수 있게 된다. 이처럼 이득 타수 분석은 서로 다른 거리에서 퍼팅의 강점과 약점을 진단하는 데 사용할 수 있다.

여기 첫 퍼팅의 질을 분석할 수 있는 또 다른 방법이 있다. 10m에서의 첫 퍼팅이 짧아서 2.4m를 남겼다. 홀아웃을 위한 투어 평균 퍼팅 수가 2.0에서 1.5로 줄었기 때문에 첫 퍼팅은 홀아웃까지 0.5타 가까워진 것이다. 퍼팅을 한 번 했는데 0.5타 가까워진 것은 당연히 좋은 결과가 아니다. 이득 타수 용어로 표현하자면 첫 퍼팅은 투어 평균 대비 0.5타를 손해 봤다.

퍼팅 하나하나에 대하여, 이득 타수는 퍼팅의 시작점에서 도착점까지 홀아웃을 위한 평균 퍼팅 수 감소분에서 실제 퍼팅 수인 1을 뺀 것이다.

> 개별 퍼팅의 이득 타수는 퍼팅의 시작점에서 도착점까지 홀아웃을 위한 평균 퍼팅 수 감소분에서 실제 퍼팅 수인 1을 뺀 것이다.

여기에서 가장 중요한 부분은, 홀에 얼마나 근접하느냐를 홀아웃을 위한 평균 퍼팅 수로 측정한다는 것이다. 첫 퍼팅으로 볼이 홀에 근접했을 때, 일반적으로는 눈에 보이고 체감하기 쉽다는 이유로 거리 개념으로 생각하기 마련이다. 이득 타수는 거리별로 홀아웃에 필요한 평균 퍼팅 수가 나와 있는 표 3-1을 통해 거리 개념을 타수로 변환해준다. 일단 모든 퍼팅을 하나의 공통 단위인 타수로 측정하면, 예를 들어 18m 퍼팅이 짧아서 2.4m가 남는 경우와 1.8m 퍼팅을 놓치는 경우를 비교할 수 있게 된다. 쓰리 퍼팅의 원인으로 첫 퍼팅이 나빠서였는지, 아니면 두 번째 퍼팅이 나빠서였는지를 알아볼 수 있다. 그리고 퍼팅 실력을 숏퍼팅, 중거리 퍼팅, 롱퍼팅으로 세분화시킬 수 있다.

18m 퍼팅이 짧아서 2.4m가 남게 되는 퍼팅은 어떤 퍼팅인가? 모든 18m 퍼팅의 상황이 똑같지는 않겠지만, 그래도 퍼팅 난이도의 가장 큰 부분은 거리이다. 표 3-1에 의하면, 18m에서의 투어 평균 퍼팅 수는 2.2개다. 2.4m에서의 평균은 1.5개다. 홀아웃까지 0.7개 줄어든 것이다. 실제로 퍼팅을 한 개수를 감안하면 이 퍼팅의 이득 타수는 -0.3이다. 다른 말로, 이 퍼팅은 투어 평균 대비 0.3타 손해를 봤다.

18m 퍼팅이 1.2m 남기면 어떤가? 표 3-1에 의하면, 샷링크 시대에 1.2m의 투어 평균 퍼팅 수는 1.13개다. 홀아웃을 위한 평균 퍼팅 수가 1.07(2.20에서 1.13을 뺀 수치) 줄어들었다. 실제로 퍼팅을 한 개수를 감안하면 이 퍼팅의 이득 타수는 0.07이다. 가까이 붙일수록 좋은 것이며, 이득 타수의 증가가 더 좋은 결과를 반영해준다.

프로가 10m에서 쓰리 퍼팅을 했다고 가정하자. 첫 퍼팅은 2.4m 짧았고, 두 번째 퍼팅은 홀을 스치며 5cm 옆에 섰다. 10m에서의 투어 평균 퍼팅 수는 2.0개, 2.4m에서는 1.5개이니, 홀아웃을 위한 평균 퍼팅 수는 0.5개 줄었고, 실제 퍼팅 수를 감안하면 첫 퍼팅의 이득 타수는 -0.5이다. 2.4m에서의 투어 평균 퍼팅 수는 1.5개이고, 5cm에서는 1.0개이니, 두 번째 퍼팅의 이득 타수도 -0.5이다. 10m에서의 쓰리 퍼팅은 1타를 손해 보는 것이며, 그 책임은 첫 퍼팅과 두 번째 퍼팅에게 똑같이 돌아간다.

개별 퍼팅의 이득 타수 측정이 가능하기에, 이를 묶어서 몇몇 카테고리로 만들 수도 있다. 내가 이용하는 세 카테고리는 숏퍼팅(0~1.8m), 중거리 퍼팅(2.1~6.3m), 그리고 롱퍼팅(6.6m 이상)이다. 표 3-8을 보면, 오케이 거리인 0부터 60cm에서의 퍼팅을 무시하고 세 카테고리에서의

표 3-8 PGA 투어 선수들의 퍼팅 거리별 퍼팅 수

	합계	0-2피트 (0-0.6m)	3-6피트 (0.9-1.8m)	7-21피트 (2.1-6.3m)	22피트 이상 (6.6m 이상)
퍼팅 수	29.2	8.9	7.0	8.0	5.3
비율	100%	30%	24%	27%	18%

퍼팅 수가 거의 비슷하다는 것을 알 수 있다.

카테고리를 셋으로 나눈 이유는, 너무 많으면 무의미한 결과가 나올 수 있기 때문이다. 예를 들어, 1.5m와 2.1m 퍼팅은 매우 잘하면서 1.8m 퍼팅은 엉망일 수는 없다. 브래드 팩슨이 저스틴 레너드(Justin Leonard) 이야기를 해준 적이 있다. 레너드가 2003년 혼다 클래식(Honda Classic) 3라운드를 선두로 마쳤을 때, 어떤 기자가 "1.5m 퍼팅은 톱10에 들어가 있고, 2.1m 퍼팅도 톱10에 들어가 있는데, 왜 1.8m 퍼팅은 순위가 100위권 밖이냐"고 질문했다고 한다. 본인도 1.8m 순위가 그렇게 나쁘다는 것을 몰랐다고 한다. 최종 라운드 8번 홀에서 1.8m 퍼팅이 남았을 때 무슨 생각이 들었을까? 다행스럽게도, 레너드는 그 퍼팅에 성공했고, 10번 홀에서도 1.8m 퍼팅을 성공시키며 67타를 기록하고 채드 캠벨(Chad Campbell)을 한 타 차로 누르고 우승했다.

표 3-9에는 3개의 카테고리로 나눈 2011년 퍼팅 이득 타수 결과가 나와 있다. 2011년에는 루크 도널드가 투어 평균 대비 0.95타의 이득을 보면서 퍼팅 1위였다. 이 결과는 숏퍼팅에서 2위, 중거리 퍼팅에서 4위를 기록한 덕분으로 보인다. 그룹으로 살펴보면, 2011년 퍼팅 상위 10명은 퍼팅 이득 타수 0.73타를 기록했는데, 6.3m 이하에서 0.68타, 6.6m 이상에서 겨우 0.08타의 이득을 봤다. 6.6m 이상의 롱

퍼팅 상위 5명 중 누구도 전체 퍼팅 순위 30위 안에 들지 못했다. 퍼팅이 훌륭하다고 하려면 롱퍼팅보다 숏퍼팅과 중거리 퍼팅이 중요한 것

표 3-9 2011년 라운드당 퍼팅 이득 타수를 세 카테고리로 분류: 숏퍼팅(0~1.8m), 중거리 퍼팅(2.1~6.3m), 롱퍼팅(6.6m 이상). 2011년에 최소 30라운드를 소화한 204명 대상 순위임.

선수명	순위				라운드당 퍼팅 이득 타수			
	전체	0-6피트 (0~1.8m)	7-21피트 (2.1~6.3m)	22피트 이상 (6.6m 이상)	전체	0-6피트 (0~1.8m)	7-21피트 (2.1~6.3m)	22피트 이상 (6.6m 이상)
루크 도널드	1	2	4	41	0.95	0.40	0.46	0.09
스티브 스트리커	2	12	2	36	0.87	0.27	0.49	0.10
찰리 위	3	11	5	34	0.82	0.27	0.44	0.11
브라이스 몰더	4	29	1	76	0.76	0.21	0.51	0.04
케빈 나	5	8	23	26	0.68	0.30	0.25	0.13
프레드릭 야콥슨	6	3	22	68	0.68	0.37	0.25	0.05
제이슨 데이	7	40	16	19	0.65	0.19	0.31	0.15
브랜트 스네데커	8	25	24	12	0.64	0.23	0.24	0.18
그레그 차머스	9	10	20	38	0.64	0.28	0.26	0.10
잭 존슨	10	16	3	167	0.63	0.28	0.47	-0.10
				평균	0.73	0.28	0.37	0.08
0-6피트 상위 5명								
제프 퀴니	15	1	34	192	0.58	0.56	0.20	-0.18
루크 도널드	1	2	4	41	0.95	0.40	0.46	0.09
프레드릭 야콥슨	6	3	22	68	0.68	0.37	0.25	0.05
제프 오길비	14	4	12	163	0.59	0.36	0.32	-0.09
윌 스트리클러	62	5	134	134	0.22	0.33	-0.07	-0.04
7-21피트 상위 5명								
브라이스 몰더	4	29	1	76	0.76	0.51	0.04	-0.18
스티브 스트리커	2	12	2	36	0.87	0.49	0.10	0.09
잭 존슨	10	16	3	167	0.63	0.47	-0.10	0.05
루크 도널드	1	2	4	41	0.95	0.46	0.09	-0.09
찰리 위	3	11	5	34	0.82	0.44	0.11	-0.04
22피트 이상 상위 5명								
맷 맥퀼란	33	113	65	1	0.39	0.11	0.30	-0.18
팀 페트로비치	77	58	183	2	0.15	-0.27	0.30	0.09
폴 케이시	32	92	80	3	0.39	0.08	0.28	0.05
그레엄 맥도웰	60	105	126	4	0.23	-0.04	0.26	-0.09
헌터 하스	38	148	31	5	0.34	0.20	0.25	-0.04
유명 선수								
비제이 싱	131	141	143	43	-0.08	-0.08	0.09	-0.18
버바 왓슨	139	134	145	79	-0.11	-0.09	0.04	0.09
필 미컬슨	140	18	188	148	-0.11	-0.31	-0.06	0.05
애덤 스콧	149	165	101	113	-0.16	0.02	-0.02	-0.09
더스틴 존슨	180	195	138	115	-0.47	-0.07	-0.02	-0.04
어니 엘스	194	200	195	15	-0.66	-0.34	0.16	-0.04

이다. 6.6m 이상의 퍼팅을 성공시키는 경우가 아주 드물기에 프로들 사이에서는 롱퍼팅을 정말 잘하는 선수가 되기가 어렵다.

1년에 가능한 가장 좋은 퍼팅 성적은 어느 정도일까? 2011년에 루크 도널드가 롱퍼팅 상위 5위에 들어서 0.3타의 이득을 봤다면, 그의 퍼팅 총 이득 타수는 거의 1.2타가 됐을 것이다. 1년에 이보다 더 좋은 퍼팅 성적을 낸다는 것은 상상하기 어려워 보인다.

거리별로 퍼팅 이득 타수 결과가 나온 표 3-9를 보면, 어니 엘스, 더스틴 존슨, 애덤 스콧 모두 숏퍼팅에서 곤란함을 겪고 있다는 것을 볼 수 있다. 어니 엘스는 6.6m 이상에서는 15위를 기록하며 좋은 성적을 보여준다. 필 미컬슨은 중거리 퍼팅에서 곤란함을 겪고 있다. 이런 식으로 퍼팅 이득 타수를 세분화하면 서로 다른 종류 퍼팅에 대한 강점과 약점을 확인할 수 있다.

아마추어는 퍼팅을 얼마나 잘하나

많은 아마추어가 그린에서 사용하든 그렇지 않든 퍼터를 사용하면 퍼팅 수로 계산한다. 이렇게 하면 퍼팅 이득 타수가 왜곡된다. 내 친구 중 한 명은 자기가 퍼팅을 잘 못한다고 불만이 많았다. 그 증거로, 함께 한 라운드에서 퍼팅 수가 34개였다고 했다. 나는 그중 세 번은 그린 밖에서 한 것이고, 그것도 10야드 떨어진 페어웨이에서 한 것이 포함됐다고 지적해줬다.

퍼팅은 프린지도 포함하지 않고, 그린에서 한 것만 계산하는 것이라는 일반적인 원칙에 따라 세어보면 내 친구는 그 라운드에서 31개의 퍼팅을 한 것이다. 그의 퍼팅 이득 타수는 PGA 투어 기준점 대비 훌륭한 성적인 -2였다. 아마추어가 프로의 기록과 비교하고 싶다면 똑같은 원칙을 적용하는 것이 중요하다.

아마추어는 얼마나 퍼팅을 잘하나? 골프메트릭스의 아마추어 데이터를 사용하면 프로와 아마추어의 퍼팅 차이를 계량화할 수 있다. 프로의 스코어가 아마추어보다 좋고, 모든 종류의 샷과 퍼팅을 아마추어보다 잘하지만, 놀랍게도 아마추어 중에 퍼팅을 꽤 잘하는 사람이 많았다.

표 3-10에 일반적인 프로, 스크래치 골퍼, 90대 아마추어(평균 타수 90)의 원 퍼팅, 쓰리 퍼팅, 그리고 평균 퍼팅 수를 비교해 놓았다. 표에서 볼 수 있듯이, 2.4m에서 90대 아마추어는 27%, 스크래치 골퍼는 41%, 프로는 50%의 확률로 성공시킨다. 90대 아마추어가 홀아웃하는 퍼팅 수가 1.75개인데 반해 프로는 1.5개다. 아마추어는 2.4m 퍼팅 때마다 프로보다 0.25타 손해를 보는 것이다. 이것은 의심의 여지없이 아주 큰 차이다. 2.4m에서도, 다른 거리에서도 프로가 아마추어보다 퍼팅을 잘한다.

프로와 아마추어의 퍼팅 1개당 차이가 18홀 라운드를 돌면 어느 정도가 될까? 프로는 18홀 평균 퍼팅 수가 29개다. 일반적인 90대 아마추어는 33.4개다. 하지만 이 수치는 다른 실력의 차이를 간과한 것이다. 왜냐하면 평균적으로 아마추어는 더 먼 거리의 퍼팅을 하기 때문이다. 90대 아마추어가 프로와 같은 실력이라면 평균 스코어를 4타 정도 줄일 수 있을 것이다.

PGA 투어 프로, 스크래치 골퍼, 싱글 골퍼의 원 퍼팅 성공률, 쓰리 퍼팅 비율, 평균 퍼팅 수

거리 (피트)	거리 (미터)	원 퍼팅 성공률			쓰리 퍼팅 비율		
		투어 프로	스크래치 골퍼	보기 플레이어	투어 프로 선수	스크래치 골퍼	보기 플레이어
2	0.6	99%	99%	95%	0%	〈1%	〈1%
3	0.9	96%	93%	84%	0%	〈1%	〈1%
4	1.2	88%	80%	65%	0%	〈1%	〈1%
5	1.5	77%	66%	50%	0%	〈1%	〈1%
6	1.8	66%	55%	39%	0%	〈1%	1%
7	2.1	58%	47%	32%	1%	1%	1%
8	2.4	50%	41%	27%	1%	1%	2%
9	2.7	45%	36%	23%	1%	1%	2%
10	3.0	40%	33%	20%	1%	1%	2%
15	4.5	23%	21%	11%	1%	2%	5%
20	6.0	15%	14%	6%	2%	4%	8%
30	9.0	7%	6%	2%	5%	9%	18%
40	12.0	4%	2%	〈1%	10%	15%	30%
50	15.0	3%	1%	〈1%	17%	23%	41%
60	18.0	2%	〈1%	〈1%	23%	30%	51%

거리 (피트)	거리 (미터)	평균 퍼팅 수		
		투어 프로	스크래치 골퍼	보기 플레이어
2	0.6	1.01	1.01	1.06
3	0.9	1.04	1.07	1.17
4	1.2	1.13	1.20	1.36
5	1.5	1.23	1.34	1.51
6	1.8	1.34	1.45	1.62
7	2.1	1.42	1.54	1.69
8	2.4	1.50	1.60	1.75
9	2.7	1.56	1.65	1.79
10	3.0	1.61	1.68	1.82
15	4.5	1.78	1.81	1.94
20	6.0	1.87	1.89	2.02
30	9.0	1.98	2.03	2.16
40	12.0	2.06	2.14	2.30
50	15.0	2.14	2.22	2.41
60	18.0	2.21	2.30	2.51

우리 모두 정말 잘되는 날이 있다. 90대 아마추어가 투어 프로보다 퍼팅을 잘하는 경우가 얼마나 있을까? PGA 투어 기준점에 대한 퍼팅 이득 타수로 꽤 비슷하게 짐작할 수 있다. 90대 아마추어가 프로를 이

골프 성적

길 가능성은 약 10%다. 싱글의 퍼팅 이득 타수가 프로를 이길 가능성은 약 20%다. 스크래치 골퍼가 프로보다 퍼팅을 잘할 가능성은 30%다. 아마추어도 퍼팅을 꽤 잘하는 것이다!

프로들은 빠르고 고른 투어급 그린에서 퍼팅을 하고, 아마추어는 느리고 우둘투둘한 그린에서 퍼팅을 하니, 골프장의 수준이 다르지 않냐고 할지도 모르겠다. 하지만 마스터스(Masters)가 열리는 기간에 오거스타 내셔널(Augusta National)에서 아마추어가 그린 밖에서 퍼팅을 몇 개 할 것인지에 대한 질문이 아니다. 빠른 그린에서 퍼팅하는 것이 어렵듯이, 우둘투둘한 그린에서 퍼팅을 하는 것도 어렵다. 프로가 느리고 덜 관리된 그린에서 퍼팅을 하면, 대회가 열리는 골프장에서 퍼팅을 할 때보다 잘하지 못할 것이다. 얼마나 어려울지는 알기 어렵다. 왜냐하면 우리가 가지고 있는 아마추어 기준점 데이터의 대부분이 대회 그린보다 30cm 정도밖에 느리지 않은 아주 훌륭한 그린에서 취합했기 때문이다.

서로 다른 골프장에서 취합하긴 했지만, 아마추어가 자기의 퍼팅 이득 타수를 프로와 비교해 보는 것은 재미있는 일이다. 강점과 약점을 찾을 수도 있고, 어떤 부분을 더 열심히 연습하는 것이 효율적인지, 그리고 다른 유용한 사실을 찾을 수도 있을 것이다.

오래된 습관이 잘 없어지지 않는 것처럼, 퍼팅 이득 타수 대신 라운드당 퍼팅 수를 이용하는 것은 자동차를 바로 앞에 세워놓고 말이나 카트를 이용하는 것과 같다. 퍼팅 수를 세는 것이 오해를 불러일으키고 잘못된 답을 줄 수 있음에도 불구하고, 수십 년간 퍼팅 실력을 측정하는 최선의 방법으로 사용되었다. 더 구체적인 정보가 없었기 때문이다. 하지만 프로에게는 PGA 투어의 샷링크 시스템이, 아마추어에게는 골프메트릭스 시스템이 출현했기 때문에 퍼팅 수를 세는 것은 구시대의 유물이 되었다. 출발점, 도착점, 그리고 다른 샷 정보가 쉽게 저장되고 분석될 수 있다. 퍼팅 이득 타수를 통해 퍼팅 성적이 훨씬 더 정확하게 측정될 수 있고, 퍼팅 수를 셀 이유도 없어졌다.

나는 2005년에 골프메트릭스 시스템에 퍼팅과 필드샷의 이득 타수 데이터베이스를 만들었다. 2008년에는 여러 종류의 샷에 대하여 프로와 아마추어를 비교하는 첫 번째 글을 썼다. 그 당시에 나는 '샷 가치(shot value)'라는 용어를 사용했다. MIT의 연구자들이 PGA 투어 퍼팅 순위를 매기기 위해 똑같은 기본 개념을 사용했는데, 그들은 '이득 타수'라는 용어를 선택했다. 나는 MIT 연구자들, PGA 투어와 함께 디자인과 세부 내용을 다듬었다. PGA 투어는 2011년 5월에 퍼팅 이득 타수(전체 출전 선수 대비)를 발표했다. 이는 지난 15년 만에 처음 선보인 새로운 핵심 통계 기록이었고, 퍼팅을 측정하는 주요 통계 데이터로 곧바로 인정받아 활용되기 시작했다.

이득 타수에 대한 기본적인 아이디어는 여러 번 재발견되었는데, 아마도 비슷한 아이디어가 가장 먼저 언급된 것은 1970년대 《골프》라는 잡지에서였을 것이다. 하지만 이득 타수의 이론적 근간은 리처드 벨만의 '동적 프로그래밍 아이디어'다. 이들의 연결고리는 골프에서 어떻게 홀을 공략할 것인가를 다단계 의사 결정 문제의 관점으로 보기 때문에 만들어졌다. 뒷장에서는 이득 타수 아이디어를 필드샷에 적용시키고, 궁극적으로 골프 경기를 하나의 동적 프로그램으로 봤을 때 어떤 것을 배울 수 있는지에 대해 살펴볼 것이다.

골프 성적

19번 홀 3장 총정리

- 라운드당 퍼팅 수는 퍼팅 실력을 측정하는 잘못된 방법이다. 왜냐하면 퍼팅 거리를 고려하지 않기 때문이다.
- 퍼팅 이득 타수는 퍼팅 실력을 측정하는 더 좋은 방법이다. 왜냐하면 퍼팅 난이도를 결정하는 가장 중요한 요인인 퍼팅 거리를 고려하기 때문이다.
- 퍼팅 이득 타수의 정의는 해당 거리에서 홀아웃에 필요한 투어 평균 퍼팅 수에서 실제 퍼팅한 수를 뺀 수치다.
- 퍼팅 이득 타수에서 세계 1위는 전체 선수 평균 대비 라운드당 1타의 이득을 본다.
- 개별 퍼팅에 대하여, 이득 타수는 홀까지 남은 거리 대신 홀아웃을 위한 평균 퍼팅 수로 홀에 얼마나 가까워지는지를 측정한다.
- 개별 퍼팅의 이득 타수는 홀아웃을 위한 평균 퍼팅 수 감소분 빼기 실제 퍼팅 수인 1이다.
- 퍼팅 이득 타수 측정은 동적 프로그래밍 접근 방법을 이용하여 퍼팅을 다단계 문제로 분석한다.

스크램블과 스위처루 :
시뮬레이션으로 알 수 있는 골프 경기의 특성

아마추어는 베스트볼 스크램블(best-ball scramble) 방식으로 치고, 프로가 워스트볼 스크램블(worst-ball scramble) 방식으로 치면 누가 이길까? 경기 방식은 이렇다. 아마추어는 베스트볼 스크램블 방식으로 티샷을 두 번 친다. 둘 중 더 좋은 샷을 선택하고, 그 자리에서 세컨샷을 두 번 친다. 그리고 볼이 홀에 들어갈 때까지 이 과정을 계속한다. 아마추어는 멀리건* 천국에 있는 것이다. 프로의 워스트볼 스크램블 방식은, 티샷을 두 번 치면 상대인 아마추어가 둘 중 더 나쁜 샷을 선택하고, 프로는 그 자리에서 세컨샷을 두 번 친다. 그리고 볼 두 개를 모두 홀아웃시킬 때까지 이 과정을 계속한다. 프로는 골프의 물고문을 당하는 것이다. 베스트볼 스크램블 방식으로는 얼마나 낮은 스코어를 칠 잠재력이 있는지를 확인할 수 있다. 워스트볼 스크램블 방식으로는 일관성이 없는 샷의 대가를 확인할 수 있다. 아마추어가 프로에게 핸디를 받지 않는다고 가정하면, 워스트볼 프로와 베스트볼 아마추어

* mulligan. 벌타 없이 다시 칠 기회를 주는 것.

골프 성적

중 누가 이길까?

이 질문에 어떻게 답을 할 수 있을까? 결과는 두 사람의 실력, 골프 장의 상태, 그리고 두 사람이 어떤 샷을 치느냐에 달려 있다. 아마추어 는 일반적인 보기 플레이어, 프로는 일반적인 PGA 투어 선수, 그리고 골프장은 한번 해볼 만한 6,500야드짜리라고 가정하자. 아마추어는 베스트볼 방식으로 스코어를 얼마나 줄일 수 있을까? 프로는 워스트 볼 방식으로 스코어가 어떻게 될까?

우리가 참고할 만한 프로암 스크램블 경기는 지금까지 없었다. 프 로와 아마추어를 모아서 시험 삼아 해볼 수도 있겠지만, 비용이 많 이 들 것이다. 골프다이제스트 US오픈 챌린지(Golf Digest U.S. Open Challenge)처럼 TV 방송국에게 골프 리얼리티 특집 프로그램을 만들어 달라고 요청할 수도 있다. 유명한 선수들을 대상으로 설문조사를 할 수도 있겠지만, 설령 만장일치가 나오더라도 그 결과가 맞는 것인지 장담할 수 없다.

실제 결과를 알 수 없는 상황에서 할 수 있는 최선의 방법은 시뮬레 이션을 해보는 것이다. 냉전 시대의 컴퓨터 초창기에 개발된 시뮬레 이션 기법은 현실 세계에서의 행동을 컴퓨터 안에서 만들어내는 것이 다. 시나리오를 여러 차례 수행해서 다양한 결과가 도출될 가능성을 확인하는 것이다. 시뮬레이션은 오늘날 너무나도 일반화되어서, 우리 애들은 실제 핀볼 기계를 보기도 전에 컴퓨터로 핀볼 게임을 했다("아 빠, 핀볼 기계를 컴퓨터 게임하고 똑같이 만들었어요").

시뮬레이션을 통해 프로와 아마추어의 스크램블 경기를 컴퓨터로 수천 번 수행하고, 결과를 확인하여, 누가 이길 것인가에 대한 답을 구할 수 있다. 내가 답을 바로 얘기하면 당신은 아마도 믿지 못할 것이다. 답과 상관없이, 오늘날 다양한 분야에서 활용되고 있는 시뮬레이션의 기원을 살펴보고, 날씨 예보, 의약품 제조, 교통신호 체계, 조종사 훈련에 사용되는 비행 시뮬레이터, 그리고 비디오게임에 어떻게 활용되는지 알아보는 것도 재미있을 것이다. 초창기 컴퓨터 프로그램은 군대의 무기 체계를 더 정확히 하기 위해 미사일의 비행 궤도를 계산하는 데 사용되었다. 그런데 이 프로그램은 골프공이 날아가는 것을 시뮬레이션하는 것과 아주 비슷하다.

컴퓨터, 시뮬레이션, 그리고 골프

1943년, 미국과 소련의 관계에 지대한 영향을 주고, 응용수학과 과학을 변화시키며, 전 세계 수백만 명의 일상생활에 영향을 미칠 기계의 개발이 시작됐다. 세계 최초의 전자 컴퓨터인 에니악(ENIAC, Electronic Numerical Integrator And Computer)이었다. 1945년 제2차 세계대전이 막 끝났을 때 개발이 완료된 이 기계는 17,000개의 진공관, 70,000개의 레지스터, 10,000개의 콘덴서, 손으로 납땜한 500,000개의 전선으로 만들어졌다. 무게는 30톤, 크기는 50평 정도였고, 작동시키기 위해서는 어마어마한 전기가 필요했다.

1942년 말까지는 '컴퓨터'라고 불렸던 여성 수학 및 과학 학생들 100여 명이 2교대로 주 6일씩 계산기를 이용하여 무기 발사표*를 작

* firing table. 총포 사격에서 고려해야 할 여러 가지 사항을 기록한 표.

성했다. 그렇다. 전자 컴퓨터가 개발되기 전에는 '컴퓨터'는 계산을 담당하는 사람을 일컫는 말이었다.

군사 역사학자인 윌리엄 앳워터(William Atwater)는 "이 컴퓨터들, 발사표를 작성했던 이 여성들의 업무는 아주 중요했다. 그들의 헌신적인 업무 수행이 없었다면, 우리는 2차 세계대전에서 졌을지도 모른다"고 말한 바 있다. 하지만 1942년에 시간이 많이 소요되는 계산이 포함되면서 이들 업무의 과부하가 심해졌다. 하나의 발사 궤도 계산을 위해서는 숙련된 인간 컴퓨터라도 이틀이 필요했다. 전자 컴퓨터 개발에 대한 계획이 시작됐다. 진공관의 품질이 의심스러웠고, 그런 진공관을 그렇게까지 많이 사용하는 기계가 잘 작동될지 의문인 상태에서 1943년 7월에 개발이 시작됐다. 집중적인 노력으로 1945년 가을에 에니악 개발이 완료됐는데, 연구 개발비를 포함하여 약 50만 달러(현재 가치로는 약 600만 달러, 70억 원)가 들었다. 동력 장치가 없는 에니악은 1초에

에니악 컴퓨터

5,000개의 덧셈, 400개의 곱셈, 40개의 나눗셈, 그리고 3개의 제곱근 계산을 수행할 수 있었다. 사람이 이삼일 걸려서 할 수 있는 것을 에니악은 30초 만에 해낼 수 있었다.

전쟁은 에니악이 완성되기 전에 끝났지만, 에니악은 미국의 육군과 공군에서 발사표 계산에 가장 중요한 역할을 담당했고, 다른 과학과 공학 분야에서도 많이 활용되었다. 아직도 기밀 사항이지만, 에니악은 1945년 12월, 핵융합 반응의 실현 가능성을 계산하는 데 사용되었다고 알려졌다. 에니악의 첫 번째 프로그램은 여전히 기밀 사항이다. 육군성(War Department)은 1급 기밀이었던 에니악을 1946년 2월에 대중에게 공개했다.

에니악의 핵심은 연산을 아주 빨리 한다는 것이다. 예를 들어 105mm 곡사포로 700야드 밖의 목표지점에 명중시키기 위한 발사 각 문제를 해결하는 것은, 골프공 신제품을 디자인할 때나, 미국골프협회(USGA)에서 골프공을 테스트할 때나, 골프숍에 있는 골프 시뮬레이터에서 골프공이 날아가는 궤도를 계산하는 것과 아주 비슷하다. 골프공 궤도 계산은 각도가 반영된 거리 정보로 이루어지는데, 이 정보는 골프 레이저 장비가 알려주는 것이다. 레이저 장비는 홀까지의 직선거리와 함께, 현 지점과 홀 사이의 고저 차를 감안해 실제 거리를 알려준다. 에니악으로 컴퓨터 시대를 연 1940년대의 무기 발사표에는 고저 차, 풍속, 기온, 기압, 그리고 다른 요인들을 감안한 조정 수치가 포함되었고, 이는 군사작전에 없어서는 안 될 중요한 정보였다.

1946년 4월, 《인기 과학(Popular Science)》 잡지에 작가 앨런 로즈(Allen Rose)는 "지금까지 인간이 만든 모든 것 중 숫자를 사용하지 않은 것이 없다. 에니악을 통해 우리는 더 저렴한 항공 여행, 더 좋은 라디오, 극초단파(micro-waves)의 더 광범위한 사용, 더 성능 좋은 모터 같은 것을 기대할 수 있게 됐다. 수년간 우리를 힘겹게 하던 단순 계산 반복 작업을 순식간에 해낼 수 있으니, 오늘의 방정식이 내일의 로켓선이 될 수도 있다"고 썼다. 에니악의 초기 시연을 본 한 여성 컴퓨터가 "5 곱하기 1,000을 하는데 왜 이 많은 장치가 필요한지 모르겠다"고 했다지만, 30톤이나 되는 에니악이 손톱 크기만큼 작아지고 계산 속도는 수천 배 빨라질 것이라고 예상한 사람은 거의 없었다.

1946년 봄, 로스앨러모스(Los Alamos) 연구실에서의 미팅에서 에니악의 첫 번째 테스트 결과가 발표됐다. 참석자 중에는 수학자인 스탠 울람(Stan Ulam)도 있었는데, 그는 USC(University of Southern California)에서 수학 교수를 하다가 연구소에 합류한 상태였다. 울람은 캔필드 솔리테어*(Canfield solitaire)를 즐겼는데, 여가 시간에는 게임에서 이기는 확률을 알아내려고 노력했다. 그는 조합 분석(combinatorial analysis)을 이용하여 답을 찾으려 했지만, 공식이 너무나 복잡해서 답을 구할 희망이 약해졌고, 실제로 답을 구할 방법이 있을지도 의문이었다. 하지만 그 미팅에서 이 마법 같은 새 기계(컴퓨터)에게 수백 판의 솔리테어 게임을 하도록 프로그래밍하면 게임에서 이기는 횟수를 세어볼 수 있다는 생각이 들었다. 결국, 시뮬레이션 끝에 솔리테어에서 이길 확률은 30분의 1이라는 것을 알아냈다.

울람은 무작위로 벌어지는 일이 연속되는 수리물리학의 중요한 문제를 이와 같은 방법으로 풀 수 있을 것이라는 생각을 동료 수학자인

* 카드 게임의 한 종류.

좌로부터 존 폰 노이만, 리처드 파인만, 스탠 울람, 1949년

존 폰 노이만(John von Neumann)에게 전했다. 두 사람은 함께 수소 폭탄 개발에 필수적인 단계인 중성자 확산 같은 문제를 계산할 계획을 세우기 시작했다. 울람의 삼촌은 몬테카를로 카지노에서 도박을 즐겼다. 무작위로 벌어지는 과정과 확률 관련 게임 사이의 관계 때문에, 이 시뮬레이션 접근 방식을 몬테카를로법이라고 부른다.

프로그램은 IBM의 종이 카드 리더기를 통해 에니악에 입력됐는데, 이 카드 리더기는 오랫동안 비즈니스 회계용 기계로 사용된 익숙한 장비였다. 1947년에 IBM은 이 새로운 발명품을 자사 기본 상품 중 하나로 개발할 것인지에 대한 연구를 수행했다. 연구 결과 그럴 필요가 없다고 결론 났는데, 그 이유는 "미국 전체의 계산 수요를 충족시키기 위해서는 여섯 대의 전자 디지털 컴퓨터만 있으면 된다"고 생각했기 때문이었다. 물론 IBM은 그 후 생각을 바꿨고, 1952년에 IBM 701

존 폰 노이만이 1947년에 쓴 11페이지 분량의 편지 중 첫 부분과 마지막 부분으로, 현재 몬테카를로 시뮬레이션으로 불리는 '통계적인 방법'을 사용하여 중성자 확산 문제를 해결하는 내용이 포함되어 있다. 이 내용이 후에 전자 컴퓨터에서의 첫 시뮬레이션 활용으로 이어졌다.

골프 성적

이라는 최초의 양산 전자 컴퓨터를 만들었다. 이듬해 RAND 코퍼레이션이 IBM 701 한 대를 설치했는데, 리처드 벨만이 RAND에 흥미를 느꼈던 이유 중 하나가 바로 이것이었다.

스크램블 시뮬레이션

솔리테어, 중성자 확산, 그리고 골프 샷은 하나의 공통점을 가지고 있다. 바로 가변성(可變性)이다. 솔리테어 두 판을 똑같이 할 가능성이 거의 없듯이, 골프 샷 두 개가 똑같은 궤도로 날아갈 가능성도 거의 없다. 우리가 골프 샷을 할 때, 골프채의 헤드 스피드, 경로, 진입 각도의 차이에 따라 궤도의 차이가 발생한다. 몬테카를로법을 통해 우리는 서로 다른 스코어를 만들어내는 골프 샷의 가변성을 시뮬레이션할 수 있다. 현대 컴퓨터의 빠른 속도, 그리고 울람과 폰 노이만의 몬테카를로법 덕분에 우리는 수천 개의 골프 샷을 시뮬레이션 해보고, 워스트볼 프로와 베스트볼 아마추어 중 누가 스크램블 경기에서 이길 가능성이 큰지 알아볼 수 있다.

당신의 예상은 어떤가? 내가 물어본 사람 대부분은 "프로가 이길 가능성이 크다"고 말했다. 답을 알려주기 전에 내가 대학원생인 고순민과 함께 만든 컴퓨터 시뮬레이션 프로그램으로 진행한 박 프로라는 사람과 김 아마라는 사람의 두 홀짜리 스크램블 경기를 살펴보자. 두 홀에서 무슨 일이든 벌어질 수 있지만, 스크램블 경기가 어떻게 진행되는지와 결과를 이해하는 데 도움이 될 것이다.

박 프로와 김 아마는 페어웨이 양쪽에 나무가 줄지어 서 있고, 꽤 난이도 있는 그린으로 된 6,500야드 골프장에서 경기한다. 첫 번째 홀은 짧은 파5 홀인데, 박 프로는 300야드 드라이브샷을 좁은 페어웨이에 보냈다. 박 프로의 두 번째 티샷은 310야드를 날아갔지만, 왼쪽 러프로 살짝 들어가면서 다음 샷을 하는데 나무가 가릴 것 같다. 같은 티에서 김 아마는 본인으로서는 훌륭한 210야드 드라이브샷을 페어웨이로 보냈다. 또 한 번의 드라이브샷은 오른쪽의 나무를 맞고 150야드밖에 가지 못했다. 김 아마의 선택은 어렵지 않았고, 페어웨이에서 치기로 했다. 하이브리드로 친 세컨샷은 페스큐 지역을 넘어서 홀에서 90야드 떨어진 곳으로 갔다. 안전하게 하나를 쳤으니 페어웨이 우드로 또 하나를 쳤지만 낮게 깔리면서 페스큐 지역으로 들어가버렸다.

김 아마의 세컨샷이 박 프로의 티샷을 지나갔기 때문에, 김 아마는 박 프로의 두 티샷 결과를 확인하고 러프에서 치도록 했다. 박 프로는 홀에서 165야드밖에 남지 않았지만, 나무 때문에 그린을 노리기 위해서는 드로*를 쳐야 했다. 프로가 멋지게 샷을 성공시키며 그린에 적중시켰고 6m 이글 퍼팅을 남겼다. 같은 자리에 또 친 샷은 조금 더 휘면서 그린 왼쪽에 떨어졌다.

이제 김 아마의 차례다. 첫 번째 피칭웨지샷은 뒤땅을 쳤다. 벙커를 넘어갔지만 그린 앞의 러프에 떨어졌다. 다시 한번 친 샷은 그린 앞쪽에 올라가서 홀까지 13.5m가 남았다.

---

* draw. 오른쪽에서 왼쪽으로 살짝 휘는 구질. 너무 심하게 휘면 훅(hook)이라고 함. 반대로 왼쪽에서 오른쪽으로 살짝 휘는 구질은 페이드(fade)라고 하며, 너무 심하게 휘면 슬라이스(slice)라고 함.

박 프로는 러프에서 로브웨지 서드샷으로 홀에서 2.7m 남게 쳤다. 다시 친 샷으로는 90cm에 붙였지만, 의미가 없게 됐다. 김 아마의 첫 퍼팅은 너무 강해서 2.1m 지나가버렸다. 두 번째 퍼팅은 너무 조심스럽게 치다가 1.2m 모자랐다.

박 프로의 2.7m 퍼팅이 홀을 살짝 빗나갔다. 두 번째 퍼팅도 실패했지만, 둘 다 30cm도 남지 않았다. 박 프로는 가볍게 두 번의 파 퍼팅을 성공시켰다. 김 아마는 첫 1.2m 퍼팅을 성공시키며 두 번째 퍼팅을 할 필요가 없게 만들었고, 두 사람은 나란히 파를 기록했다.

두 번째 홀은 220야드 내리막 파3 홀이다. 박 프로는 티샷을 모두 그린에 올렸지만, 둘 중 더 안 좋았던 샷은 홀에서 15m 떨어져 있었다. 김 아마는 드라이브샷을 두 번 쳤는데, 하나는 러프, 하나는 페어웨이에 떨어졌고, 둘 다 홀에서 30야드 정도 짧았다. 김 아마는 페어웨이에서 치는 것을 선택했고, 두 번 모두 그린에 올렸는데 하나는 홀에서 12m, 다른 하나는 4.5m 떨어졌다.

박 프로의 첫 퍼팅은 홀에서 1.8m 떨어졌고, 두 번째 퍼팅은 60cm에 붙었다. 1.8m에서의 첫 파 퍼팅을 실패하고 두 번째 파 퍼팅을 성공시킨 박 프로는 30cm 퍼팅을 두 번 모두 성공시키고 쓰리 퍼팅으로 보기를 기록했다. 김 아마는 4.5m 퍼팅을 두 번 모두 실패했지만, 다음 퍼팅을 성공시키며 투 퍼팅 보기를 기록했다. 두 홀을 마치고 박 프로와 김 아마는 1오버파로 동률을 기록했다. 스크램블 경기가 막상 막하로 계속되었고 두 사람은 같은 스코어인 78타로 경기를 끝냈다.

첫 두 홀에서 다른 결과가 나오는 것을 상상하는 것은 쉬운 일이겠지만, 18홀에서의 가능한 샷 조합 개수는 상상을 초월한다. 시뮬레이선의 장점은 이렇게 무수히 많은 경우의 수 중 다른 것보다 가장 가능성이 큰 것이 무엇인지를 알려준다는 것이다. 우리의 컴퓨터 시뮬레이션 프로그램으로 수백 번의 경기를 해본 결과, 박 프로와 김 아마는 무승부가 아닌 경기에서는 서로 반씩 이기고 졌다. 두 사람의 라운드당 평균 타수도 약 78타였다.

세계 최고 수준의 프로라면 반 이상 이길 수도 있을 것이다. 아마추어가 실제로 프로와 경기를 할 때 느낄 긴장감은 고려하지 않았고 고려할 수도 없었다. 하지만 우리의 시뮬레이션을 통해 평균 수준의 프로와 일반적인 보기 플레이어는 이런 가상의 스크램블 경기에서 거의 동등한 결과를 기록했음을 확인할 수 있었다.

놀랐는가? 프로가 워스트볼 스크램블 방식에서 단계별로 얼마나 어려움을 겪는지 생각해보자. 모든 상황에서 두 번의 좋은 샷을 해야 한다. 평균 수준의 프로의 페어웨이 안착률은 63%이기 때문에, 두 번 모두 페어웨이에 안착할 확률은 겨우 40%밖에 되지 않는다. 어프로치 샷으로 그린을 적중시키기 위해서는 두 번 모두 성공시켜야 하는데, 이는 러프에서 더 어려워진다. 투어 프로는 벙커에서 업앤다운을 절반 정도 성공시키는데, 워스트볼 스크램블에서는 네 번 중 한 번이 된다(사실 퍼팅까지 고려하면 이 방식에서 프로가 샌드 세이브에 성공할 확률은 다섯 번 중 한 번보다 적다). 3m 파 퍼팅에 성공하더라도 한 번 더 성공시키지 못하면 의미가 없다.

결과적으로 프로는 라운드당 네 번의 퍼팅을 더 하게 된다. 샷링크 데이터에 의하면 프로는 다섯 홀당 하나 꼴로 버디를 한다. 홀마다 안 좋은 스코어를 취한다는 것은 대략적으로 25개 홀당 하나 꼴로 버디

골프 성적

를 한다는 의미다. 샷마다 안 좋은 것을 취한다는 것은 홀마다 안 좋은 스코어를 취하는 것보다 더 어려운 상황을 의미한다. 이 모든 요인으로 워스트볼 스크램블에서의 프로 평균 스코어가 78이 되는 것이다.

우리는 프로가 멋진 샷을 연속해서 치는 것을 보고 워스트볼 스크램블 방식이라도 스코어에 큰 영향을 주지 않을 것이라고 쉽게 예상한다. 아마추어는 엉망인 샷을 자주 치기 때문에 베스트볼 스크램블 방식이라도 큰 도움이 되지 않을 것이라고 생각할 수 있다. 하지만 이는 모두 착각이다. 표 4-1은 여러 가지의 스크램블 방식에서 어떤 결과가 나오는지 보여주고 있다. 싱글 골퍼가 모든 샷을 베스트볼 스크램블로 치면 라운드당 평균 70타를 기록해서 워스트볼 스크램블 방식으로 치는 프로를 꺾을 것이다. 경기가 비슷해지려면 프로가 티샷을 워스트볼로 하고 그 이후부터는 공 하나로 치면 된다.

표 4-1에 의하면 워스트샷 스크램블 때문에 타수가 많아지는 것이 베스트샷 스크램블로 타수가 적어지는 것보다 크다는 것을 알 수 있다. 나쁜 샷이 주는 악영향이 좋은 샷이 주는 도움보다 심한 것이다.

표 4-1 6,500야드 골프장에서 몇 가지 스크램블 방식으로 쳤을 때의 평균 스코어. '전체' 열은 모든 샷을 두 개 중 더 안 좋은 것과 더 좋은 것으로 쳤을 때를 의미함. '필드샷' 열은 그린에 올 때까지 두 개의 공으로 치는 것을 의미함. 그 이후에는 하나의 공으로 퍼팅함. '티샷만' 열은 홀마다 티샷만 두 개의 공으로 치는 것을 의미함. 그 이후에는 홀아웃까지 하나의 공으로 경기함. 100돌이의 워스트샷 스크램블은 다음 조 사람들이 느낄 고통을 고려하여 생략함.

골퍼	일반	워스트샷 스크램블			베스트샷 스크램블		
		전체	필드샷	티샷만	티샷만	필드샷	전체
PGA 투어 프로	68	78	76	71	66	63	60
싱글 골퍼	80	7	93	83	77	73	70
보기 플레이어	90	112	107	93	86	82	78
100돌이	100	-	-	-	95	90	85

베터볼 시뮬레이션

스크램블 방식의 결과와 홀마다 가장 좋은 스코어를 따지는 방식을 비교해 보는 것도 좋을 것이다. 이 방식은 '베터볼(better-ball)'이라는 이름으로 잘 알려져 있는데, 두 사람이 한 팀이 되고, 홀마다 두 사람의 스코어 중 낮은 것이 그 팀의 스코어가 되는 방식이다. 두 명씩 두 팀의 베터볼 경기를 공식적으로는 '포볼(fourball)'이라 부른다.

표 4-2에는 베터볼 방식과 워스트볼 방식의 평균 스코어가 나와 있다. 보기 플레이어 2인이 홀마다 둘 중 좋은 성적을 그 팀의 성적으로 하면 평균 스코어는 81이 된다. 둘 중 나쁜 성적을 그 팀의 성적으로 하면 평균 스코어는 99가 된다.

두 번의 샷 중 좋은 것을 선택하는 스크램블 방식이 그 홀 두 명의 성적 중 좋은 쪽을 선택하는 것보다 스코어가 더 낮다. 표 4-1과 4-2를 살펴보면, 두 명의 보기 플레이어가 '샷마다 좋은 쪽을 선택'하는 스크램블 방식으로는 평균 78타를 기록하고, '홀마다 좋은 성적을 선택'하는 베터볼 방식으로는 평균 81타밖에 기록하지 못한다는 것을 확인할 수 있다. 마찬가지로, '샷마다 나쁜 쪽을 선택'하는 스크램블 방식의

| 표 4-2 | 2인이 한 팀이 될 때 베터볼과 워스트볼 방식의 평균 스코어. 베터볼 방식은 홀마다 두 명의 성적 중 좋은 것을 선택. 워스트볼 방식은 홀마다 두 명의 성적 중 나쁜 쪽을 선택. | | |

골퍼	볼 하나	두 명이 한 팀	
		베터볼	워스트볼
평균 70타	70	64	76
싱글 골퍼	80	73	87
보기 플레이어	90	81	99
100돌이	100	89	111

골프 성적

스코어가 '홀마다 나쁜 성적을 선택'하는 방식보다 더 높게 나온다. 표 4-1과 4-2에는 두 명의 보기 플레이어가 '샷마다 나쁜 쪽을 선택'하는 스크램블 방식으로는 평균 112타를 기록하고, '홀마다 나쁜 성적을 선택'하는 베터볼 방식으로는 평균 99타를 기록한다고 나와 있다.

시뮬레이션의 결과 어떻게 믿을 수 있나

컴퓨터 시뮬레이션의 결과를 어떻게 믿을 수 있을까? 컴퓨터 프로그램의 오류로, 궁극적으로는 사람의 실수 때문에 발생한 실패 사례는 역사적으로 차고 넘친다. 나사(NASA)가 1998년 12월에 발사하면서 3억 달러가 소요된 화성 기후 탐사선은 프로그래머가 숫자를 야드-파운드법에서 미터법으로 환산하지 않은 바람에 폭발하고 말았다. 컴퓨터 프로그래밍 실수 때문에 정전이 발생하거나, 헬리콥터가 충돌하기도 하고, 암 환자에게 방사선을 과도하게 쏘기도 한다. 소프트웨어 에러가 많이 있긴 하지만, 다행히 치명적인 사고가 그렇게까지 많이 발생하지는 않는다.

컴퓨터 안에 살고 있는 시뮬레이션 모델은 현실 세계를 단순화시킨 것이라고 할 수 있기에, 우리는 그 결과를 입증할 방법이 필요하다. 우리는 시뮬레이션 결과를 스코어, 기본적인 통계 수치(퍼팅 수, 페어웨이 안착 수, 드라이브샷 거리 등), 그리고 실제 샷링크 데이터로부터 얻은 샷의 형태와 대조해 보았다. 몇 가지 예를 들어보자면, 시뮬레이션에서 150야드 거리의 러프에서 친 샷과 홀과의 평균 거리와 데이터를 대조해 보았고, 180야드 파3 홀의 스코어, 30야드에서의 샌드 세이브율, 12m 에서의 쓰리 퍼팅 확률을 대조해 보았다. 시뮬레이션 결과가 실제 골프 경기의 데이터와 일치한다는 것을 확인했고, 표 4-1의 결과가 실제 스크램블 경기에서도 나타날 것이라고 확신했다. 그림 4-1은 보기 플레이어가 파4 홀을 치는 간단한 시뮬레이션 결과다.

물론 많은 상황에 따라 실제 결과가 달라진다. 예를 들어 6,500야드 골프장에서의 보기 플레이어가 PGA 투어 프로와 7,100야드 대회 골프장에서 스크램블 경기를 하면 프로가 유리하다. 시뮬레이션 결과에 의하면 아마추어는 평균 82타, 프로는 평균 80타를 기록한다.

결과에 영향을 미치는 또 다른 요소로는 해저드의 숫자와 종류, 페어웨이의 폭, 날씨, 그리고 골프장 세팅 상태가 있을 수 있다. 사람마다 체격이 다르듯이, 서로 다른 보기 플레이어는 서로 다른 스크램블 결과를 보여줄 것이다. 어떤 보기 플레이어는 드라이브샷은 좋지만 숏게임을 잘하지 못할 수도 있다. 다른 보기 플레이어는 장타자는 아니지만, 안정적인 스타일로 퍼팅을 잘할 수도 있다. 어떤 사람은 스크램블 방식의 중압감을 좋아할 수도 있고, 그렇지 않을 수도 있다. 스크램블 스코어에 영향을 끼치는 많은 요소가 있겠지만, 시뮬레이션 결과는 실제 결과를 예상하기에 아주 좋은 도구이다.

표 4-1의 내용은 다른 종류의 경기와 연습에 유용한 기준점이 된다. 핸디캡을 주고받는 스트로크 방식 대신 워스트볼과 베스트볼 스크램블 방식을 해보면 재미있을 것이다. 홀마다 베스트볼과 워스트볼 방식을 바꿔가며 스크램블 경기를 해봐도 좋겠다. 예를 들면, 두 명의 싱글 골퍼와 두 명의 백돌이가 친다고 생각해보자. 두 명의 백돌이는 평

골프 성적

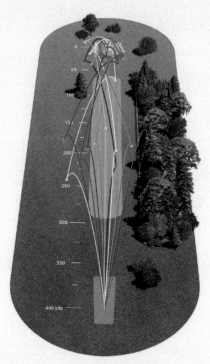

그림 4-1 ●

보기 플레이어의 파4 홀 시뮬레이션. 실제로는 수백 번 또는 수천 번의 시뮬레이션을 통해 페어웨이 안착률, OB 확률, 평균 스코어, 버디, 파, 보기 확률, 그리고 다른 관심 사항을 확인한다. 시뮬레이션 모델은 실제 데이터로 만들지만, 더 길거나 더 짧은 홀, 페어웨이 폭이 다른 홀처럼 새로운 홀에서의 결과를 분석하는 데에도 사용될 수 있다.

균 스코어가 85타라고 나와 있는 베스트볼 스크램블 방식으로 치고, 두 명의 싱글 골퍼는 평균 스코어가 87타라고 나와 있는 워스트볼 스크램블 방식으로 쳐볼 수 있다(이 경우 싱글 골퍼 팀이 살짝 불리할 것이다).

워스트볼과 베스트볼 스크램블 방식은 경기 운영에 흥미를 불어넣기에 유용한 연습 방법이 된다. 루크 도널드는 연습 때 변형된 방식의 워스트볼 스크램블을 곧잘 활용한다. 집중력과 인내심, 일관성을 요구하기 때문에 워스크볼 스크램블 방식은 아주 좋은 연습 방법이다. 이 방식은 골프장에서 위험 부담을 무릅쓰고 치는 것을 좋아하는 사람이 그 습관을 고치는 데 도움을 준다. 중압감을 늘려줘서 모든 샷과 퍼팅에 집중하게 해준다. 처음부터 끝까지 이 방식으로 치는 것이 힘들다면, 그린에서는 볼 하나만으로 퍼팅해도 좋고, 티샷만 두 번 치는 것도 괜찮다. 베스트볼 스크램블 방식으로는 재미 이상의 것을 얻을 수 있다. 자신감을 키우는 데 큰 도움을 준다. 실수가 적을 때 얼마나 좋은 스코어를 칠 잠재력이 있는지 확인할 수 있다.

전설적인 선수 벤 호건은 워스트볼 스크램블로 메이저대회 준비를 한다고 밝힌 바 있다. 그레그 노먼(Greg Norman)도 최전성기 때 워스트볼 스크램블로 연습했다. 노먼은 "볼 두 개로 치고, 항상 나쁜 쪽을 선택해서 쳤다. 드라이브샷을 아주 잘 쳤더라도 다음 드라이브샷을 또 한 번 아주 잘 쳐야 했다"고 말했다. 그는 또 "가장 잘 쳤을 때 스코어가 72였다. 정말 집중해서 쳐야 했다"고 덧붙였다. 시뮬레이션에 의하면, 일반적인 프로가 대회 골프장에서 워스트볼 스크램블로 치면 평균 스코어 80 정도 된다. 일반적으로 가장 좋은 워스트볼 스코어가 본인의 평균 스코어보다 8타 정도 적으니, 노먼의 72타는 시뮬레이션 결과와 완전히 일치한다.

명예의 전당에 헌액된 래니 왓킨스(Lanny Wadkins)는 1977년 PGA 챔피언십을 포함해 PGA 투어에서 21승을 거뒀다. 그는 공식 세계 랭킹이 만들어진 1986년부터 1988년 사이에 86주 동안 톱10에 들어가 있었다. 1989년에 왓킨스는 사업가인 짐 리크(Jim Leake)와 프로 워스트볼/아마추어 베스트볼로 경기를 펼쳤다. 리크는 그의 책『사교 도

박꾼의 성찰(Reflections of a Society Gambler)』에 이 경기를 소개했다. 리크의 핸디캡은 8이었기 때문에, 6,500야드 골프장에서의 평균 스코어는 약 85타였다. 세계 최고 선수와의 경기였지만, 우리의 시뮬레이션 결과로는 리크가 유리해 보였다. 경기는 댈러스의 프레스턴 트레일 골프 클럽(Preston Trail Golf Club)에서 열렸다. 100명이 넘는 사람들이 두 사람을 따라다니며 관전했고, 3만 달러 이상의 내기 돈이 걸렸다는 기사가 나기도 했다.

한 번의 경기 결과로 어떤 것을 입증할 수는 없겠지만, 시뮬레이션 결과의 신빙성을 높여주거나 낮출 수는 있다. 결과는? 리크가 17번 홀에서 2업*으로 승리했다. 그는 베스트볼/워스트볼 방식에 대해 "세계 최고의 선수보다 핸디캡 8인 아마추어에게 절대적으로 유리한 방식"이라고 썼다. 리크는 내기에 "아주아주 많은 금액"을 기꺼이 걸 만하다고 했다. 나라도 그럴 것이다.

스위처루 : 롱게임 vs. 숏게임

100야드보다 긴 거리의 모든 샷을 PGA 투어 프로가 대신 쳐주는 것과 100야드보다 짧은 거리의 모든 샷을 대신 쳐주는 것 중 어느 쪽 스코어가 더 좋을까? 100야드 거리를 기준으로 치는 사람을 바꾸는 방식을 흔히 '스위처루(switcheroo)'라고 한다. 프로는 모든 샷을 아마추

---

* 매 홀마다 승부를 가려서 그 누적 성적으로 경기의 승패를 정하는 매치플레이 경기 방식에서 앞서는 선수는 이긴 홀 수와 진 홀 수의 차이를 업(UP)으로 표시하고, 뒤지는 선수는 다운(DN)으로 표시함.

어보다 잘 친다. 드라이브샷은 더 길면서 똑바로 치고, 어프로치샷은 홀에 더 가까이 치고, 업앤다운을 더 자주 성공하고, 퍼팅을 더 많이 넣는다.

그렇다면 프로와 아마추어의 스코어 차이는 롱게임 영향이 더 클까 아니면 숏게임 영향이 더 클까. 실제 또는 컴퓨터 시뮬레이션으로 스위처루 방식을 해보면 롱게임의 중요성을 잘 알 수 있다. 프로가 긴 샷을 치고 아마추어가 짧은 샷을 치는 팀(프로-롱/아마-숏 팀)과 아마추어가 긴 샷을 치고 프로가 짧은 샷을 치는 팀(아마-롱/프로-숏 팀) 중 당신은 어느 쪽을 선택할 것인가?

스포츠 심리학자인 밥 로텔라(Bob Rotella)가 어느 쪽을 선택할 것인지는 분명하다. 로텔라는 골프 경기의 심리 코치였는데, 그의 고객으로는 유명 선수였던 톰 카이트(Tom Kite), 어니 엘스, 데이비스 러브 3세(Davis Love III), 파드리그 해링턴, 키건 브래들리(Keegan Bradley)가 있었다. 그의 책『골프는 완벽을 추구하는 경기가 아니다(Golf Is Not a Game of Perfect)』에서 그는 톰 카이트와 아마추어 '뒤땅대장(duffer)'이 스위처루와 비슷한 방식으로 콘테스트를 했던 것에 대하여 썼다. 로텔라는 "톰이 뒤땅대장 뒤에 치는 쪽 스코어가 뒤땅대장이 톰 뒤에 치는 쪽 스코어보다 낮을 것이라는 데 돈을 걸 준비

진 사라젠, 1923년 펠럼 컨트리클럽에서 PGA챔피언십 우승

가 되어 있었다"라고 썼다. 핸디캡이 20인 사람에게 닉 프라이스(Nick Price)의 숏게임을 주면 "90대가 아니라 70대 타수를 기록할 것"이라고 로텔라는 말했다.

어느 팀이 이길지 추측하는 것은 재미있는 일이겠지만, 나는 실제 데이터와 선입견 없는 분석으로 객관적으로 살펴보는 것이 더 재미있다. 스위처루 문제의 답을 구할 가장 확실한 방법은, 프로와 아마추어를 섭외해서 실제로 스위처루를 시켜보고 결과를 확인하는 것이다. 확정적인 결과를 얻기 위해서는 많은 사람을 섭외해야 하지만, 《골프》잡지의 코널 배럿(Connell Barrett)은 간단한 실험을 해보기로 했다.

코널과 나는 PGA 클럽 프로와 아마추어를 각각 두 명씩 섭외해 1923년 PGA 챔피언십 개최 골프장으로 유명한 펠럼 컨트리클럽(Pelham Country Club)에서 스위처루 경기를 성사시켰다. 36홀 매치플레이로 진행되었던 1923년 대회 결승전은 당시 최고 선수였던 월터 헤이건(Walter Hagen)과 진 사라젠(Gene Sarazen)이 펼쳤던 PGA 역사상 가장 드라마틱한 경기였다. 세 홀이 남았을 때 2다운이었던 헤이건이 결국 경기를 연장전으로 끌고 갔다. 38번째 홀에서 사라젠은 깊은 러프에서 오늘날 9번 아이언과 같은 니블릭(niblick)으로 쳐서 60cm 우승 버디 퍼팅을 남겼다. 매치플레이에서 헤이건과 경기를 하는 것에 대해 나중에 물어봤을 때, 사라젠은 "헤이건이 어려운 상황에서의 샷을 잘한다. 퍼팅도 잘한다는 것을 알고 있었지만, 전체적인 샷은 내가 낫다고 생각했다. 티부터 그린까지의 샷이 더 좋으면 이길 수 있다고 생각했다"고 말했다.

우리가 성사시킨 경기에는 펠럼 컨트리클럽의 수석 프로인 마이크 디플리(Mike Diffley)와 보조 프로인 데니스 힐먼(Dennis Hillman)이 참가했다. 디플리는 1991년에 메트 오픈(Met Open)에서 우승했는데, 1925년에 이 대회는 메이저대회였고 진 사라젠이 우승했다. 힐먼은 1990년 전미 주니어 아마추어 대회 준결승에서 14세의 타이거 우즈를 꺾은 바 있다.

골프에서 당신의 '타이거 우즈 숫자'는 당신과 타이거 우즈를 연결하는 경기의 최소 숫자다. 내가 데니스 힐먼과 경기를 해봤고, 힐먼이 타이거 우즈와 경기를 했던 덕분에 나의 '타이거 우즈 숫자'는 2다. 하지만 골프에서 삼단논법은 적용되지 않는다. 내가 힐먼에게 한 번 이겼고, 힐먼이 우즈에게 한 번 이겼다고 해도, 내가 우즈를 이길 가능성은 거의 없다. 타이거 우즈 숫자는 프랜 샤이드(Fran Scheid)가 쓴 작은 책에 소개됐는데, 그는 미국골프협회의 핸디캡 시스템 개발에 중요한 역할을 담당했던 사람이다.

앞서 언급했던 스위처루 경기로 돌아가보자. 두 명의 아마추어 참가자는 의사이자 작가이며, 핸디캡이 16인 루 아론(Lou Aronne)과 대학원생이자 핸디캡이 17인 켄 초우(Ken Chow)였다. 동전 던지기를 통해 마이크 디플리와 루 아론이 프로-롱/아마-숏 팀이 됐다. 켄 초우와 데니스 힐먼이 아마-롱/프로-숏 팀이 됐다. 디플리와 힐먼에게 이 경기는 롱게임 대 숏게임 대결이 아니었다. 자존심이 걸린 경기였다. 디플리는 자신감 넘치게 "나의 홈코스이기 때문에 홀마다 그린을 적중시킬 것이고, 홀에 가깝게 붙일 것이다"라고 말했다. 힐먼은 이에 대해 "어디에서든 업앤다운을 할 수 있다"고 했다.

'100야드 기준 바꿔치기'에 대하여 몇 개 홀의 상황을 설명하면서 어떻게 9홀 경기가 진행됐는지 살펴보자. 어느 여름날 맑은 오후, 두 팀은 펠럼의 짧은 내리막 파3 10번 홀에서 출발했다. 디플리는 깔끔한 숏 아이언샷을 쳤고 딱딱한 그린임에도 홀에서 5.4m를 남겼다. 켄 초우의 티샷도 그린에 떨어졌지만, 스핀이 부족해 그린 밖으로 구르더니 힐먼에게 10야드 벙커샷을 남겼다. 이 상황에서는 프로-롱/아마-숏 팀이 유리했다. 루 아론이 쓰리 퍼팅을 할 가능성보다 힐먼이 샌드 세이브를 못 할 가능성이 더 커 보였다. 힐먼이 힘차게 벙커샷을 했고, 볼은 홀에서 1.8m 떨어진 곳에 멈췄다. 아론의 퍼팅은 자신이 없어서 60cm 짧았지만 가볍게 파에 성공했다. 힐먼은 침착하게 1.8m 퍼팅을 떨어뜨리며 홀을 비기는 데 성공했다.

16번 홀에서는, 디플리가 페어웨이 벙커에 못 미치도록 3번 우드로 티샷을 쳤다. 초우의 드라이브샷은 벙커를 피해 오른쪽 페어웨이에 떨어졌다. 디플리는 또 한 번 훌륭한 아이언샷을 보여주며 홀에서 3m를 남겼다. 초우의 세컨샷은 135야드가 남았는데, 그린 앞에 연못도 있고 오른쪽에 있는 나무도 신경이 쓰였다. 결국 심하게 뒤땅을 쳐서 연못에 빠뜨렸다. 초우는 "말도 안 되는 뒤땅이었죠"라고 말했다. 벌타를 받고 힐먼이 홀에서 95야드 떨어진 러프에서 샷을 해야 했다. 이번에는 그의 숏게임 마법이 통하지 않았고, 아론이 부담 없이 투 퍼팅으로 파를 기록하며 프로-롱/아마-숏 팀이 이 홀에서만 3타를 앞섰다.

마지막 홀을 시작하기 전까지 프로-롱/아마-숏 팀이 2타 차로 앞서고 있었다. 파3 18번 홀에서 디플리는 아름다운 175야드 아이언샷으로 2.7m에 붙였다. 또 한 번 물을 넘기는 샷을 해야 했던 초우는 이번에는 실수하지 않고 그린에 올렸지만 8.1m를 남겼다. 이 상황에서도 확률상 프로-롱/아마-숏 팀이 유리했지만, 힐먼이 8.1m 버디 퍼팅을 성공시켰다. 아론도 버디 퍼팅을 잘 했지만 홀 끝에서 떨어지지 않았다. 프로-롱/아마-숏 팀은 이 홀에서 1타 뒤졌지만, 경기는 1타 차로 승리했다.

이 한 경기는 스위처루 문제의 진실에 대해 아주 살짝 맛보기만 보여준다. 롱게임 대 숏게임에서 어느 쪽이 이길 가능성이 큰지에 대한 확정적인 답을 얻기 위해서는 더 많은 경기를 해봐야 한다. 많은 프로와 아마추어를 섭외해 실제 경기를 하게 하는 대신 우리는 차선책을 선택했다. 프로와 아마추어가 실제로 친 샷들의 데이터베이스를 이용하여 많은 경기를 시뮬레이션해 봤다. 프로의 수천 개 긴 샷과 아마추어의 수천 개 짧은 샷을 조합하여 프로-롱/아마-숏 라운드의 컴퓨터 시뮬레이션을 진행했다. 마찬가지로, 아마추어의 수천 개 긴 샷과 프로의 수천 개 짧은 샷을 조합하여 아마-롱/프로-숏 라운드의 컴퓨터 시뮬레이션을 진행했다.

수백 번의 시뮬레이션 라운드 결과, 프로와 아마추어의 스코어 차이는 숏게임보다 롱게임(홀에서 100야드보다 멀리 떨어진 곳에서의 샷)의 영향이 큰 것으로 나타났다. 표 4-3에 요점이 정리되어 있다. 아마추어의 스코어는 PGA 투어 프로가 100야드보다 긴 샷을 대신 쳐줄 때 100야드보다 짧은 샷과 퍼팅을 대신 쳐주는 것보다 좋다. 평균 스코어 90인 아마추어가 6,500야드 골프장에서 프로-롱/아마-숏 팀으로 치면 아마-롱/프로-숏 팀으로 치는 것보다 평균 7타 더 적게 칠 것이다. 그 차이는 7,200야드 골프장에서는 9타로 늘어날 것이다. 프로가 긴 샷을 치는 것이 100돌이에게는 훨씬 더 유리하게 작용할 것이다.

(128)

골프 성적

표 4-3 아마추어와 PGA 투어 프로의 팀 평균 스코어. 프로-롱/아마-숏은 프로가 100야드보다 긴 샷을 치고 아마추어가 100야드 내의 모든 샷과 퍼팅을 친다는 의미다. 6,500야드 골프장에서 PGA 투어 프로가 긴 샷을 치고 보기 플레이어가 짧은 샷을 칠 경우, 평균 스코어는 74다. 하지만 같은 골프장에서 보기 플레이어가 긴 샷을 치고 PGA 투어 프로가 짧은 샷을 칠 경우, 평균 스코어는 7타 많은 81이다. 모든 경우에서 프로-롱/아마-숏 팀의 평균 스코어가 아마-롱/프로-숏 팀의 평균 스코어보다 낮다. 차이는 아마추어의 실력이 떨어질수록 커진다. 프로-롱/아마-숏 팀은 더 긴 7,200야드 골프장에서 차이가 더 벌어진다.

골퍼	6,500야드 골프장			7,200야드 골프장		
	프로-롱/ 아마-숏	아마-롱/ 프로-숏	차이	프로-롱/ 아마-숏	아마-롱/ 프로-숏	차이
싱글 골퍼	70	74	4	73	78	5
보기 플레이어	74	81	7	77	86	9
100돌이	77	87	10	80	93	13

프로와 아마추어의 스코어 차이는 숏게임이나 퍼팅보다 롱게임(100야드보다 긴 샷)의 영향이 더 크다.

시뮬레이션 분석을 보고도 납득이 잘 안 된다면, 이를 보완해줄 직관적인 설명이 아래에 있다. 프로와 아마추어의 롱게임 실력 비교부터 시작해보자.

- 많은 파5 홀에서 PGA 투어 프로는 두 번 만에 그린 가까이 가거나, 어떤 경우 그린에 올리기도 한다. 프로는 주로 붙여서 버디를 하거나 가끔 이글을 기록한다. 그러나 아마추어 선수 대부분은 세 번을 잘 쳐야 100야드 안쪽으로 들어갈 수 있다. 또한 네 번이나 그 이상을 쳐야 할 때도 많다. 아마추어 선수들은 붙여서 파나 보기, 또는 그 이상을 기록한다.
- PGA 투어 프로의 드라이브샷은 280~350야드를 날아간다. 평균

290야드 이상이다. 보기 플레이어의 평균 드라이브샷 거리는 약 210야드다. 프로는 드라이브샷을 할 때마다 대다수 아마추어보다 50~100야드의 이득을 본다.

- 프로들이 아마추어보다 더 긴 드라이브샷을 치지만, 페어웨이에 안착시키는 확률도 더 높다. 프로의 드라이브샷은 더 길 뿐만 아니라 더 똑바로 날아간다.
- 프로의 어프로치샷은 아마추어의 그것보다 홀까지 거리가 거의 반 정도밖에 안 된다.

롱게임에서의 이러한 실력 차이로 어마어마한 스코어 차이가 나는 것이다. 퍼팅에서의 실력 차이는 어떠한가?

- 프로와 아마추어 모두 아주 짧은 퍼팅은 대부분 성공시킨다.
- 프로와 아마추어 모두 대부분의 롱퍼팅을 실패하기에 퍼팅을 통한 이득은 그렇게 크지 않다.
- 아마추어라도 퍼팅으로 OB를 내지는 않는다!

물론 프로가 아마추어보다 퍼팅을 잘하기는 하지만, 아마추어가 한 홀의 그린에서 프로보다 2타를 더 치는 경우는 드물다. 아마추어가 롱게임에서 OB를 내거나 공을 잃어버려서 2타를 더 치는 것은 아주 흔하다. 프로가 아마추어보다 골프의 모든 면에서 앞서지만, 그 차이는 숏게임과 퍼팅을 합친 것보다 롱게임에서 더 크게 난다. 나는 위의 내용이 모든 아마추어에 해당한다고 주장하는 것은 아니다. 아마추어

골프 성적

중에서도 투어에서 뛰는 프로 수준의 롱게임과 숏게임 실력을 가진 사람이 분명히 있을 것이다. 하지만 이들은 일반적인 싱글 골퍼나 보기 플레이어가 아니다. 당신의 숏게임이 '정말 잘되는 날'보다 롱게임이 '아주 잘되는 날'의 스코어가 더 좋을 것이라고 주장하는 것이 아니다. 당신이 꽤 안정적인 롱게임 실력자이면서 퍼팅이 잘되는 날에 최저타를 기록할 수도 있다. 우리의 시뮬레이션은 아마추어 한 명의 롱게임과 숏게임을 비교한 것이 아니라 많은 프로와 아마추어를 비교한 것이다.

아직도 시뮬레이션 결과가 납득되지 않고 분석이 마음에 와닿지 않았을지 모르겠다. 여전히 의심스럽다면, 유명한 숏게임 전문가이자 필 미컬슨 및 다른 투어 프로들의 코치인 데이브 펠츠(Dave Pelz)가 나의 의견에 동의한다는 사실에 놀랄 것이다. 존 폴 뉴포트(John Paul Newport)가 《월스트리트저널(Wall Street Journal)》에 쓴 기사 〈숏게임이 중요하다고? 아니올시다〉에는 롱게임의 중요성에 대한 나의 몇 가지 증거가 소개되기도 했다. 취재 과정에서 그는 데이브 펠츠와 인터뷰를 했는데, "프로 수준으로 골프 실력을 향상시키기 위해 한 가지만 선택하라면 무엇을 선택해야 하냐고요? 당연히 롱게임입니다"라는 답을 들었다. 홈페이지의 댓글 창에 존 폴 뉴포트는 "거의 모든 사람에게 있어서 스코어를 낮출 가장 좋고 확실한 방법은 숏게임 연습을 하는 것이라는 사실에는 펠츠와 브로디 모두 동의했다"라고 말했다. 그리고 "그 방법으로는 빠른 성적 향상이 가능하기 때문이다. 롱게임에서의 충분한 실력 향상에는 몇 개월 또는 몇 년의 노력이 필요하다. 하지만 선수들이 실제로 타수를 잃고 다른 선수보다 성적을 뒤지게 만드는 것이 어느 쪽이냐는 것은 완전히 다른 이야기이다"라고 덧붙였다.

홀 크기가 커질 경우의 효과

홀 크기가 커지면 누구에게 더 유리할까? 퍼팅을 잘하는 사람일까, 아니면 잘 못하는 사람일까? 퍼팅을 잘하는 사람이 홀에 거의 들어갔다가 나오거나 홀 가장자리를 훑고 지나가는 퍼팅이 더 많고, 퍼팅을 잘 못하는 사람은 완전히 빗나가는 일이 많다는 주장이 있을 수 있다. 홀이 조금만 커지면 퍼팅을 잘하는 사람의 퍼팅이 퍼팅을 잘 못하는 사람보다 더 많이 성공될 것이기 때문에 퍼팅을 잘하는 사람에게 유리하다고 주장할 것이다. 물론 퍼팅을 잘 못하는 사람이 유리하다는 주장도 있을 수 있다. 루크 도널드는 본인의 거리 감각이 큰 장점이라고 생각하는데, 홀이 커지면 이런 장점의 의미가 없어질 것 같다고 내게 말한 적이 있다. 홀이 커지면 자기의 퍼팅 장점이 약해질 것이라고 주장했다.

잭 니클라우스는 더 많은 사람이 골프를 즐기고, 더 재미있고 빠르게 치도록 돕기 위해 2011년 9월, 뮤어필드 빌리지(Muirfield Village)에서 대회를 개최했다. 당시 기존의 지름 4.25인치(10.8cm) 홀 대신 지름 8인치(20.3cm)의 홀을 사용한 바 있다. 테일러메이드(TaylorMade) CEO 마크 킹(Mark King)은 2011년 3월에 열렸던 골프 다이제스트(Golf Digest) 와이드 오픈 챔피언십(WIDE Open Championship)에서 지름 15인치(38cm)의 대형 홀을 사용하도록 제안했다.

골프 성적

큰 홀을 제안한 것은 이번이 처음이 아니었다. 진 사라젠은 골프에서 퍼팅이 정말 중요하다고 믿었기에 1933년에 지름 8인치 홀을 사용하자고 제안했다. 1896년부터 1914년까지 브리티시 오픈(British Open) 최다인 6회 우승에 빛나는 해리 바던(Harry Vardon)은 "퍼팅이 결과에 정말 큰 영향을 주는 건 사실이다"고 말한 바 있다. 벤 호건도 비슷한 의견을 냈다. 사라젠과 호건은 홀 크기를 크게 하면 퍼팅의 중요성이 낮아지면서 퍼팅을 잘하는 사람과 잘 못하는 사람의 격차를 줄일 수 있을 것이라고 생각했다. 2005년 5월, 골프 다이제스트의 기사에서 조니 밀러(Johnny Miller)는 반대로 "내일 홀 크기를 크게 하면 로렌 로버츠, 타이거 우즈, 필 미컬슨처럼 퍼팅을 잘하는 선수들이 매주 돌아가며 우승을 차지할 것"이라고 썼다.

현재의 지름 4.25인치는 누가 정했을까? 1829년 머슬버그 골프 클럽(Musselburgh Golf Club)의 코스 관리자가 주변에 굴러다니던 파이프 쪼

가리로 홀을 뚫는 커터를 발명했다. 그 파이프의 지름은 우연히 4.25인치였다. 그 전에는 홀 크기가 일정하지 않았다. 1891년 영국왕립골프협회(Royal and Ancient, R&A)의 규정 책임자가 이 크기를 공식적으로 채택했다.

지름 8인치 홀에 퍼팅하고 있는
내 아들 크리스토퍼

크기가 커진 홀의 영향에 대해 어느 쪽 의견이 맞을까? 큰 홀에서의 아마추어 데이터는 아주 한정적으로 존재하고, 프로의 대회 기록은 전혀 없다. 대회와 같은 조건

에서 프로의 데이터를 수집하는 것은 너무 비용이 많이 들 것이다. 시뮬레이션이 답을 구할 이상적인 방법이다. 시뮬레이션을 통해서라면, 홀이 커지면 중력의 영향도 커질 거라는 점을 고려할 수 있고, 커진 홀에 대응하는 퍼팅 전략의 변화도 감안할 수 있을 것이다.

프로와 아마추어가 홀이 커진 상태에서 수천 개의 퍼팅을 하는 시뮬레이션 결과, 루크 도널드와 진 사라젠의 말이 맞다고 나왔다. 퍼팅을 잘 못하는 사람이 퍼팅을 잘하는 사람보다 더 큰 이득을 보는 것이다. 지름 8인치 홀에서의 시뮬레이션 결과, 일반적인 프로는 5타 이득을 보고, 보기 플레이어는 6.5타를 줄인다.[1] 홀이 커지면 퍼팅을 잘하는 사람과 잘 못하는 사람의 격차가 줄어든다. 핵심은, 퍼팅을 잘 못하는 사람은 성적 향상의 여지가 더 많기에 크기가 커진 홀에서 더 큰 이득을 본다는 것이다. 프로 수준으로 퍼팅을 하는 사람은 쓰리 퍼팅을 거의 하지 않고, 평균적으로 원 퍼팅 7번, 투 퍼팅 11번을 한다. 성적 향상의 여지는 투 퍼팅 몇 번을 원 퍼팅으로 하는 것뿐이다. 홀이 커지면 보기 플레이어는 대부분의 쓰리 퍼팅을 피할 것이고, 원 퍼팅에 성공하는 홀이 늘어날 것이다.

홀이 커지면 퍼팅을 잘하는 사람과 퍼팅을 잘 못하는 사람의 격차가 줄고, 퍼팅의 중요성이 낮아진다. 극단적으로 생각해보면, 누구나 그린에만 볼을 올리면 스코어카드에 한 타만 더하면 된다. 그러면 퍼팅 천국처럼 퍼팅의 중요성이 상대적으로 낮아질 것이다.

홀의 크기가 커지면 퍼팅을 잘 못하는 사람이 퍼팅을 잘하는 사람보다 유리하다. 이는 홀 크기가 커지면 퍼팅의 중요성이 낮아진다는 의미다.

골프 성적

- 컴퓨터 시뮬레이션은 실제로 데이터를 수집하는 것이 어렵거나, 비용이 많이 소요되거나, 아예 불가능할 경우에 컴퓨터로 실제 상황을 분석하여 결과를 얻을 수 있는 도구이다.
- 골프 샷 시뮬레이션을 통해 서로 다른 실력을 가진 사람이 내리는 다양한 선택의 결과를 예측할 수 있다.
- 시뮬레이션을 통해 어떤 부분이 프로와 아마추어를 구분하는 요인이라는 것을 알아낼 수 있다.
- 보기 플레이어의 베스트볼 스크램블 대 프로의 워스트볼 스크램블은 거의 박빙의 대결이다.
- 워스트볼 스크램블은 집중력, 인내심, 일관성, 코스 전략을 연습하는 어려운 방법이다.
- 베스트볼 스크램블은 자신감을 높여주고 낮은 스코어를 기록하게 해주는 재미있는 방법이다.
- 시뮬레이션을 통해 프로와 아마추어의 스코어 차이는 숏게임과 퍼팅을 합친 것보다 롱게임이 훨씬 더 영향을 크게 준다는 것을 확인했다.
- 퍼팅을 잘하는 사람과 퍼팅을 잘 못하는 사람의 격차는 홀이 커지면 줄어든다.

필드샷 이득 타수 :
필드샷의 성적을 측정하는 더 좋은 방법

로리 매킬로이는 2012년 PGA 투어 올해의 선수상을 받았다. 메이저대회 1승, 다른 대회에서 3승, 톱10에 10회(그해 톱10 공동 1위), 투어 최소 평균 타수, 상금 랭킹 1위를 했다. 하지만 통계 기록상으로는 어떻게 이 모든 것을 이뤄냈는지 이해하기 어렵다. 그해에 세 가지 주요 통계 기록인 토털 드라이빙, 그린 적중률, 퍼팅 이득 타수에서 상위 50위에 들지 못했다. 어떻게 매킬로이는 이렇게 대단한 일을 해냈으면서도 고전적인 통계 기록 분야에서는 성적이 좋지 않았을까? 티샷, 그린까지 보내는 것, 그리고 볼을 홀에 넣는 것까지? 일반적인 골프 통계 기록에 뭔가 문제가 있는 것이다.

일반적인 골프 통계 기록은 골프 실력과 골프 스코어의 연관성을 설명하는 데 취약한 부분이 있다. 취약점 중 하나는 정보의 부재다. 페어웨이 안착에 실패했다는 정보만으로는 티샷이 벙커에 들어갔는지, 러프로 갔는지, 물에 빠졌는지, OB가 났는지 알 수 없다. 그린에 적중했다는 정보만으로는 홀에 얼마나 가까이 붙었는지 알 수 없

골프 성적

다. 일반적인 통계 기록 중 많은 것들이 평균 기록이고, 평균을 계산하는 과정에서 정보가 무시되기 때문에 정보의 부재가 더 많이 일어난다. 두 사람의 홀까지의 거리 평균이 같더라도 스코어에 미치는 영향이 완전히 다를 수 있다. 예를 들어 들쭉날쭉한 실력의 사람이 한 번은 60cm에 붙이고 또 한 번은 8.4m에 붙일 때, 일관성 있는 실력의 사람이 두 번을 모두 4.5m에 붙였다고 가정하자. 두 사람 모두 홀까지의 거리 평균은 모두 4.5m이지만, 실력이 들쭉날쭉한 사람은 60cm 퍼팅을 성공할 것이 분명하기에 두 사람의 스코어에 차이가 날 가능성이 아주 크다.

일반적인 통계 기록의 취약점 중 또 하나는 비교 불가능성이다. 쉽게 이야기하자면, 드라이브샷 거리(야드로 측정)와 퍼팅(개수로 측정)처럼 서로 다른 단위로 측정하는 기록을 서로 비교하기 어렵다는 것이다. '토털 드라이빙(total driving)'이라는 기록은 드라이브샷 거리 순위와 페어웨이 안착률 순위를 합산하여 드라이브샷 실력을 측정하는 기록인데, 이것은 문제를 해결하기보다는 문제를 만들고 있다. 거리와 정확도를 동등하게 취급하는 것이 과연 맞을까. 두 가지 순위를 단순히 합산하는 것은 수학적으로 말이 안 되는 것이다. 50위와 70위, 1위와 21위를 각각 비교했을 때 상-하위 간격은 모두 20위 차이가 난다. 하지만 1위와 21위의 실력 차이가 50위와 70위의 그것보다 훨씬 클 것이다. 로리 매킬로이의 드라이브샷 거리 순위는 5위이지만, 2012년 페어웨이 안착률 순위가 156위에 그쳐 토털 드라이빙 기록이 크게 떨어졌다.

이득 타수 기록은 각각의 샷을 공통의 단위인 타수로 측정하기 때문에 이 모든 문제를 해결할 수 있다. 퍼팅에서 이득 타수가 어떻게 작용했는지 살펴봤다. 이 장에서는 이득 타수 이론을 필드샷으로 확장할 것이다. 이득 타수 관점으로 매킬로이의 2012년을 살펴보면, 총 이득 타수 1위(최소 평균 타수 1위와 일맥상통), 드라이브샷 이득 타수 2위, 어프로치샷 이득 타수 2위, 숏게임 이득 타수 35위, 퍼팅 이득 타수 73위임을 확인할 수 있다. 매킬로이의 환상적인 2012년에 가장 큰 영향을 준 것이 롱게임이었다는 사실을 이득 타수를 통해 깔끔하게 확인했다. 이 장에서는 이득 타수의 개념에 대한 간단한 설명과 함께, 우리의 직관과 얼마나 맞아떨어지는지, 그리고 얼마나 계산하기 쉬운지에 대해 설명할 것이다.

좋은 통계 기록은 어떻게 만들어지는가?

이 질문에 대한 답은 어떤 것을 측정하려는가에 달려 있다. 야구에서 타율은 타자의 효율성을 측정하는 데 오랜 기간 사용된 주요 기록이다. 하지만 『머니볼』이라는 책과 영화로 유명해진 야구 기록의 세이버메트릭스 혁명의 선구자 빌 제임스가 나타났다. 그는 출루율과 장타율을 합산한 'OPS'라는 새로운 기록에 주목했다. 제임스는 이 새로운 기록이 득점을 위한 타자의 공헌도를 예측하는 데 더 좋은 수치라고 주장했다. 지금도 TV와 신문에서는 타율을 가장 중요하게 여기고 있지만, OPS가 실질적인 타자의 가치를 측정하는 데 더 좋다는 사실이 널리 인정받고 있는 추세다.

골프에서 누가 드라이브샷을 가장 멀리 날리는지 궁금하다면 드라이브샷 거리 기록을 참고하면 된다.[2] 하지만 골프 대회는 장타 대회가 아니다. 누가 드라이브샷을 가장 멀리 날리는지 알아보는 건 재미있겠지만, 이는 스코어에 영향을 미치는 하나의 요소일 뿐이다. 그것도 간접적인 영향에 그친다. 드라이브샷에 대한 더 유용한 기록은 드라이브샷이 스코어에 얼마나 공헌했는지를 설명해주는 기록일 것이다. 투어에서 누가 드라이브샷을 가장 '잘' 치는지 궁금하지, 누가 가장 '멀리' 치는지가 궁금한 것이 아니다. 이 장에서 설명할 드라이브샷 이득 타수가 바로 이 점을 해결해줄 것이다.

또 다른 이득 타수 기록을 통해 골프 실력과 스코어의 연관성에 대한 비슷한 질문을 해결할 수 있다. 보기 플레이어와 싱글 골퍼의 10타 차이는 어디에서 발생하는가? 최상위 프로와 평균적인 프로의 차이는 무엇인가? 투어에서 벙커샷을 가장 잘하는 선수는 누구인가? 이득 타수의 장점은 퍼팅뿐만 아니라 모든 샷의 가치를 측정하여 이런 종류의 질문에 답을 구할 수 있다는 것이다. 게다가 이런 답을 구하는데 컬럼비아 대학교의 석박사 학위가 필요한 것도 아니다. 이득 타수 이론이 간단하고, 직관적이며, 아주 강력한 통계 기록이라는 것을 이해해주면 좋겠다. 뺄셈만 하면 되기 때문에 간단하다. 골프 상식에 어긋나지 않는 답이 나오기 때문에 직관적이다. 그리고 모든 샷의 성적을 정확하게 측정할 수 있어 강력하다.

어떠한 통계 기록도 완벽할 수는 없다. 마찬가지로 이득 타수 역시 데이터에 담긴 내용 때문에 어느 정도 한계는 있다. 어프로치샷을 디봇*에서 친 것이었는지, 샷이 연못에 있는 바위를 맞고 그린에 올라간 것이었는지, 벙커샷을 발자국에서 친 것이었는지에 대한 정보는 제공되지 않는다. 핑계를 대자면, 이러한 정보는 그린 적중률, 샌드 세이브, 그리고 다른 일반적인 골프 통계 기록에도 적용되지 않고 있다. 스

---

* divot. 누군가 먼저 샷을 쳐서 만들어진 움푹 파인 부분. 일반적으로 잔디에서 치는 것보다 어렵다.

파이크 자국을 바탕으로 보정한 라운드당 퍼팅 수도, 나무를 맞고 들어온 것을 감안해 보정한 페어웨이 안착률도 존재하지 않는다. 데이터에 없는 내용이라면 통계 기록에도 포함될 수 없다. 하지만 샷링크 프로들의 데이터와 골프메트릭스 아마추어의 데이터에는 골프 샷의 가장 중요한 정보가 포함되어 있다. 바로 샷의 출발점과 도착점이다. 더 많은 정보를 얻을 수 있다면 이득 타수 기록이 개량되고 개선되겠지만, 현재의 데이터만으로도 스코어에 대한 드라이브샷의 공헌도를 계산하는 데 충분하다.

이득 타수의 원리

내 친구 제이슨 데이가 저질렀던 아주 드문 실수를 예로 들겠다(그 친구에게는 미안하다). 2011년 카팔루아(Kapalua)에서의 현대 챔피언스 토너먼트(Hyundai Tournament of Champions) 파4 13번 홀에서 그의 경기를 분석해보자. 그의 네 차례 샷을 통해 이득 타수의 원리를 맛볼 수 있을 것이다. 제이슨은 그 전해 HP 바이런 넬슨 챔피언십(HP Byron Nelson Championship)의 우승자 자격으로 이 대회에 출전했다. 2011년에 마스터스와 US오픈에서 2위를 차지하며 그는 23세의 나이에 연말 세계 랭킹 7위까지 올랐다. 제이슨의 훌륭한 재능은 그의 오랜 코치인 콜린 스와턴에 의해 다듬어졌는데, 이 라운드도 옆에서 지켜보았다.

카팔루아의 13번 홀은 400야드가 조금 안 됐고, PGA 투어의 평균 타수는 4타이다. 2011년 그날 그 홀에서 제이슨은 프로로서 기록적

골프 성적

위: 티샷 후의 제이슨 데이. 아래(좌로부터): 콜린 스와턴(제이슨의 코치), 저자, 제이슨 데이

인 티샷을 날렸다. 그의 티샷은 볼보다 5cm 정도 뒤땅을 쳤고, 날아가다가 뚝 떨어지면서 106야드 밖에 가지 않았지만, 페어웨이에는 도달했다. 많은 아마추어라면 그런 샷 후에는 분노, 짜증, 실망, 황당함에 얼굴이 벌게졌을 것이다. 닉 팔도(Nick Faldo)는 TV 생중계 때 제이슨의 반응을 보고 "고개를 숙이고 웃고 있네요"라고 해설했다.

너무나 예외적인 샷이라 재미있던 것이다. 홀까지 278야드 남긴 페어웨이에서의 세컨샷은 홀에서 62야드 떨어진 벙커로 갔다. 백핀을 향한 그의 벙커샷은 홀에서 5.1m 남은 곳에 떨어졌다. 그리고 파 퍼팅에 성공했다. 어려운 상황을 극복하는 장면을 통해서 제이슨의 강한 정신력, 이전 샷을 잊고 다음 샷에 집중하는 능력을 확인할 수 있다. 그림 5-1에 13번 홀에서의 샷들이 나와 있다.

제이슨 데이의 각 샷을 질적으로 평가하기 위해, 평균적인 프로의

그림 5-1

카팔루아 파4 13번 홀에서의 제이슨 데이 경기

표 5-1	네 번의 샷마다 평균적인 프로의 샷과 비교하여 잘 친 것인지 잘 못 친 것인지 평가하라. 그리고 각 샷의 이득 타수를 예측해보라.				
샷	홀과의 거리 (시작점)	도착점	홀과의 거리 (도착점)	샷 평가 (평균 이상 또는 이하?)	이득 타수
1	394 (야드)	페어웨이	278 (야드)		
2	278 (야드)	벙커	62 (야드)		
3	62 (야드)	그린	17 (피트)		
4	17 (피트)	홀	0		

샷과 비교하여 잘 친 것인지 잘 못 친 것인지를 물어보려고 한다. 당신의 골프 직관력을 확인해보기 위하여, 표 5-1에 답을 쓰고 다음으로 넘어가자. 왼쪽 열에는 평균적인 프로의 샷보다 잘 친 것 같은지 잘 못 친 것 같은지를 써보고, 오른쪽 열에는 각 샷의 이득 타수를 써보자. 어렵겠지만, 대충 예측해보자.

제이슨의 티샷은 평균적인 프로의 샷보다 잘 친 것인가, 잘 못 친 것인가. 분명히 잘 못 친 것이다. 이는 티샷의 이득 타수가 음수라는 의미다. 즉, 평균적인 프로의 티샷에 비하여 타수를 손해 본 것이다. 몇 타를 손해 봤다고 생각하는가? 완전 헛스윙을 했다면 1타를 손해 봤을 것이다. 하지만 볼이 106야드 날아가서 페어웨이에 떨어졌기 때문에 그 정도로 나쁜 결과는 아니다(레이디 티에도 못 미치는 그런 샷은 아니었다. 남자가 창피하게 그 정도로 티샷을 짧게 치면 다음 샷들을 빨리빨리 쳐서 그 홀을 끝내는 골프 전통이 있다). 그는 0에서 1타 사이, 중간보다 1타에 가까운 타수를 손해 봤고, 0.7타의 손해를 봤다고 치자.

그의 세컨샷은 216야드 날아가 홀에서 62야드 떨어진 벙커로 들어갔다. 평균적인 프로의 샷보다 잘 친 것인가, 잘 못 친 것인가. 프로라도 그렇게 먼 거리에서 그린에 올리는 일은 드물지만, 그렇다고 공이 떨어진 '결과'가 좋은 것은 아니었다. 이 샷은 평균보다 못 친 것이라고 하고 싶다. 몇 타나 손해 봤다고 생각하는가? 제이슨이 세컨샷으로 0.5타의 손해를 봤다고 치자.

벙커에서의 서드샷은 그린에 올라가서 홀까지 5.1m 남겼다. 평균보다 잘 친 것인가, 잘 못 친 것인가. 어떤 사람은 긴 벙커샷이 골프에서 가장 어려운 샷이라고도 말한다. 프로라도 그린에 올리기만 하면 잘한 것이다. 홀까지 6m 안쪽으로 남기면 매우 잘한 것이다. 이 샷은 분명히 평균보다 잘 친 것이다. 몇 타나 이득 봤다고 생각하는가? 이 벙커샷으로 0.4타의 이득을 봤다고 치자.

네 번째 샷은 5.1m 퍼팅을 성공한 것이었다. 분명히 평균보다 잘 친 것이다. 6m에서의 퍼팅 성공이 1타의 이득을 보는 것이라는 사실을 알고 있고, 2.4m에서 원 퍼팅을 하는 것이 0.5타의 이득을 보는 것이라는 사실을 우리는 알고 있다. 그래서 5.1m에서의 퍼팅 성공은 0.5와 1타 사이의 이득을 본 것이다. 실제로 이 퍼팅으로 0.8타의 이득을 봤다.

우리는 제이슨의 네 번의 샷을 차례로 평균 이하, 평균 이하, 평균 이상, 평균 이상으로 평가했고, 각각 이득 타수를 -0.7, -0.5, 0.4, 0.8이라고 했다. 이 홀에서 그의 스코어는 4타로 투어 평균과 일치하기 때문에, 그의 총 이득 타수는 0이어야만 하고, 실제로 그렇다. 그의 샷 중 어느 하나도 평균적이지 않았지만, 그의 경기 내용의 전체 합산은 프로의 평균과 일치했다. 정확한 이득 타수를 부여하는 것은 힘든 일이며, 이 대목에서 샷링크 데이터베이스 수백만 개의 샷이 그 효과를 발휘하는 것이다. 개인적으로 약간씩 다른 숫자를 생각했을지 모르겠지만, 두 번의 잘 못 친 샷과 두 번의 잘 친 샷으로 결국 파를 했다는 것에는 모두 동의할 것이다. 이득 타수는 우리의 골프 직관력을 계량화할 수 있게 해준다.

제이슨이 모든 홀을 이렇게 경기한다면, 이득 타수 분석으로 그의 롱게임은 엉망이고 숏게임이 대단히 훌륭하다는 결론이 나올 것이다. 드라이브샷은 최하위를 기록하고 퍼팅은 역사상 가장 뛰어난 선수가 될 것이다. 한 홀만으로 의미 있는 결론을 도출해내기는 어렵겠지만, 수많은 홀과 라운드를 똑같이 분석하면 그 사람의 장점과 약점을 알아낼 수 있다.

이득 타수 계산

골프는 볼을 가능한 최소의 타수로 홀에 넣는 경기다. 볼을 홀아웃이라는 궁극적 목표에 더 가까이 보내는 샷이 더 좋은 샷이다. 이득 타수의 재미있는 부분은, 홀아웃까지 가까워지는 정도를 거리가 아닌 타수로 나타내는 것이다. 왜냐고? 드라이브샷으로 1.2m 보내는 것과 퍼팅으로 1.2m 보내는 것의 가치가 같지 않기 때문이다. 드라이브샷을 1야드 더 길게 보내는 것은 궁극적 목표에 그렇게까지 가까워지는 것은 아니다. 하지만 퍼팅으로 90cm 더 가까워지는 것, 예를 들어 홀까지 1.5m 남기는 대신 0.9m 남기는 것은 홀아웃까지 훨씬 더 가까워지는 것이다. 이득 타수는 홀까지 가까워지는 과정을 홀까지의 거

골프 성적

리가 아니라 홀아웃을 위한 평균 타수로 측정한다. 모든 골프 샷에 대하여, 이득 타수는 홀아웃을 위한 평균 타수의 감소분에서 실제로 친 타수 1을 뺀 것이다.

> 골프 샷의 이득 타수는 홀아웃을 위한 평균 타수의 감소분에서 실제로 친 타수 1을 뺀 수치다.

제이슨의 티샷에 적용시켜보자. 샷의 출발점은 홀에서 394야드 떨어져 있었다. 표 5-2에 의하면, 이 거리에서 홀아웃을 위한 PGA 투어의 평균 타수는 4.0이다. 티샷은 홀에서 278야드 떨어진 곳까지 갔고, 여기에서 홀아웃을 위한 평균 타수는 3.7이다. 티샷으로 홀에 0.3타만큼 가까워진 것이다. 하지만 실제로 한 타를 쳤기 때문에 이득 타수는 -0.7이 되는 것이다(홀아웃을 위한 평균 타수 감소분 0.3 빼기 실제로 친 타수 1). 평균 이하였던 그의 티샷은 PGA 투어 평균 대비 0.7타 손해를 본 것이다.

주어진 거리에서 홀아웃하는 데 필요한 평균 타수 정보만 있다면, 이득 타수를 계산하는 데 엄청나게 어려운 수식이 필요한 것은 아니다. 그냥 뺄셈이면 충분하다. 그렇다. 나는 솔직히 뺄셈도 컴퓨터로 하지만, 여러분들은 마음먹으면 혼자서도 할 수 있다.

똑같은 과정으로 다른 샷들도 분석할 수 있다. 세컨샷은 홀에서 278야드 떨어진 페어웨이에서 쳤다. 앞에서 확인했듯이, 이 거리에서 홀아웃하는 투어 평균 타수는 3.7이었다. 이 샷은 홀에서 62야드 떨어진 벙커로 갔고, 표 5-2에 의하면 여기에서 홀아웃하는 평균 타수는 3.2이다. 0.5타만큼 홀에서 가까워졌지만(3.7 빼기 3.2), 한 타를 쳤기 때

표 5-2 프로 기준점: 거리별 홀아웃을 위한 평균 타수. 예를 들어, 홀로부터의 400야드 떨어진 티에서는 PGA 투어 프로의 홀아웃을 위한 평균 타수는 3.99임. 홀에서 2.4m 떨어진 그린에서 PGA 투어 프로의 홀아웃을 위한 평균 타수는 1.50. '페어웨이'는 '페어웨이 프린지' 또는 '퍼스트 컷'을 포함함. 리커버리는 홀을 향한 샷에 장애물이 있는 경우, 즉 나무 뒤라서 페어웨이로 피치샷을 쳐야 하는 경우를 의미함. 리커버리 샷, 페널티 샷, OB 상황에서의 이득 타수 계산에 대해서는 다음을 참고하기 바람. Broadie M. 2012, "Assessing Golfer Performance on the PGA TOUR", Interfaces, Vol. 42, No. 2, 146–65.

거리(야드)	티	페어웨이	러프	벙커	리커버리	거리(피트)	그린
20		2.40	2.59	2.53		3	1.04
40		2.60	2.78	2.82		4	1%
60		2.70	2.91	3.15		5	1.23
80		2.75	2.96	3.24		6	1.34
100	2.92	2.80	3.02	3.23	3.80	7	1.42
120	2.99	2.85	3.08	3.21	3.78	8	1.5
140	2.97	2.91	3.15	3.22	3.80	9	1.56
160	2.99	2.98	3.23	3.28	3.81	10	1.61
180	3.05	3.08	3.31	3.40	3.82	15	1.78
200	3.12	3.19	3.42	3.55	3.87	20	1.87
220	3.17	3.32	3.53	3.70	3.92	30	1.98
240	3.25	3.45	3.64	3.84	3.97	40	2.06
260	3.45	3.58	3.74	3.93	4.03	50	2.14
280	3.65	3.69	3.83	4.00	4.10	60	2.21
300	3.71	3.78	3.90	4.04	4.20	90	2.4
320	3.79	3.84	3.95	4.12	4.31		
340	3.86	3.88	4.02	4.26	4.44		
360	3.92	3.95	4.11	4.41	4.56		
380	3.96	4.03	4.21	4.55	4.66		
400	3.99	4.11	4.30	4.69	4.75		
420	4.02	4.15	4.34	4.73	4.79		
440	4.08	4.20	4.39	4.78	4.84		
460	4.17	4.29	4.48	4.87	4.93		
480	4.28	4.40	4.59	4.98	5.04		
500	4.41	4.53	4.72	5.11	5.17		
520	4.54	4.66	4.85	5.24	5.30		
540	4.65	4.78	4.97	5.36	5.42		
560	4.74	4.86	5.05	5.44	5.50		
580	4.79	4.91	5.10	5.49	5.55		
600	4.82	4.94	5.13	5.52	5.58		

문에 이득 타수는 -0.5가 된다(홀아웃을 위한 평균 타수 감소분 0.5에서 실제로 친 타수 1을 뺀 수치). 평균 이하의 페어웨이 샷으로 PGA 투어 평균 대비 0.5타를 손해 본 것이다.

골프 성적

제이슨 데이의 서드샷은 홀에서 62야드 떨어진 벙커에서 쳐야 했고, 홀아웃을 위한 투어 평균 타수는 3.2다. 62야드 벙커샷의 투어 평균이 200야드 티샷의 투어 평균보다 크다. 긴 벙커샷이 어렵다는 것은 사실이었다. 벙커샷을 그린에 올렸지만, 홀에서 5.1m 남겼고, 여기에서 홀아웃을 위한 투어 평균은 1.8타다. 홀까지 1.4타 가까워진 것이고(3.2 빼기 1.8), 이득 타수는 0.4가 된다(홀아웃을 위한 평균 타수 감소분 1.4에서 실제로 친 타수 1을 뺀 수치). 평균 이상의 벙커샷으로 PGA 투어 평균 대비 0.4타 이득을 본 것이다.

만약 제이슨이 벙커샷을 30cm에 붙였다면 1.2타 이득을 봤을 것이다. 벙커샷으로 바로 홀아웃했다면 2.2타 이득을 봤을 것이다. 홀에 가까이 칠수록 더 좋고 더 큰 이득 타수가 발생한다. 하지만 항상 그런 것은 아니다. 홀에 가까이 쳤지만, 러프로 간 것은 그보다 조금 멀리 떨어졌으나 그린에 있는 것보다 좋지 못하다. 이득 타수는 홀에서 얼마나 가까운지를 거리가 아닌 홀아웃을 위한 평균 타수로 측정하는 것이다. 제이슨의 퍼팅은 홀에서 5.1m 떨어진 곳에서 친 것이었는데, 여기에서의 홀아웃을 위한 투어 평균 타수는 1.8이다. 퍼팅은 들어갔다. 홀아웃을 위한 평균 타수 감소분은 1.8이고, 퍼팅의 이득 타수는 0.8이다.

이것이 모든 것을 설명한다! 제이슨이 친 네 번의 샷의 이득 타수는 각각 -0.7, -0.5, 0.4, 0.8이다. 그의 평균 이상의 샷은 양수의 이득 타수를 기록했다. 평균 이하의 샷은 음수의 이득 타수를 기록했다. 평균 이하의 두 번의 샷으로 제이슨은 총 1.2타 손해를 봤지만, 그 후 평균 이상 두 번의 샷으로 1.2타 이득을 봤다. 결과적으로 총 이득 타수는

0이었다. 표 5-3에 결과가 정리되어 있다.

<table>
<tr><td>표 5-3</td><td colspan="7">이득 타수 사례: 카팔루아에서의 제이슨 데이. 홀아웃을 위한 평균 타수 감소분은 '출발점에서의 홀아웃을 위한 평균 타수'에서 '도착점에서의 홀아웃을 위한 평균 타수'를 뺀 수치임. 이 감소분에서 실제로 친 타수 1을 뺀 것이 그 샷의 이득 타수임. 본 사례는 2011년 현대 챔피언스 토너먼트 2라운드 13번 홀에서 제이슨 데이의 경기임.</td></tr>
</table>

샷	홀과의 거리 (시작점)	도착점	홀과의 거리 (도착점)	홀아웃을 위한 평균 타수 (시작점)	홀아웃을 위한 평균 타수 (도착점)	이득 타수
1	394 (야드)	페어웨이	278 (야드)	4.0	3.7	-0.7
2	278 (야드)	벙커	62 (야드)	3.7	3.2	-0.5
3	62 (야드)	그린	17 (피트)	3.2	1.8	0.4
4	17 (피트)	홀	0	1.8	0.0	0.8
					합계	0.0

베이힐 18번 홀에서 타이거 우즈 경기의 이득 타수 분석

2장에서 타이거 우즈가 2008년 베이힐(Bay Hill)에서 열린 아널드 파머 인비테이셔널(Arnold Palmer Invitational) 대회에서 극적으로 우승하는 것을 살펴본 바 있다. 어려운 마지막 홀에서 버디에 성공하며 우승을 차지했다. 그림 5-2에 페어웨이로 보낸 290야드 드라이브샷, 165야드 세컨샷, 그리고 그의 우승 퍼팅이 나와 있다. 이득 타수 관점으로 이 세 샷의 가치를 어떻게 평가할 수 있을까. 각 샷으로 얻은 부분적인 이득의 총합으로 버디를 할 수 있었던 것일까, 아니면 한 샷을 아주 잘 친 덕분일까.

표 5-4에 타이거 우즈의 각 샷의 이득 타수 계산이 나와 있다. 티샷으로 0.1타를, 어프로치샷으로 또 0.1타를 각각 이득 봤다. 마지막으로 그의 우승 퍼팅으로 0.9타 이득을 봤다. 이득 타수 관점으로 봐도

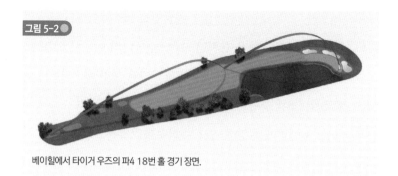

베이힐에서 타이거 우즈의 파4 18번 홀 경기 장면.

우리의 직관과 일치한다. 좋은 드라이브샷, 좋은 어프로치샷, 그리고 끝내주는 퍼팅. 이 홀에서의 총 이득 타수는 1.1타였으며, 퍼팅이 이 득의 대부분을 차지하고 있다.

우즈는 이 대회에서 라운드당 3.4타 이득을 봤는데, 라운드당 1타 의 이득을 퍼팅에서 봤다. 우즈는 마지막 퍼팅을 성공시키기 전까지 6m가 넘는 20개의 퍼팅에 실패했다. 그런데 어떻게 라운드당 1타의 이득을 퍼팅에서 볼 수 있었을까? 3m에서 4.5m 사이의 퍼팅 15개 중 5개를 성공시켰는데, 33%의 성공률은 다른 출전 선수들 평균인 28% 보다 높았다. 4.5m에서 6m 사이의 퍼팅 8개 중 3개를 성공시켰는데,

표 5-4 이득 타수 사례: 베이힐에서의 타이거 우즈. 홀아웃을 위한 평균 타수 감소분은 '출발점 에서의 홀아웃을 위한 평균 타수'에서 '도착점에서의 홀아웃을 위한 평균 타수'임. 이 감 소분에서 실제로 친 타수 1을 뺀 수치가 해당 샷의 이득 타수임. 본 사례는 2008년 아 널드 파머 베이힐 인비테이셔널 4라운드 18번 홀에서의 타이거 우즈의 경기임.

샷	홀과의 거리 (시작점)	도착점	홀과의 거리 (도착점)	홀아웃을 위한 평균 타수 (시작점)	홀아웃을 위한 평균 타수 (도착점)	이득 타수
1	452 (야드)	페어웨이	164 (야드)	4.1	3.0	0.1
2	164 (야드)	그린	24 (피트)	3.0	1.9	0.1
3	24 (피트)	홀	0	1.9	0.0	0.9
					합계	1.1

38%의 성공률은 다른 출전 선수들의 평균인 21%보다 높았다. 3m 안쪽의 퍼팅에서 얻은 이득을 합치면 라운드당 1타의 이득이 된다. 쓰리 퍼팅을 했다거나 6m가 넘는 퍼팅의 성적 같은 제한적인 정보로 퍼팅을 평가하는 것은 상당히 어려운 일이다. 이득 타수는 중요한 정보를 쉽게 정리해서 전달해준다. 우즈는 퍼팅으로 라운드당 1타의 이득을 봤고, 120명의 선수 중 SGP 18위를 기록했다.

한 홀에서의 총 이득 타수는 각 샷 이득 타수의 총합이다. 이런 '덧셈' 기록은 한 라운드나 한 시즌 전체로 이득 타수를 확장시킬 수 있다. 한 선수가 한 라운드에 5타의 이득을 봤다면, 각 샷을 살펴보고 이 이득이 어디에서 발생한 것인지 확인해볼 수 있다. 퍼팅 이득 타수를 구하기 위해 모든 퍼팅의 이득 타수를 더했던 것처럼, 파4와 파5 홀의 티샷 성적을 측정하기 위해서는 모든 드라이브샷의 이득 타수를 더해보면 되는 것이다.

길게 치기와 한결같이 치기
: 정확도와 거리, 그리고 드라이브샷 이득 타수

샷링크 시대인 2004년부터 2012년까지 PGA 투어에서 드라이브샷을 가장 잘 치는 선수는 누구일까? 가장 멀리 치는 선수나 가장 똑바로 치는 선수가 아니라, 파4 홀과 파5 홀의 티샷이 낮은 스코어에 가장 공헌을 많이 하는 선수가 누구냐에 대한 문제다. PGA 투어에서 20년간 4승을 올린 조 듀랜트는 투어에서 가장 드라이브샷이 정확한

골프 성적

선수 중 한 명이다. 2004년부터 2012년까지 모든 파4 홀과 파5 홀에서의 티샷을 측정한 결과, 그는 티샷의 80%를 페어웨이와 퍼스트 컷*에 떨어뜨렸다. 그의 드라이브샷 평균 거리는 투어 평균인 281야드에 조금 못 미치는 278야드다. 리 웨스트우드는 라이더컵(Ryder Cup)에 여덟 번이나 유럽팀으로 출전했고, 2010년 말에는 세계 랭킹 1위까지 오른 선수다. PGA 투어 샷링크 데이터에 의하면, 그는 티샷의 66%를 페어웨이와 퍼스트 컷에 떨어뜨렸고, 평균 거리는 290야드였다. 듀랜트의 드라이브샷은 웨스트우드의 그것보다 짧지만, 똑바로 간 것이다. 그렇다면 조 듀랜트와 리 웨스트우드 중 누가 드라이브샷을 더 잘 치는 선수인가? 이 질문에 대한 답은 가상의 두 사람인 미스터 롱드라이브(Mr. Longdrive)와 미스터 스테디프로(Mr. Steadypro)의 경기를 통해 기존의 드라이브샷 통계 기록과 이득 타수를 비교한 후에 알아보기로 하자.

미스터 롱드라이브와 미스터 스테디프로는 340야드 파4 홀을 이틀 연속 치기로 했다. 첫날, 미스터 롱드라이브는 안전하게 아이언으로 220야드 티샷을 페어웨이로 보냈다. 둘째 날에는 드라이버로 320야드를 날려서 그린에 올렸고 18m 이글 퍼팅을 남겼다. 한편 미스터 스테디프로는 이틀 모두 같은 전략으로 270야드 티샷을 페어웨이로 보냈다. 미스터 롱드라이브의 두 티샷이 미스터 스테디프로보다 더 좋은 것인가?

표 5-2의 데이터를 이용하여 이득 타수 분석을 해보면, 미스터 롱드라이브는 두 티샷으로 평균 0.34타의 이득을 봤고, 미스터 스테디프

*first cut. 페어웨이의 양옆을 따라 잔디를 페어웨이보다는 살짝 길지만, 러프보다는 짧게 깎은 부분.

로는 평균 0.14타의 이득을 봤음을 알 수 있다.

미스터 롱드라이브의 첫 번째 티샷 이득 타수 : 3.86 – 2.85 – 1 = 0.01

미스터 롱드라이브의 두 번째 티샷 이득 타수 : 3.86 – 2.20 – 1 = 0.66

미스터 롱드라이브의 평균 이득 타수 : 0.34

미스터 스테디프로의 평균 이득 타수 : 3.86 – 2.73 – 1 = 0.14

나라면 미스터 롱드라이브가 되고 싶을 것이다. 당신도 동의하면 좋겠다. 이득 타수의 결과는 우리의 직관과 일치한다. 두 사람의 티샷 평균 거리는 모두 270야드였다. 하지만 드라이브샷 거리의 평균 기록은 두 사람의 차이를 구별하지 못한다. 미스터 롱드라이브의 티샷 하나는 평균보다 50야드 길었고, 하나는 50야드 짧았지만, 길게 쳐서 얻은 이득이 짧게 쳐서 본 손해보다 컸다. 미스터 롱드라이브의 긴 티샷은 미스터 스테디프로보다 0.52타 더 이득을 봤고, 이는 짧은 티샷으로 생긴 0.13타의 차이를 넘어선 것이다.[3]

긴 티샷의 이득이 짧은 티샷의 손해보다 클 때, 이런 효과를 '비선형(nonlinear)'이라고 부른다. 이런 비선형성은 실제 생활에서 흔히 볼 수 있다. 배고픈 사람에게 주는 10달러는 빌 게이츠(Bill Gates)에게 주는 10달러보다 가치가 높다. 썰물일 때 수면이 30cm 높아지는 것은 알아차리기도 어렵겠지만, 30cm가 높아져서 제방을 넘친다면 큰 피해를 입을 수도 있다. 골프에서, 어프로치샷이 홀에서 12m 거리로 갔다면 30cm 더 가까이 갔다고 크게 달라지는 것은 없다. 그러나 1.5m로 붙였다면 30cm 더 가까이 가는 것은 의미가 있다. 이득 타수는 모든 샷이 스코어에 끼치는 영향을 다른 출전 선수들과 비교하여 측정하기 때문에 이러한 비선형 효과를 잘 설명해줄 수 있다.

요한 옌센, 1859~1925

요한 옌센(Johan Jensen)은 코펜하겐 전화국에서 일하는 덴마크 엔지니어였다. 그는 여가 시간에 수학을 즐겼는데, 1906년에 그의 이름을 딴 옌센 부등식을 증명해냈다. 이는 비선형의 중요성을 보여줬다. 옌센 부등식의 요점을 농담식으로 설명하면 이렇다. 당신의 발을 오븐에 넣고 머리를 냉장고에 넣으면, 당신은 평균적으로 적당한 온도라고 느낄 것이다.

옌센 부등식의 진짜 핵심은 '비선형 효과가 있을 때에는 평균의 의미에 결함이 있다'는 것이다. 옌센 부등식을 골프에 적용시키면, 드라이브샷 평균 거리만으로는 드라이브샷 성적을 측정하는 데 문제가 있음을 알 수 있다. 거리가 스코어에 미치는 비선형 효과를 반영시키지 못하는 것이다. 다르게 표현하자면, 여러 번의 드라이브샷의 이득 타수 평균이 드라이브샷 평균의 이득 타수와 같지 않다는 것이다. 드라이브샷 성적을 측정하는 올바른 방법은 각각의 드라이브샷이 스코어에 미치는 영향을 측정하는 것이며, 드라이브샷 이득 타수가 바로 그런 방법이다.

비슷한 이야기로, 드라이브샷이 1야드 차이로 OB가 난 경우가 1야드 차이로 러프로 간 것보다 훨씬 심한 영향을 주지만, 페어웨이에 안착하는지 여부만으로 드라이브샷 정확도를 측정하는 기존의 '페어웨이 안착률' 기록으로는 두 경우 모두 페어웨이 안착 실패라고만 기록

된다. 페어웨이 안착률로는 큰 실수(OB)와 작은 실수(러프)를 구별할 수 없다. 드라이브샷이 OB가 나면, 벌타를 먹고 세 번째 샷으로 다시 티샷을 쳐야 한다. OB가 난 드라이브샷의 이득 타수는 2타를 손해 보는 것이기 때문에 -2다. 반면에 1야드 차이로 러프로 간 드라이브샷은 1타 미만의 손해를 볼 뿐이다. 큰 실수와 작은 실수 모두 페어웨이 안착 실패로 기록되는 것이 비선형의 또 하나 예이다.

이러한 예에서 볼 수 있듯이, 드라이브샷 평균 거리나 페어웨이 안착률 기록만으로는 드라이브샷 실력의 순위를 정확하게 매길 수 없다. 두 선수가 똑같은 드라이브샷 평균 거리와 똑같은 드라이브샷 정확도를 가졌다고 하더라도, 드라이브샷 성적이 서로 다를 수 있다. 조 듀랜트와 리 웨스트우드의 경우처럼, 서로 다른 거리와 정확도 기록을 가진 선수의 성적을 비교하는 것은 더 어려운 일이다.

PGA 투어의 샷링크 데이터와 골프메트릭스의 아마추어 데이터의 샷 위치 정보를 이용하면 이러한 비선형 문제를 극복하는 것이 가능하다. 각 티샷의 가치를 측정할 때 거리는 물론, 떨어진 곳이 페어웨이인지, 러프인지, 벙커인지, 나무 뒤인지 등의 상황도 고려하면 되기 때문이다. 드라이브샷 이득 타수(SGD)는 한 라운드에서 파4 홀과 파5 홀 티샷의 평균 이득 타수다. 이 SGD로 선수들의 드라이브샷 성적 순위를 매길 수 있다. 샷링크 데이터에는 어떤 골프채를 사용했는지에 대한 정보가 포함되어 있지 않고, 선수들이 모든 파4 홀과 파5 홀 티샷을 드라이버로 치지는 않는다는 사실에 유의해야 한다. 선수가 3번 우드나 롱아이언 또는 하이브리드로 티샷을 했다면 드라이버로 티샷을 하는 것보다 더 좋은 결과와 이득 타수를 얻을 것이라는 생각이 있어서일 것이다. 드라이브샷 이득 타수는 실제 사용한 골프채와 무관하게 샷의 결과를 측정하는 기록이다.

라운드당 이득 타수로 비교가 수월해진다

표 5-5에 2004년부터 2012년까지 PGA 투어의 라운드당 드라이브샷 이득 타수 상위 40명이 나와 있다.[4] 순위를 산정하는 방법으로 라운드당 드라이브샷 이득 타수를 기준으로 할 수도, 샷당 이득 타수를 기준으로 할 수도 있다. 순수한 드라이브샷 실력을 측정하기 위해서는 샷당 이득 타수를 기준으로 하는 것이 맞을 수도 있겠다. 하지만, 선수들이 라운드마다 거의 같은 수의 파4 홀과 파5 홀 티샷을 치기 때문에, 라운드당 이득 타수와 샷당 이득 타수는 결과가 같을 수밖에 없다. 라운드당 기록이 카테고리별로 결과를 비교하는 데 더 수월하다. 스코어의 차이가 드라이브샷과 퍼팅 중 어느 쪽의 영향을 더 받았는지를 비교하기 위해서는 샷당 결과가 아니라 라운드당 결과를 살펴봐야 한다. 야구로 치면, 라운드당 이득 타수는 안타 수와 비슷하고, 샷당 이득 타수는 타율과 비슷하다.

드라이브샷 이득 타수 1위에는 버바 왓슨과 로리 매킬로이가 자리 잡고 있다(매킬로이의 이름에는 별표가 있는데, 다른 선수들은 최소 200라운드 기준을 적용했지만 매킬로이는 샷링크 데이터에 120 라운드만 있기 때문이다). 왓슨은 다른 선수들의 평균 대비 라운드당 0.91타의 이득을 봤다. 그는 2012년 마스터스 우승을 차지한 후 "내가 가장 좋아하는 골프채는 드라이버죠"라고 말했

표 5-5 라운드당 드라이브샷 이득 타수(SGD): 2004년부터 2012년까지 PGA 투어 상위 40명. 순위는 2004~2012년간 최소 200라운드를 소화한 240명의 선수를 대상으로 선정했으며, 샷링크 데이터에 120라운드만 있는 로리 매킬로이는 예외를 적용함(그래서 이름 옆에 별표를 표시함). 75% 드라이브샷 거리는 좋은 드라이브샷의 거리를 의미함: 네 번 중 한 번이 75% 거리보다 멀리 나가는 경우임. 페널티는 티샷이 페널티 상황으로 간 비율을 의미함.

순위	선수명	SGD	평균 거리	75% 거리	정확도 각도	페어웨이 및 퍼스트 컷	페널티
1	로리 맥길로이*	0.98	295	312	3.01	63%	1.8%
1	버바 왓슨	0.91	301	324	3.53	61%	1.7%
2	J. B. 홈스	0.84	302	323	3.78	56%	2.2%
3	부 위클리	0.82	287	302	2.83	72%	0.8%
4	더스틴 존슨	0.81	300	320	3.56	61%	3.1%
5	찰스 워런	0.70	290	307	3.07	68%	1.2%
6	케니 페리	0.64	287	303	3.04	72%	0.7%
7	로버트 개리거스	0.64	297	317	3.54	61%	1.9%
8	브렛 웨트릭	0.64	294	313	3.34	63%	2.2%
9	비제이 싱	0.64	291	306	3.24	67%	1.1%
10	리 웨스트우드	0.62	290	303	3.09	66%	1.0%
11	조 듀랜트	0.62	278	292	2.69	80%	0.5%
12	조시 티터	0.61	292	308	3.23	68%	0.9%
13	타이거 우즈	0.58	289	309	3.49	64%	0.7%
14	애덤 스콧	0.56	290	307	3.37	66%	1.1%
15	앙헬 카브레라	0.54	294	313	3.68	59%	1.0%
16	루카스 글로버	0.54	287	305	3.17	69%	1.2%
17	리키 파울러	0.54	287	303	3.16	66%	1.2%
18	마틴 레어드	0.53	291	309	3.26	66%	1.3%
19	세르히오 가르시아	0.52	287	304	3.31	66%	1.1%
20	찰리 호프먼	0.50	290	306	3.45	64%	1.4%
21	존 롤린스	0.49	286	302	3.06	72%	1.2%
22	닉 와트니	0.48	289	307	3.41	68%	1.3%
23	D. J. 드라한	0.47	285	301	0.31	71%	1.5%
24	니콜라스 톰프슨	0.46	287	302	3.45	71%	1.3%
25	숀 오헤어	0.45	287	304	3.31	68%	1.3%
26	헌터 메이헌	0.45	286	301	3.01	72%	1.0%
27	보 반 펠트	0.45	285	302	3.12	70%	0.9%
28	존 센든	0.44	284	301	3.17	71%	0.8%
29	로버트 앨런비	0.44	284	300	3.08	71%	0.8%
30	케빈 스트릴먼	0.44	284	301	3.45	72%	1.0%
31	데이비스 러브 3세	0.43	288	307	3.30	66%	1.1%
32	어니 엘스	0.43	285	301	3.36	66%	0.9%
33	매튜 고긴	0.43	286	301	3.24	67%	1.5%
34	크리스 스미스	0.43	287	304	3.29	69%	0.9%
35	빌 하스	0.42	288	305	3.32	68%	1.0%
36	그레그 오언	0.42	281	296	3.24	70%	1.0%
37	스티브 마리노	0.40	288	303	3.46	64%	1.0%
38	프레드 커플스	0.39	289	303	3.54	63%	1.8%
39	크리스 카우치	0.39	289	306	3.33	66%	1.4%
40	필 미컬슨	0.39	292	308	3.58	62%	1.8%
	상위 40명 평균	0.54	289	306	3.30	67%	1.3%
	PGA 투어 평균	0.00	281	296	3.40	69%	1.2%

골프 성적

다. 표 5-5에 의하면, 왓슨의 드라이브샷 평균 거리는 투어 평균보다 20야드 길지만, 정확도는 조금 부족했다. 2008년에는 "세상 모든 사람이 길게 치기를 원하죠. '내가 너보다 멀리 쳤네'라고 말하고 싶어 하죠. 난 운 좋게도 그게 가능하고, 그걸로 사람들에게 유명한 거죠. 난 내가 잘생겨서 그런 줄 알았는데 아닌가 봐요"라고 말하기도 했다. 티샷을 길게 쳐서 '버바만큼 길게(Bubba long)'라는 말도 생겼다. 드라이브샷 이득 타수는 거리와 정확도를 모두 감안한 것으로, 버바의 거리는 부족한 정확도를 충분히 보완해줬다.

이제 조 듀랜트(11위)와 리 웨스트우드(10위) 중 누가 드라이버샷을 더 잘 치는지를 살펴보자. 듀랜트는 페어웨이 및 퍼스트 컷 안착률이 80%이고, 드라이브샷 평균 거리가 투어 평균인 281야드에 못 미치는 278야드다. 웨스트우드는 페어웨이 및 퍼스트 컷 안착률이 66%이고 드라이브샷 평균 거리가 290야드라는 것을 기억해보자. 이득 타수 분석으로는 듀랜트와 웨스트우드의 드라이브샷 성적은 똑같다고 나온다. 투어 평균이 0인데 비해, 두 선수 모두 드라이브샷으로 0.62타 이득을 봤다. 재미있게도, 상위 40명 중 드라이브샷 거리가 투어 평균보다 적은 것은 듀랜트가 유일하다. 표 5-5에는 거리와 정확도에 대한 새로운 측정 기록이 나와 있는데, 이에 대해서는 6장에서 설명할 것이며, 거리와 정확도가 드라이브샷 성적에 어떤 영향을 주는지도 함께 살펴볼 것이다.

타이거 우즈는 2005년부터 2007년까지 드라이브샷 이득 타수 순위에서 2위, 4위, 4위를 기록했지만, 같은 기간 동안 토털 드라이빙 기록으로는 86위, 28위, 45위를 기록했다. 6개의 대회에 출전하여 4승을 거뒀던 2008년에는 공식 기록에 포함될 정도로 충분한 라운드를 소화하지 않았지만, SGD로는 8위, 토털 드라이빙으로는 124위를 기록했을 것이다. 토털 드라이빙은 페어웨이 안착률 순위를 통해 정확도에 너무 큰 비중을 두기 때문에 왜곡된 모습을 보여주고 있다. 타이거 우즈의 코치인 숀 폴리는 "그 당시 드라이브샷 이득 타수 정보가 있었더라면 타이거 우즈가 본인의 드라이브샷에 대한 생각을 다르게 했을 것"이라고 말하기도 했다.

2장에서 우리는 퍼팅이 스코어의 15% 정도를 공헌한다는 것을 확인했다. 이제 드라이브샷 이득 타수를 이용하여 스코어에 대한 드라이브샷의 공헌도와 퍼팅의 공헌도를 살펴볼 수 있다. 표 5-6에는 총이득 타수 상위 40명이 나와 있으며, 이득 타수는 드라이브샷, 퍼팅, 그리고 나머지 샷으로도 분리되어 있다. 상위 40명의 전체 선수 대비 스코어 차이의 28%는 드라이브샷, 15%는 퍼팅, 나머지 57%는 나머지 샷이 공헌했음을 알 수 있다.

표 5-6에 나와 있듯이, 선수마다 수치가 제각각이다. 드라이브샷의 공헌도는 스티브 스트리커보다 비제이 싱의 전체 선수 대비 스코어 차이에 훨씬 더 크게 나타난다. 하지만 상위 40명의 평균을 보면, 드라이브샷이 퍼팅보다 스코어에 거의 2배 정도 영향을 주고 있다.

> 2004년부터 2012년까지 동안 상위 40명의 전체 선수 대비 스코어 차이의 28%는 드라이브샷, 15%는 퍼팅, 나머지 57%는 나머지 샷이 공헌했다.

표 5-6 ● 샷 종류별로 분리된 라운드당 총 이득 타수: 2004년부터 2012년까지 PGA 투어 총 이득 타수 상위 40명. 순위는 2004~2012년, 최소 200라운드를 소화한 240명의 선수를 대상으로 함(120라운드만 소화한 로리 매킬로이도 포함). '어프로치샷 & 숏게임'은 드라이브샷과 퍼팅을 제외한 샷을 의미함.

선수명	순위				라운드당 이득 타수			
	총 이득 타수	드라이브샷	어프로치샷 &숏게임	퍼팅	총 이득 타수	드라이브샷	어프로치샷 &숏게임	퍼팅
타이거 우즈	1	13	1	3	2.79	0.58	1.58	0.63
짐 퓨릭	2	59	4	19	1.84	0.27	1.17	0.40
루크 도널드	3	158	2	1	1.82	-0.09	1.21	0.71
필 미컬슨	4	40	3	86	1.70	0.39	1.18	0.14
로리 맥길로이*	5	1	6	153	1.66	0.98	0.75	-0.07
비제이 싱	5	9	5	193	1.58	0.64	1.12	-0.18
어니 엘스	6	32	6	164	1.43	0.43	1.09	-0.08
세르히오 가르시아	7	19	8	156	1.43	0.52	0.98	-0.07
스티브 스트리커	8	198	7	13	1.34	-0.23	1.08	0.49
애덤 스콧	9	14	9	178	1.33	0.56	0.89	-0.12
잭 존슨	10	51	34	16	1.24	0.29	0.50	0.45
파드리그 해링턴	11	108	11	50	1.17	0.09	0.85	0.23
데이비드 톰스	12	72	18	62	1.15	0.22	0.73	0.20
저스틴 로즈	13	48	10	140	1.15	0.30	0.88	-0.03
르티프 구슨	14	76	21	45	1.13	0.20	0.68	0.26
스튜어트 싱크	15	138	26	12	1.09	-0.02	0.61	0.50
제프 오길비	16	57	48	34	1.05	0.27	0.44	0.34
최경주	17	91	22	64	1.02	0.15	0.67	0.20
리키 파울러	18	17	74	77	1.02	0.54	0.32	0.17
로버트 앨런비	19	29	16	191	1.00	0.44	0.73	-0.18
팀 클락	20	124	15	60	0.99	0.05	0.74	0.21
케니 페리	21	6	41	180	0.98	0.64	0.47	-0.12
보 반 펠트	22	27	69	79	0.95	0.45	0.34	0.17
스콧 버플랭크	23	97	12	130	0.94	0.13	0.82	0.00
리 웨스트우드	24	10	60	160	0.92	0.62	0.38	-0.08
더스틴 존슨	25	4	97	165	0.92	0.81	0.20	-0.09
웨브 심프슨	26	110	49	22	0.90	0.08	0.43	0.39
폴 케이시	27	83	53	42	0.88	0.17	0.42	0.29
버바 왓슨	28	1	122	176	0.88	0.91	0.09	-0.12
제이슨 데이	29	49	100	24	0.87	0.30	0.19	0.39
브랜트 스네데커	30	169	47	10	0.87	-0.13	0.44	0.56
로리 사바티니	31	56	25	146	0.85	0.28	0.61	-0.04
맷 쿠차	32	130	35	38	0.85	0.02	0.50	0.33
존 센든	33	28	46	152	0.83	0.44	0.45	-0.07
찰스 하월 3세	34	88	38	78	0.81	0.16	0.48	0.17
벤 크레인	35	106	111	9	0.80	0.10	0.14	0.56
앤서니 김	36	65	66	58	0.80	0.24	0.35	0.21
닉 와트니	37	22	98	91	0.79	0.48	0.20	0.11
데이비스 러브 3세	38	31	52	159	0.78	0.42	0.43	-0.07
애런 오버홀저	39	100	31	88	0.78	0.13	0.53	0.12
이안 폴터	40	92	54	59	0.78	0.15	0.42	0.21
상위 40명 평균	20	64	38	87	1.13	0.32	0.64	0.17
상위 40명, 전체 대비 비율					100%	28%	57%	15%

- 샷의 이득 타수는 홀아웃을 위한 평균 타수의 감소분에서 실제 친 타수 1을 뺀 수치.
- 평균 이상의 샷은 양수의 이득 타수, 평균 이하의 샷은 음수의 이득 타수를 기록한다.
- 모든 샷을 공통 단위인 타수로 측정하기 때문에, 이득 타수를 사용하여 드라이브샷, 어프로치 샷, 숏게임 샷, 퍼팅을 비교할 수 있다.
- 2004년부터 2012년까지 상위 40명의 전체 선수 대비 스코어 차이의 28%는 드라이브샷, 15%는 퍼팅, 나머지 57%는 나머지 샷이 공헌했다.

거리, 정확도, 그리고 타이거 우즈의 비밀 :

프로와 아마추어의 성적 측정

드라이브샷을 20야드 더 길게 칠 수 있다면 스코어가 어떻게 달라질까? 지금 쓰고 있는 것이 발라타 볼*과 나무로 만든 드라이버가 아니라면 짧은 기간에 그렇게까지 거리를 늘리는 것은 불가능해 보인다. 하지만 티샷을 드라이버로 할 것인지 4번 우드로 할 것인지 결정하는 것처럼, 거리와 정확도의 관계를 이해하면 코스에서 전략을 짜는 데 도움이 될 것이다. 이 장에서는 드라이브샷 이득 타수로 측정된 드라이브샷 성적이 거리와 정확도에 따라 어떻게 변하는지 살펴볼 것이다.

5장에서 최고 수준 프로들의 전체 선수 대비 스코어 차이의 28%는 드라이브샷이, 15%는 퍼팅이 공헌한다는 것을 확인했다. 이 장에서는 나머지 57% 중 어프로치샷과 숏게임이 어느 정도를 차지하는지 살펴볼 것이다. 마지막에 가서는 모든 정보를 모아서 오래전부터 내려오던 질문에 답을 구할 것이다. 골프에서 가장 중요한 부분은 무엇인가?

* balata ball. 과거에 사용되었던 골프공으로 현재의 골프공과 비교해 거리가 많이 나지 않음.

드라이브샷의 거리와 정확도에 대한 새로운 측정법

드라이브샷 평균 거리와 페어웨이 안착률이 성적 측정을 위한 올바른 기록이 아님에도 불구하고, 드라이브샷을 페어웨이로 길게 보내는 것이 짧게 보내는 것보다 좋고, 똑바로 보내는 것이 좌우로 보내는 것보다 좋다는 것은 사실이다. 하지만 페어웨이 안착률 기록으로는 큰 실수와 작은 실수를 구별할 수 없다. 나는 페어웨이에 안착 여부를 따지는 대신 '정확도 각도(accuracy in degrees)'를 측정했다(그림 6-1 참조). 샷링크와 골프메트릭스의 샷 위치 정보 덕분에 이 작업이 가능했다.

300야드 드라이브샷이 4도 빗나가면 목표선보다 21야드 벗어나는

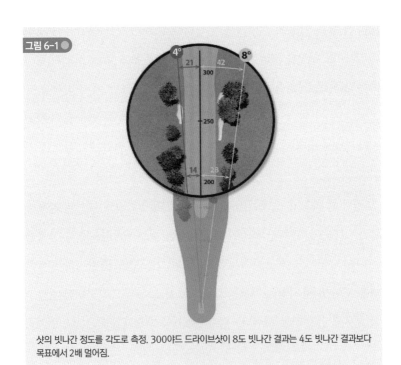

샷의 빗나간 정도를 각도로 측정. 300야드 드라이브샷이 8도 빗나간 결과는 4도 빗나간 결과보다 목표에서 2배 멀어짐.

골프 성적

것을 확인할 수 있다. 목표선은 페어웨이 중앙을 가로지르는 직선이라고 생각했다. 실제로는 페어웨이로 간 티샷들의 중앙선을 목표선으로 삼았다(이는 페어웨이의 경사 때문에 페어웨이 옆 끝선으로 굴러가는 샷들을 감안하기 위해서다). 200야드 드라이브샷이 4도 빗나가면 목표에서 14야드 벗어난다. 정확도 각도는 샷의 거리에 상관없이 길게 치는 사람과 짧게 치는 사람을 비교하는 데 수월하다. 정확도 각도는 큰 실수와 작은 실수도 구별해준다.[5]

투어에서 드라이브샷을 가장 똑바로 보내는 선수들의 정확도는 2.7에서 3.1도 사이이고, 가장 정확하지 못한 선수들의 정확도는 3.7에서 4.4도 사이이다. PGA 투어의 평균 정확도는 3.4도이다. 일반적인 보기 플레이어의 정확도는 6.5도로, 일반적인 투어 프로와 비교하면 2배 정도 빗나가는 것이다. 페어웨이 안착률로는 프로와 아마추어의 정확도 차이를 설명하지 못한다. 더 중요한 것은, 각도로 측정된 정확도가 페어웨이 안착률보다 드라이브샷 성적(SGD로 측정)과 높은 상관관계를 가진다는 것이다.[6]

드라이브샷 거리를 측정하는 방법으로 나는 드라이브샷 평균 거리보다 75% 거리를 사용하는 편을 선호한다. 아마추어에게 드라이브샷 평균 거리는 그 사람의 일반적인 드라이브샷 거리를 대표하지 않는 경우가 많다. 드라이브샷을 255, 250, 245, 240야드를 치고 한 번은 나무에 맞아 60야드 밖에 가지 않았다고 가정하자. 그렇다면 전체 드라이브샷 평균 거리는 210야드가 된다. 가끔 나오는 아주 짧은 샷 때문에 평균 거리가 심하게 낮아질 수 있다는 얘기다. 75% 거리 측정 방법은 네 번 중 한 번은 더 길게 가고 네 번 중 세 번은 더 짧게 가는 거리를 의미한다. 위의 예에서 75% 거리는 250야드이다(255야드 드라이브샷은 더 길게 갔고 245, 240, 60야드 드라이브샷은 더 짧게 갔기 때문이다). 거리가 짧거나 페어웨이 폭이 좁은 홀에서 프로들은 종종 거리를 희생하면서 정확도를 높이기 위해 드라이버가 아닌 채를 선택한다. 프로에게는 75% 거리가 평균적인 드라이브샷 거리를 더 잘 보여주는 수치이다.

드라이브샷을 20야드 더 길게 치는 가치는 얼마인가?

프로가 드라이브샷을 거짓말처럼 20야드 더 길게 치면 스코어가 얼마나 낮아질까? 거리와 정확도에 대한 이 새로운 측정 방법을 통해 각각 스코어에 얼마나 공헌하는지 확인할 수 있다. 아마도 파5 홀에서 두 번 만에 올려서 1타를 벌 수 있을 것이다. 다른 홀에서는 8번 아이언으로 쳤다가 벙커에 빠지는 대신 웨지샷으로 그린에 올릴 수 있을 것이다. 이런 식으로 라운드당 네다섯 타를 낮출 수 있을 것이다.

반대로, 드라이버를 들고 20야드를 앞으로 걸어간 다음에 티샷을 친다고 상상해보자. 드라이브샷의 결과가 홀에서 가까워지겠지만, 페어웨이에 떨어질 것이 러프로 갈지도 모른다. 러프로 갈 것이 나무나 호수로 갈 수도 있다. 모든 것을 고려하면, 20야드 더 길게 치는 것으로 라운드당 1타 미만을 낮출 수 있을지 모른다. 더 길게 치는 것이 도움을 주는 것이 아니라 손해를 끼칠지도 모른다.

어느 논리가 사실에 더 가까울까? 정확도는 비슷하고 거리가 다른 실제 프로 두 명을 비교해보면 이에 대한 힌트를 얻을 수 있다. 타이거 우즈의 드라이브샷 평균 거리는 더들리 하트(Dudley Hart)의 그것보다 23야드 길지만, 정확도 각도는 거의 똑같다. 우즈의 SGD는 라운드당 0.58타, 하트는 -0.40타다. 이 두 명에게 있어서 드라이브샷 거리 20야드 차이는 라운드당 0.85타의 가치가 있다고 할 수 있다.

버바 왓슨은 노타 비게이(Notah Begay)보다 멀리 치지만, 정확도는 거의 비슷하다. 이 두 명에게 있어서 드라이브샷 거리 20야드 차이는 라운드당 0.76타의 가치가 있다.[7]

두 가지 예만으로 드라이브샷 거리의 상대적 중요성을 모두 설명할 수는 없겠지만, 이런 방향으로 살펴보는 동기 유발은 될 것이다. 나는 회귀분석이라는 통계 기법을 이용하여 선수 몇 명의 조합이 아니라 모든 가능한 프로의 데이터를 분석했다. 그 결과 드라이브샷을 20야드 더 길게 치는 것은 라운드당 0.75타의 가치가 있다는 것을 확인했다.

다른 방법으로 설명을 해보겠다. 460야드 홀에서, 투어의 파4 홀과 파5 홀 평균치인 300야드 드라이브샷을 페어웨이로 보내면 홀까지 160야드가 남는다. 표 5-2에 의하면, 160야드에서 홀아웃을 위한 평균 타수는 2.98타이다. 드라이브샷을 20야드 더 보내서 홀까지 140야드가 남으면, 홀아웃을 위한 PGA 투어 평균 타수가 2.91타가 되어 0.07타의 이득을 보게 된다. 20야드 더 길게 친 드라이브샷이 러프에 들어가면 홀아웃을 위한 PGA 투어 평균 타수가 3.15타가 되어 0.17타 손해를 보게 된다(3.15타 - 2.98타). 한 라운드에 파4 홀과 파5 홀이 모두 14개가 있고, 이 중 길게 친 드라이브샷 한 번이 러프로 갔다고 가정해보자. 그러면 그 라운드의 이득 타수는 '(13 × 0.07) - (1 × 0.17) = 0.74'타가 된다.

실제로 드라이브샷을 길게 쳐서 얻는 이득은 홀 길이에 따라 달라지고, 어떤 경우에는 러프보다 더 좋지 않은 결과를 얻기도 한다. 짧은 홀에서는 20야드 길게 쳐도 그만큼 이득을 보지 못할 때도 있다. 하지만 위의 간단한 예를 통해 프로가 드라이브샷을 20야드 더 길게 치면 왜 0.75타의 이득을 볼 수 있는지는 쉽게 이해할 수 있을 것이다.

> 프로에게 있어서 드라이브샷을 20야드 더 길게 치는 것은 0.75타의 가치가 있다.

라운드당 0.75타가 그렇게까지 커 보이지 않을 수 있겠지만, 프로에게 있어서는 상금 수십만 달러의 증가를 의미한다. 2012년 키건 브래들리는 약 4백만 달러를 획득하며 상금 순위 4위를 기록했고 평균 타수는 70타였다. 조너던 버드의 평균 타수는 70.75타였고 상금 160만 달러를 획득했다. 심장이식 수술을 두 번이나 받았던 프로 선수 에릭 콤프턴(Erik Compton)의 2012년 평균 타수는 71.5타였고 획득 상금은 36만 달러였다. 맷 베튼코트(Matt Bettencourt)의 2012년 평균 타수는 72.2타였고 획득 상금은 33만 5천 달러였다. 또 하나의 비선형 사례를 통해 라운드당 평균 타수가 0.75타 적은 것이 프로의 상금에 얼마나 큰 가치가 있는지 알 수 있다.

20야드 길게 치는 것에 대하여 알아본 이유는 기억하기 쉽기 때문이다. 거리와 정확도 중 어느 쪽이 더 중요한지에 대한 질문으로 돌아가 보면, 프로 사이에 비교 가능한 차이를 이용해야 한다. 드라이브샷 거리 상위 1/3의 선수들은 평균 거리의 선수들보다 8야드 더 길게 치고 라운드당 0.3타를 더 잘 친다. 드라이브샷 정확도 상위 1/3의 선수들은 평균 정확도의 선수들보다 0.3도 더 똑바로 치고 라운드당 0.2타를 더 잘 친다. [8]

다른 모든 것이 동일한 조건이라면, 평균보다 길게 치는 프로가 평균보다 똑바로 치는 프로보다 더 좋은 스코어를 기록하게 된다. 프로에게 있어서 드라이브샷 거리가 드라이브샷 정확도보다 더 중요한 것이다.

표 5-5에서 볼 수 있듯이, 드라이브샷 상위 40명은 투어 평균보다 10야드 더 길게 치지만 정확도는 겨우 0.1도 더 정확하다. 상위 40명 중 드라이브샷 거리가 평균 또는 그 이하인 선수는 조 듀랜트와 그레그 오언(Greg Owen)뿐이다. 반면 각도를 기준으로 투어 평균 이하인 선수는 13명, 페어웨이 안착률을 기준으로 투어 평균 이하인 선수는 27명이다. 투어에서 드라이브샷 상위에 오르기 위해서는 정확도보다 거리가 중요하다는 것을 확인할 수 있다.

그림 6-2에는 드라이브샷 거리와 정확도, 그리고 이득 타수가 함께 나타나 있는데, 더 길게 친 드라이브샷과 더 똑바로 친 드라이브샷이 스코어를 낮추는 데 어떤 영향을 주는지가 나와 있다. 모든 프로가 드라이브샷을 길고 똑바로 친다는 것은 미신이다. 프로들 사이에서도 차이가 심하다. 투어에서 가장 길게 치는 선수와 가장 짧게 치는 선수의 차이는 40야드가 넘는다. 좌우 편차가 가장 심한 선수는 가장 똑바로 치는 선수보다 방향 분산도가 60% 더 심하다. 물론 아마추어와 비교하면 더 길고 더 똑바로 치는 것이 맞지만, 프로끼리 비교하면 거리와 정확도의 차이가 아주 심하다.

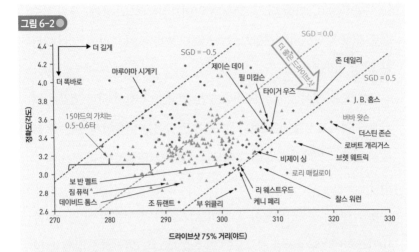

그림 6-2

PGA 투어 프로의 드라이브샷 거리와 정확도: 2004년부터 2012년까지 샷링크상 최소 200라운드를 소화한 약 240명의 결과(120라운드만 소화한 로리 매킬로이 포함). 빨간 점은 드라이브샷 이득 타수(SGD) 상위 40명을 나타냄. 상위 40명의 평균 SGD는 라운드당 0.5타임. 파란 점은 SGD 하위 40명을 나타냄. 하위 40명의 평균 SGD는 라운드당 0.5타임. 초록 점은 SGD 순위 중간 부분을 차지하는 나머지 선수들이며, 이들의 평균 SGD는 0임. 드라이브샷 75% 거리는 좋은 드라이브샷의 거리를 의미함: 드라이브샷 네 번 중 한 번이 75% 거리보다 길게 나감. 정확도는 각도로 측정했음. 점선은 SGD가 거의 같은 선수들의 거리-정확도 조합을 보여줌. 드라이브샷의 거리와 정확도가 모두 훌륭한 선수는 차트의 오른쪽 아래 부분에 위치함. SGD가 가장 높은 선수는 로리 매킬로이와 버바 왓슨임.

    드라이브샷을 더 길게 치는 가치는 아마추어에게서 프로와 다른 결과가 나왔다. 표 6-1에 의하면, 드라이브샷을 20야드 더 길게 치는 것은 스코어가 낮은 사람보다 스코어가 높은 사람의 스코어를 더 줄이는 효과가 나타났다. 프로에게 20야드는 라운드당 0.75타의 가치가 있었지만, 평균 115타를 치는 단타자 아마추어에게는 거의 3타의 이득이 있었다. 단타자 아마추어는 정규 타수에 그린에 올리기 쉽지 않은데(파3 홀에서는 1타, 파4 홀에서는 2타, 파5 홀에서는 3타 만에 그린에 올리기), 이런 사람에게는 드라이브샷을 더 길게 치는 것이 더 큰 효과가 나타난 것이다. 190야드 드라이브샷이 7도 빗나가면 목표선으로부터 23야드 벗어날 뿐이다. 정확도가 떨어지는 것은 장타자보다 단타자에게 영향을 덜 주기 때문에, 정확도가 개선되는 것이 그리 큰 도움을 주지 못한다. 정확도가 1도 개선되는 것은 프로에게 라운드당 0.8타의 도움을 주며 평균 115타의 아마추어에게는 라운드당 1.1타의 도움을 줄 뿐이다. 아마추어에게 있어서 드라이브샷 거리는 정확도보다 훨씬 더 스코어에 중요한 부분이다.

> 프로에게나 아마추어에게나 드라이브샷 정확도보다 드라이브샷 거리가 더 중요하다. 그런데 아마추어 선수에게서 그 영향력이 훨씬 더 커진다.

위의 내용은 골프장에서 얻은 많은 골퍼와 코스 간의 평균값이기 때문에 모든 사람과 모든 골프장에 적용되는 사실이 아니라는 점을 강조하고 싶다. 페어웨이 좌우로 나무들이 줄지어 서 있고 러프가 깊은 골프장에서 경기할 경우 정확도의 중요성은 높아진다. 절묘한 위치에 자리 잡고 있는 벙커 때문에 티샷을 아이언으로 해야만 하는 경우에는 드라이브샷을 길게 치는 것이 아무런 효과가 없을 수도 있다.

표 6-1 ● 스코어에 대한 드라이브샷 거리와 정확도의 효과: 드라이브샷 거리가 20야드 더 나가면 일반적인 100돌이는 스코어가 라운드당 평균 2.3타 낮아짐. 정확도가 1도 개선되면 일반적인 100돌이는 스코어가 라운드당 평균 1타 낮아짐. 드라이브샷 거리가 더 나가는 것은 스코어가 낮은 사람보다 높은 사람에게서 효과가 더 나타남. 본 결과는 브로디와 고의 2013년 컬럼비아 대학교 경영대학 연구 문서의 시뮬레이션을 기반으로 작성됨.

	PGA 투어 프로	싱글 골퍼	보기 플레이어	100돌이	평균 115타 아마추어
20야드 증가 시 타수 감소	0.8	1.3	1.6	2.3	2.7
1도 개선 시 타수 감소	0.8	0.9	0.9	1.0	1.1

300야드를 치지만 좌우 편차가 심한 보기 플레이어에게는 약점인 정확도를 보완할 필요가 있다. 이런 예외적인 상황을 제외하면, 거리의 중요성을 아무리 강조해도 지나치지 않다.

길게 칠 줄 아는 학생 선수들은 나중에 똑바로 치는 것을 배울 수 있다. 길게 치려는 노력을 하지 않는 사람은 스코어를 줄이는 데 한계가 있을 것이다. 아널드 파머의 아버지인 디컨 파머(Deacon Palmer)는 라트로브 컨트리클럽(Latrobe Country Club)의 프로이자 코스 관리자였다. 어린 파머를 위한 그의 스윙 조언은 간단하고 직접적이었다. "얘야, 세게 쳐라. 어디로 갔는지 찾아서 또 한 번 세게 쳐라." 이 조언은 그때나 지금이나 좋은 조언이다.

수년간 골프계에서는 규정을 수정하여 볼이 더 멀리 가지 않도록 하는 '골프공 비거리 제한'에 대한 논쟁이 뜨거웠다. 비거리가 준 골프공이 스코어에 어떤 영향을 주는지는 이득 타수와 시뮬레이션을 통해 분석해볼 수 있다. 스코어에 미치는 영향은 골프공의 특성에 달려 있겠지만, 장타자보다는 단타자에게 더 큰 영향을 줄 것이 분명하다.

장타자와 정확도를 향한 노력

평균 115타를 치는 아마추어부터 투어 프로까지를 모두 고려했을 때, 드라이브샷 장타자와 단타자 중 누가 더 똑바로 칠까? 그림 6-2를 보면, 존 데일리(John Daly)는 짐 퓨릭(Jim Furyk)보다 평균 20야드 멀리 치는 것을 알 수 있다. 존 데일리는 짐 퓨릭보다 페어웨이 안착률이 낮고, 정확도에서도 1도 크다. 직관적으로 장타자가 좌우 편차도 심할 것처럼 보인다. 하지만 부 위클리(Boo Weekly)와 마루야마 시게키(Shigeki Maruyama)를 비교해보자. 위클리의 평균 거리는 마루야마보다 15야드 더 길고, 페어웨이 안착률도 더 높고, 정확도도 1도 더 적다. 위클리는 마루야마보다 더 길게 치면서 더 똑바로 친다. 좌우 편차가 심한 장타자와 똑바로 치는 단타자가 있는 것과 마찬가지로, 똑바로 치는 장타자와 좌우 편차가 심한 단타자도 있다. 투어 프로에게 거리와 방향성은 상관관계가 낮다. 아마추어부터 프로를 통틀어서 보면, 분명한 패턴을 발견할 수 있다. 장타자가 더 똑바로 치는 경향이 있다는 것이다.

> 장타자가 더 똑바로 치는 경향이 있다.

그림 6-3에 장타자가 더 똑바로 치는 패턴이 나와 있다. 이런 경향이 나오는 이유는 간단하다. 골프 실력이 더 좋은 사람은 더 좋은 샷을 치기 때문에 스코어가 낮은 것이고, 더 좋은 드라이브샷이라는 건 길게 치면서 똑바로 치는 것이기 때문이다. 투어 프로가 가장 길게 치면서 가장 똑바로 치는 것처럼 말이다.

그림 6-3에 나온 기준점 곡선은 일반적인 아마추어의 평균과 비교할 때 개인적으로 거리 늘리기에 노력해야 하는지 정확도 개선에 노력해야 하는지를 알려준다. 드라이브샷이 기준선 위에 위치하면 정확도 개선에 노력해야 하고, 기준선 아래에 위치하면 거리 늘리기에 노력해야 한다.

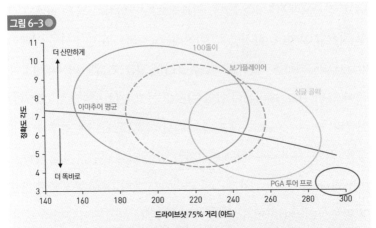

그림 6-3 ●

장타자가 더 똑바로 치는 경향이 있다: 골프 실력에 따른 드라이브샷 거리와 정확도 개선. 빨간 선은 일반적인 아마추어의 평균을 나타냄. 드라이브샷 75% 거리는 좋은 드라이브샷의 거리를 의미함: 드라이브샷 네 번 중 한 번이 75% 거리보다 길게 나감. 정확도는 각도로 측정했음.

길고 똑바르게 치지 못하는 선수는 투어에서 뛰지도 못한다. 드라이브샷이 280야드 이상은 되어야 PGA 투어에서 뛸 기회가 생길 것이다. 잘 친 드라이브샷이 220야드 이하인 아마추어가 6,500야드 이상인 골프장에서 평균 80타를 치는 것은 거의 불가능에 가깝다.

투어에서 드라이브샷을 가장 길게 치는 선수가 320야드를 칠 때 가장 짧게 치는 선수는 40야드 짧게 친다. 투어에서 드라이브샷을 가장 짧게 치는 선수는 잘 치는 아마추어(240야드)보다 40야드 길게 치고, 이 잘 치는 아마추어는 평균적인 아마추어(200야드)보다 40야드 길게 치며, 이 평균적인 아마추어도 단타자 아마추어(160야드)보다 40야드 길게 친다. 드라이브샷을 가장 길게 치는 프로가 단타자 아마추어보다 두 배 정도 길게 치는 것이다. 드라이브샷 거리가 이렇게 큰 차이를 보이는데, 프로와 아마추어의 스코어 차이를 설명하는 가장 큰 요인이

172

골프 성적

드라이브샷이라는 사실이 그리 놀라운 일인가?

스코어에 대한 드라이브샷 거리의 중요성이 크기 때문에, 당신의 실력 수준에 맞는 티에서 치자는 미국 PGA와 미국골프협회(USGA)의 '앞 티 이용하기(Tee it Forward)' 운동은 일리가 있어 보인다. 경기 속도가 빨라질 것이고, 골프장의 새로운 지점에서 샷을 하면서 많은 파와 버디를 기록한다면 아주 재미있을 것이기 때문이다.

어프로치샷 이득 타수(SGA)를 이용한 아이언샷 측정

'어프로치샷'은 홀에서 100야드보다 더 떨어진 지점에서 치는 모든 샷 중 파4 홀과 파5 홀의 티샷을 제외한 샷을 의미한다.[9] 프로는 이런 샷을 라운드당 평균 18번 친다. 라운드당 파4 홀과 파5 홀의 티샷이 14번, 숏게임 샷이 10번, 그리고 퍼팅이 29개 정도다. 프로의 어프로치샷 성적 순위를 알아보자.

먼저 미스터 스테디프로와 미스터 와일드프로(Mr. Wildpro)가 이틀 간 190야드 파3 홀에서 경기한다고 가정해보자. 미스터 스테디프로는 이틀 모두 그린에 올렸고, 홀까지 평균 거리는 9m다. 미스터 와일드프로는 하루만 그린에 올렸고, 홀까지 평균 거리는 12m다. 누가 더 잘 친 것인가?

그린에 올리는 것은 올리지 못한 것보다 낫다. 홀에 더 가까이 친 것은 대부분 경우 그렇지 못한 것보다 낫다. 미스터 스테디프로의 티샷이 미스터 와일드프로보다 나아 보인다. 하지만 잠깐! 미스터 스테디프로는 9m 퍼팅 두 번을 해야 한다. 이 거리에서 홀아웃을 위한 프로의 평균 타수는 4타이다. 미스터 와일드프로의 티샷은 한 번은 60cm로 붙었고 한 번은 26야드 떨어진 벙커에 빠졌다. 그린 위 60cm 거리에서 홀아웃을 위한 프로의 평균 타수는 1이다. 26야드 거리의 벙커에서 홀아웃을 위한 프로의 평균 타수는 2.6타이다(40% 확률로 업앤다운을 한다). 프로라면 미스터 와일드프로의 상황에서 홀아웃하는 데 평균 3.6타를 기록할 것이다. 이득 타수 계산에 의하면, 미스터 와일드프로는 그린 적중률과 홀과의 접근 거리 모두 미스터 스테디프로에 뒤졌지만, 0.4타 이득을 봤다.

그린 적중률도 낮고 홀까지 거리도 더 먼데 어떻게 미스터 와일드프로의 성적이 더 좋을 수 있는 것일까? 이것이 요한 옌센의 부등식으로 우리가 배운 비선형의 중요성을 보여주는 또 하나의 예이다. 이 경우, 하나의 좋은 샷과 하나의 나쁜 샷이 두 번의 중간 정도의 샷보다 좋다는 것을 보여줬다.

어프로치샷 성적의 순위를 그린 적중률이나 홀과의 접근 거리로 산정하는 것은 이러한 비선형의 문제 때문에 문제가 있어 보인다. 백분율로 표시되는 그린 적중률과 피트로 나타내는 홀과의 접근 거리를 합치는 것은 애초에 불가능하다. 그린 적중률 순위는 높은데 홀과의 접근 거리 순위는 낮거나, 그 반대의 경우일 때 그 선수의 진짜 실력을 이해하기도 어렵다. 이득 타수 기법은 모든 어프로치샷을 공통 단위인 타수로 측정하고, 그 평균을 구하는 방법이기에 이러한 문제를 해결할 수 있다. 어프로치샷 이득 타수는 샷의 결과가 홀에서 얼마나 떨어졌는지와 페어웨이, 러프, 벙커, 그린 중 어디에 떨어졌는지를 모두

골프 성적

표 6-2 라운드당 어프로치샷 이득 타수(SGA): 2004년부터 2012년까지 PGA 투어 SGA 상위 40명. 어프로치샷은 홀에서 100야드보다 멀리 떨어진 곳에서 치는 모든 샷 중 파4 홀과 파5 홀의 타샷을 제외한 샷을 의미함. 순위는 이 기간 최소 200라운드를 소화한 240명의 선수를 대상으로 선정했으며, 샷링크 데이터에 120라운드만 있는 로리 매킬로이는 예외를 적용함(그래서 이름 옆에 별표를 표시함). 남은 거리 중간값은 샷의 반을 이 수치보다 홀에 더 가까이 붙였다는 것을 의미함.

순위	선수명	SGA	100-150 남은 거리 중간값	150-200 남은 거리 중간값	200-250 남은 거리 중간값	100-150 그린 프린지 적중률	150-200 그린 프린지 적중률
1	타이거 우즈	1.28	4.9%	5.2%	6.2%	80%	75%
2	로버트 앨런비	0.88	5.2%	5.5%	6.4%	83%	72%
3	짐 퓨릭	0.78	5.1%	5.4%	6.6%	84%	73%
4	어니 엘스	0.77	5.6%	5.5%	6.5%	80%	67%
5	세르히오 가르시아	0.75	5.5%	5.7%	6.6%	80%	70%
6	로리 맥길로이*	0.73	5.5%	5.7%	6.5%	79%	68%
6	필 미컬슨	0.72	5.3%	5.7%	6.8%	80%	68%
7	애덤 스콧	0.72	5.4%	5.5%	6.9%	82%	69%
8	비제이 싱	0.71	5.2%	5.5%	6.7%	80%	70%
9	루크 도널드	0.70	5.1%	5.7%	7.3%	81%	69%
10	채드 캠벨	0.65	5.2%	5.4%	6.8%	81%	72%
11	톰 레이먼	0.61	5.3%	5.4%	7.1%	84%	73%
12	스콧 버플랭크	0.60	4.6%	5.3%	7.1%	83%	69%
13	조이 신들러	0.58	5.7%	5.4%	7.2%	82%	70%
14	케니 페리	0.57	5.4%	5.4%	6.5%	82%	71%
15	리 웨스트우드	0.57	5.5%	5.8%	6.4%	79%	70%
16	크리스 블랭크스	0.56	5.3%	5.5%	6.5%	82%	70%
17	데이비드 톰스	0.56	5.0%	5.5%	6.7%	84%	70%
18	폴 케이시	0.55	5.7%	5.6%	6.9%	79%	70%
19	팀 클락	0.53	4.9%	5.3%	6.6%	82%	70%
20	저스틴 로즈	0.52	5.4%	5.5%	6.7%	81%	69%
21	존 센든	0.51	5.5%	5.7%	6.9%	82%	73%
22	알렉스 체카	0.49	5.0%	5.2%	6.9%	82%	69%
23	카밀로 비제가스	0.47	5.2%	5.8%	7.0%	83%	69%
24	브렌든 데 용	0.47	5.0%	5.5%	7.0%	83%	69%
25	데이비스 러브 3세	0.46	5.7%	5.8%	6.7%	80%	68%
26	스티브 스트리커	0.46	5.0%	5.5%	7.0%	82%	68%
27	스튜어트 싱크	0.45	5.5%	5.8%	7.0%	81%	69%
28	리키 반스	0.43	5.4%	5.4%	8.0%	78%	66%
29	조 듀랜트	0.42	5.1%	5.3%	6.9%	83%	72%
30	잭 존슨	0.42	5.1%	5.6%	6.9%	82%	70%
31	히스 슬로컴	0.41	5.2%	5.4%	6.7%	82%	71%
32	트레버 이멜만	0.40	5.4%	5.8%	7.2%	81%	69%
33	르티프 구슨	0.40	5.7%	5.7%	6.6%	80%	67%
34	부 위클리	0.39	5.3%	5.7%	6.5%	81%	69%
35	제프 슬루먼	0.38	5.0%	5.5%	7.1%	86%	70%
36	브라이니 베어드	0.38	5.4%	5.9%	7.2%	83%	71%
37	제이슨 본	0.38	5.2%	5.7%	6.8%	81%	69%
38	스티븐 에임스	0.37	5.4%	5.6%	7.3%	82%	70%
39	최경주	0.37	5.3%	5.7%	7.0%	81%	70%
40	더들리 하트	0.36	5.3%	6.1%	7.9%	77%	65%
	상위 40명 평균	0.55	5.3%	5.6%	6.9%	82%	70%
	PGA 투어 평균	0.00	5.5%	5.9%	7.3%	80%	67%

감안해 표시한다.

표 6-2에 2004년부터 2012년까지 PGA 투어 라운드당 어프로치 샷 이득 타수(SGA) 상위 40명이 나와 있다. SGA 1위는 다른 선수들 평균보다 라운드당 1.3타 이득을 본 타이거 우즈이다. 이 기록이 얼마나 대단한 것인지는, 2위인 로버트 앨런비가 우즈보다 0.4타 뒤졌고, 상위 40명의 평균이 라운드당 0.55타라는 사실을 보면 알 수 있다. 설령 타이거 우즈가 역사상 최고의 선수가 아니라고 가정하더라도, 샷링크 시대에서는 최고의 선수였음이 분명하다. 골프의 모든 부분을 잘하지만, 그중에서도 가장 잘하고, 그를 최고의 선수로 만든 것은 그의 어프로치샷이다. 톱10에 든 선수들은 짐 퓨릭, 어니 엘스, 세르히오 가르시아, 로리 매킬로이, 필 미컬슨, 애덤 스콧, 비제이 싱, 루크 도널드, 채드 캠벨이다. 모두 역대급 실력자들임을 알 수 있다.

어프로치샷을 홀에 더 가까이 붙이는 가치는 얼마인가?

앞에서 확인했듯이, 그린 적중률과 홀과의 접근 거리는 어프로치샷 성적을 측정하는 올바른 방법이 아니다. 그렇지만 그린에 올려서 홀에 더 가까이 붙이는 것이 그린에 올리지 못하고 멀리 떨어져 있는 것보다 거의 언제나 낫다.

SGA를 더 실감나는 성적 지표와 연결시키기 위하여 어프로치샷의 정확도 측정에 '남은 거리 중간값(median leave)'이라는 것을 이용하기로 했다. 100야드 거리에서의 샷으로 홀에 5야드 붙였다면 5%의 결과(최초 남은 거리 대비 샷 결과로 홀에서 떨어진 거리의 상대적 비율)를 기록한 것이다. 200야드 거리에서의 샷 결과가 홀에서 10야드 떨어졌다면 이 역시 5%의 결과를 기록한 것이다. 5번의 어프로치샷으로 2%, 3%, 6%, 7%, 25%의 결과를 기록했다면 중간값인 6%가 남은 거리의 중간값이 되는 것이다. 즉, 남은 거리 중간값은 샷의 반은 홀에 더 가까이 붙었고, 샷의 반은 홀에서 더 떨어진 거리의 수치이며, 이 수치는 샷의 결과가 최초 남은 거리 대비 홀에서 얼마나 떨어졌는지를 상대적 비율로 나타내는 것이다.

내가 남은 거리 중간값을 이용하는 이유는 스코어와의 상관관계가 그린 적중률이나 홀과의 접근 거리보다 더 높기 때문이다. 평균 대신 중간값이 더 좋은 이유는 가끔 발생하는 실수의 영향을 덜 받기 때문이다. 일반적으로 홀에서 100야드 떨어진 지점에서 치는 것보다 150야드 떨어진 지점에서 치는 샷이 홀에서 50% 정도 더 멀리 떨어진다. 최초 남은 거리 대비 비율로 남은 거리 중간값을 계산하면, 최초 남은 거리가 서로 다른 경우에도 비교하기가 수월해진다. 평균 타수 이외에 골프 실력을 나타내는 단 하나의 기록을 찾는다면 남은 거리 중간값이 훌륭한 후보가 될 것이다. 아마추어에게는 100에서 150야드 사이 지점에서의 남은 거리 중간값이 실력을 가늠하는 기록이 될 것이다. 프로에게는 150에서 200야드 사이에서의 남은 거리 중간값이 중요한데, 이 기록이 프로의 스코어와 상관관계가 가장 높기 때문이다.

콜롬비아 메데인에서 태어난 카밀로 비예가스(Camilo Villegas)는 2006년 PGA 투어에 입회한 이래 3승을 거뒀다. 2012년까지 비예가스는 150에서 200야드 사이에서 샷의 반을 최초 남은 거리 대비 5.8% 내로 붙였다. 이는 175야드 거리에서 9m에 붙였다는 의미이다. 비예가스의 이 분야 순위는 120위이다. 또 다른 선수 한 명은 175야드 거리에서 샷의 반을 90cm 더 가까운 8.1m 내에 붙였다. 이 선수의 순위가 몇 등일 것 같은가?

놀랍게도 이 선수가 이 분야 1위인 타이거 우즈이다. 퍼팅에서 8.1m와 9m의 홀아웃을 위한 PGA 투어 평균 타수의 차이는 0.025타 밖에 나지 않는다. 홀에서 90cm 더 가깝다는 것이 그리 큰 의미가 있어 보이지 않을 수 있겠지만, 실제로는 엄청난 차이다. 먼저, 각 어프로치샷에서의 작은 차이가 라운드당 평균 18번의 어프로치샷을 통해 누적된다. 그보다 더 중요한 것은, 90cm 차이로 러프나 벙커 대신 그린에 올라가기도 한다. 이런 점 때문에, 150에서 200야드 사이에서의 투어 평균 그린 적중률이 67%인데 비해 우즈는 75%이다. 더 중요한 점은, 90cm의 차이로 1.5m 퍼팅이 60cm 퍼팅이 되고, 2.4m 퍼팅이 1.5m 퍼팅이 된다는 것이다. 이 차이가 누적되는 것이다. 175야드에서 90cm 더 가까이 붙이는 우즈의 이점이 한 라운드의 모든 어프로치샷을 통해 누적되면 라운드당 1.3타의 이득, 또는 대회당 5타의 이득이 되는 것이다. 이것은 진짜 엄청난 이점이다!

SGA는 그린 적중률, 홀과의 접근 거리, 남은 거리 중간값보다 어프로치샷 성적을 더 잘 보여준다. 그린 적중률이 높은 것이 낮은 것보다 좋고, 홀에 더 가까이 붙이는 것이 멀리 떨어지는 것보다 좋다는 것은, 오류가 있기는 하지만, 사실이다. 이제 남은 거리 중간값이 이득 타수와 어떤 관계가 있는지, 그리고 어프로치샷을 더 가까이 붙이는 것이 스코어를 낮추는 데 어떤 영향을 주는지 설명해보겠다.

우즈의 150에서 200야드 사이의 남은 거리 중간값은 5.2%로 투어 평균인 5.9%보다 적다.[10] 어프로치샷을 더 가까이 붙인 덕분에 투어의 다른 선수 대비 1.3타 이득을 본다. 그림 6-4에는 150에서 200야드 사이의 남은 거리 중간값, 200에서 250야드 사이의 남은 거리 중간값, 그리고 이득 타수가 함께 표시되어 있는데, 이를 통해 PGA 투어 프로들이 어프로치샷을 가깝게 붙이면 어떻게 스코어가 낮아지는지 확인할 수 있다. 타이거 우즈는 혼자 멀리 떨어져 있다. 어프로치샷 이득 타수가 그의 어마어마한 성적의 가장 중요한 요인임을 보여

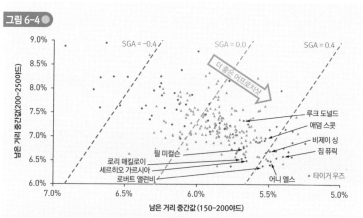

그림 6-4

150에서 250야드에서 PGA 투어 프로의 어프로치샷: 2004년부터 2012년까지 샷링크상 최소 200라운드를 소화한 약 240명의 결과(120라운드만 소화한 로리 매킬로이 포함). 빨간 점은 어프로치샷 이득 타수(SGA) 상위 40명을 나타냄. 상위 40명의 평균 SGA는 라운드당 0.55타임. 파란 점은 SGA 하위 40명을 나타냄. 하위 40명의 평균 SGA는 라운드당 -0.4타임. 초록 점은 SGA 순위 중간 부분을 차지하는 나머지 선수들을 나타냄. 100야드에서 친 샷이 홀에서 5야드 남으면 5%의 결과를 기록한 것, 즉 최초 남은 거리 대비 샷 결과로 홀에서 남은 상대적 거리를 기록한 것. 남은 거리 중간값은 샷의 반을 이 수치보다 홀에 더 가까이 붙였다는 것을 의미. 점선은 SGA가 거의 같은 선수들의 중간값 조합을 보여줌. 150에서 250야드 사이의 어프로치샷이 가장 훌륭한 선수는 차트 오른쪽 아래에 위치. 타이거 우즈가 라운드당 1.3타 이득으로 1위를 차지. 150에서 200야드 사이에서 타이거 우즈 샷의 반은 최초 남은 거리의 5.2% 내에 떨어짐(즉, 175야드에서 9야드 남김). 200에서 250야드 사이에서 샷의 반은 최초 남은 거리의 6.2%에 떨어짐. 즉, 225야드에서 14야드 남김).

주고 있다.

PGA 투어 프로는 100에서 150야드 사이의 샷 중 반을 최초 남은 거리 대비 5.5% 내에 떨어뜨린다.[11] 이 거리에서 프로가 그렇게까지 뛰어나지 않다는 것에 놀라는 사람이 있을 수 있겠다. 하지만 프로의 기록은 단단하고 빠른 그린, 좁은 페어웨이, 그리고 어려운 러프처럼 어려운 환경에서 수집된 것이다. 일반적인 보기 플레이어는 100~150야드 사이에서 샷의 반을 12% 내에 떨어뜨리는데, 이는 프로의 두 배가 넘는 것이다. 약간 다르게 설명하자면, 125야드에서 PGA 투어 프로는 홀에서 6.3m에 붙이고 보기 플레이어는 13.5m 남긴다는 것이다. 프로와 아마추어의 성적 차이가 꽤 큰 것이다.

100~150야드 사이에서 그린 또는 프린지에 떨어뜨리는 비율을 보면 PGA 투어 프로는 80%, 일반적인 보기 플레이어는 46% 정도 된다. 이 성적을 골프 전략에 적용할 수 있다. 대부분의 보기 플레이어는 100에서 150야드 사이에선 그린 중앙을 겨냥하는 편이 나을 것이다(추가적인 아마추어 결과는 부록 참조).

숏게임 이득 타수(SGS)를 이용한 웨지샷 측정

기존의 다른 골프 통계 기록과 마찬가지로, 숏게임 통계 기록 역시 골프의 중요한 부분이 빠져 있다. 숏게임 샷은 홀에서 100야드 이내의 모든 샷을 의미하는데, 벙커샷은 포함되지만, 그린에서의 퍼팅은 제외된다. 프로는 라운드당 이런 샷을 10회 정도 친다. 숏게임에 대한

골프 성적

표 6-3 숏게임 이득 타수(SGS): 2004년부터 2012년까지 PGA 투어에서 SGS 상위 40명. 숏게임 샷은 홀에서 100야드 이내의 모든 샷 중 그린에서의 퍼팅을 제외한 샷을 의미. 순위는 2004년부터 2012년까지 최소 200라운드를 소화한 240명의 선수를 대상으로 선정. 남은 거리 중간값은 샷의 반을 이 수치보다 홀에 더 가까이 붙였다는 것을 의미. 0~100. 0~20, 20~60, 60~100 그룹에는 벙커샷과 퍼팅이 제외됨. 그린 주변 벙커 샷은 홀에서 50야드 이내의 벙커를 의미함.

순위	선수명	SGS	0-100 남은 거리 중간값	0-20 남은 거리 중간값	20~60 남은 거리 중간값	60~100 남은 거리 중간값	그린 주변 벙커 남은 거리 중간값
1	스티브 스트리커	0.63	7.8%	11.7%	8.2%	4.8%	14.3%
2	코리 페이빈	0.54	8.4%	11.5%	9.1%	5.4%	13.2%
3	크리스 라일리	0.52	9.1%	11.7%	9.5%	5.8%	12.4%
4	루크 도널드	0.51	9.4%	12.6%	9.9%	5.7%	12.6%
5	마이크 위어	0.50	9.3%	12.9%	9.5%	5.8%	11.8%
6	파드리그 해링턴	0.50	9.1%	11.6%	9.6%	5.3%	13.9%
7	필 미컬슨	0.46	9.2%	12.5%	9.0%	6.2%	13.9%
8	비제이 싱	0.42	9.5%	12.9%	9.7%	6.4%	13.6%
9	저스틴 레너드	0.41	8.6%	11.8%	9.1%	5.4%	15.3%
10	브라이언 게이	0.39	8.6%	12.1%	9.9%	5.3%	14.3%
11	이마다 류지	0.39	9.3%	12.1%	9.7%	5.8%	13.0%
12	짐 퓨릭	0.39	8.5%	11.4%	9.3%	5.5%	14.8%
13	닉 오헌	0.38	9.0%	12.2%	9.9%	5.7%	13.5%
14	케빈 나	0.38	9.7%	12.7%	9.4%	6.0%	14.2%
15	마루야마 시게키	0.37	10.2%	12.9%	10.3%	6.8%	12.6%
16	저스틴 로즈	0.36	9.5%	13.1%	9.7%	5.7%	13.2%
17	스튜어트 애플비	0.36	9.3%	12.6%	9.3%	5.8%	14.4%
18	토드 피셔	0.35	9.1%	11.5%	9.6%	6.6%	18.4%
19	로리 사바티니	0.34	9.5%	13.1%	9.7%	5.9%	13.1%
20	이안 폴터	0.33	10.2%	12.7%	11.0%	6.3%	14.5%
21	어니 엘스	0.32	9.6%	12.8%	9.9%	5.5%	15.3%
22	에런 배들리	0.30	10.2%	13.0%	10.4%	6.9%	14.4%
23	최경주	0.30	9.8%	13.2%	10.8%	6.1%	13.3%
24	타이거 우즈	0.30	9.8%	13.5%	9.7%	6.2%	14.9%
25	로드 팸플링	0.30	9.9%	12.5%	11.1%	6.3%	13.4%
26	커크 트리플렛	0.29	8.3%	11.0%	10.6%	5.6%	16.9%
27	애런 오버홀저	0.28	9.5%	11.9%	9.5%	6.5%	14.2%
28	르티프 구슨	0.28	9.8%	12.7%	10.5%	6.2%	14.7%
29	케빈 서덜랜드	0.28	9.9%	12.1%	10.8%	6.4%	13.9%
30	맷 쿠차	0.28	9.4%	12.7%	9.5%	5.9%	14.6%
31	밥 하인츠	0.27	8.9%	12.6%	10.0%	5.6%	17.5%
32	브랜트 스네데커	0.27	9.6%	13.2%	10.3%	6.1%	15.1%
33	브라이스 몰더	0.27	9.2%	12.7%	10.6%	5.7%	16.4%
34	조너선 버드	0.27	9.5%	12.3%	9.7%	5.9%	14.3%
35	웨브 심프슨	0.27	10.2%	14.4%	10.5%	6.7%	13.5%
36	제프 오길비	0.26	10.0%	13.5%	11.1%	6.2%	13.4%
37	오마르 유레스티	0.26	9.1%	12.7%	9.8%	6.0%	19.3%
38	글렌 데이	0.26	8.8%	12.7%	9.3%	5.4%	15.6%
39	톰 퍼니스 주니어	0.26	9.8%	12.8%	10.3%	0.6%	15.0%
40	팀 페트로비치	0.25	9.6%	12.2%	10.2%	6.2%	16.8%
	상위 40명 평균	0.35	9.4%	12.5%	9.9%	5.9%	14.5%
	PGA 투어 평균	0.00	10.2%	13.6%	10.9%	6.3%	16.1%

기존 통계 기록 중 하나가 샌드 세이브인데, 이는 그린 주변 벙커에서 업앤다운(1타 또는 2타에 홀아웃)에 성공하는 비율을 측정하는 기록이다. 문제는 이 기록에 벙커샷 실력과 퍼팅 실력이 섞여 있다는 것이다. 만약 샌드 세이브율이 낮다면, 벙커샷을 잘못해서 그런 것인지, 퍼팅을 잘못해서 그런 것인지 알 수 없다.

또 다른 숏게임 기록으로 스크램블링이 있다. 스크램블링 기록은 정규 타수로 그린에 올리지 못한 상황에서 그 홀에 파를 기록하는 비율을 측정하는 것이다. 이 기록 역시 숏게임 실력과 퍼팅이 비슷하게 섞여 있다. 샌드 세이브도 스크램블링 기록도 스코어에 대한 숏게임의 공헌도를 설명해주지 못한다.

숏게임 이득 타수(SGS)는 이득 타수 기법을 이용하여 프로가 숏게임 샷으로 다른 선수 대비 라운드당 얼마의 타수를 이득 보는지를 계산하는 것이다. 표 6-3에 2004년부터 2012년까지 라운드당 숏게임 이득 타수 PGA 투어 상위 40명이 있다. 1위는 스티브 스트리커로, 다른 선수들 평균 대비 라운드당 0.6타 이득을 봤다. 스티브 스트리커는 0에서 100야드 사이의 샷 중 반을 최초 남은 거리의 7.8% 내로 붙였는데, 투어 평균은 10.2%였다. 톱10에는 뛰어난 숏게임 실력으로 유명한 루크 도널드와 필 미컬슨이 포함되어 있다. 드라이브샷과 어프로치샷에서도 톱10에 들어가 있는 비제이 싱이 숏게임 톱10에도 있는 것이 놀랍다.

숏게임이 뛰어난 선수들이 숏게임 샷으로 다른 선수보다 홀에 더 가까이 붙인다는 사실은 그리 놀랍지 않다. 그림 6-5에 0에서 100야드 사이의 남은 거리 중간값, 그린 주변 벙커에서의 남은 거리 중간값,

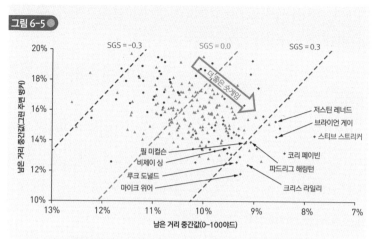

그림 6-5

PGA 투어 프로의 숏게임: 2004년부터 2012년까지 샷링크 상 최소 200라운드를 소화한 약 240 명의 결과. 빨간 점은 숏게임 이득 타수(SGS) 상위 40명을 나타냄. 상위 40명의 평균 SGS는 라운드당 0.35타. 파란 점은 SGA 하위 40명을 나타냄. 하위 40명의 평균 SGS는 라운드당 0.3타. 초록 점은 SGA 순위 중간 부분을 차지하는 나머지 선수들을 나타냄.

그리고 이득 타수가 함께 나와 있는데, 이를 통해 PGA 투어 프로에게 있어서 숏게임 샷으로 홀에 가까이 붙이는 것이 스코어에 어떤 영향을 주는지 확인할 수 있다(아마추어의 숏게임 결과는 부록 참조).

스코어에 가장 큰 영향을 주는 요인과 우즈의 비밀 무기

우리는 2장에서 퍼팅이 스코어에 가장 중요한 역할을 한다는 의견을 뒷방으로 보내버렸다. 전설적인 선수 벤 호건에게 스코어에 영향을 주는 가장 중요한 골프채 세 개를 차례로 얘기해달라고 했을 때 "드라이버, 퍼터, 웨지"라고 했다 한다. 이에 대하여 논쟁을 해보는 것도 재미있겠지만, 데이터를 통해 객관적인 답을 구해보고자 한다. 호건

시대의 골프 샷 세부 정보를 얻을 수는 없지만, 현재의 이득 타수 기법과 데이터를 통해 골프 성적에 가장 큰 공헌을 하는 샷이 어떤 것인지는 알아볼 수 있다. 그런 후에 각 골프채의 중요성을 추정해볼 수 있을 것이다.

라운드당 총 이득 타수를 통해 프로가 다른 선수 대비 얼마의 이득 또는 손해를 봤는지 알 수 있다.[12] 이득 타수 기법의 진짜 장점은 총 이득 타수를 분야별 이득 타수로 분류해서 확인할 수 있다는 점이다. 5장에서 살펴본 제이슨 데이의 사례처럼, 그의 총 이득 타수는 0이었지만, 어떤 샷은 평균 이상이었고 어떤 샷은 평균 이하였다. 이런 과정을 모든 샷에 적용하면 각 샷이 종류별로 총 이득 타수에 얼마나 공헌하는지 알 수 있다. 즉, 총 이득 타수 중에서 드라이브샷, 어프로치샷, 숏게임 샷, 퍼팅이 각각 얼마씩인지 나눠볼 수 있다는 것이다.

표 6-4에 2004년부터 2012년까지 PGA 투어에서 총 이득 타수 상위 40명이 나와 있다. 상위 40명은 현대 골프의 주요 선수들이다. 1위를 차지한 타이거 우즈는 PGA 투어 전체 출전 선수 평균 대비 라운드당 2.8타 이득을 봤다. 이것은 세계에서 가장 골프를 잘 치는 선수들이 경기를 펼치는 PGA 투어에서 4라운드 대회마다 11타 이상 앞선다는 의미이다. 2위와 3위는 짐 퓨릭과 루크 도널드로, 역시 대단한 기록인 라운드당 1.8타 이득을 봤지만, 우즈보다는 거의 1타 뒤진다. 다음 순위의 선수들은 성을 붙이지 않고 이름만으로도 누구인지 알 수 있는 유명 선수들이다. 필, 로리, 비제이, 어니, 그리고 세르히오.

총 이득 타수로 산정한 순위는 누가 봐도 일리가 있어 보인다. 하지만 이득 타수의 최대 장점은 이런 이득이 어디에서 오는지를 보여준

표 6-4 샷 종류에 따라 분류한 라운드당 총 이득 타수: 2004년부터 2012년까지 PGA 투어 총 이득 타수 상위 40명. 순위는 해당 기간 최소 200라운드를 소화한 240명의 선수를 대상으로 선정함(120라운드만 소화한 로리 매킬로이도 포함).

선수명	순위					라운드당 이득 타수				
	총 이득 타수	드라이브샷	어프로치샷	숏게임	퍼팅	총 이득 타수	드라이브샷	어프로치샷	숏게임	퍼팅
타이거 우즈	1	13	1	24	3	2.79	0.58	1.28	0.30	0.63
짐 퓨릭	2	59	3	12	19	1.84	0.27	0.78	0.39	0.40
루크 도널드	3	158	9	4	1	1.82	-0.09	0.70	0.51	0.71
필 미컬슨	4	40	6	7	86	1.70	0.39	0.72	0.46	0.14
로리 맥길로이*	5	1	6	124	153	1.66	0.98	0.73	0.02	-0.07
비제이 싱	5	9	8	8	193	1.58	0.64	0.71	0.42	-0.18
어니 엘스	6	32	4	21	164	1.43	0.43	0.77	0.32	-0.08
세르히오 가르시아	7	19	5	47	156	1.43	0.52	0.75	0.23	-0.07
스티브 스트리커	8	198	26	1	13	1.34	-0.23	0.46	0.63	0.49
애덤 스콧	9	14	7	68	178	1.33	0.56	0.72	0.17	-0.12
잭 존슨	10	51	30	101	16	1.24	0.29	0.42	0.08	0.45
파드리그 해링턴	11	108	41	6	50	1.17	0.09	0.35	0.50	0.23
데이비드 톰스	12	72	17	67	62	1.15	0.22	0.56	0.17	0.20
저스틴 로즈	13	48	20	16	140	1.15	0.30	0.52	0.36	-0.03
르티프 구슨	14	76	33	28	45	1.13	0.20	0.40	0.28	0.26
스튜어트 싱크	15	138	27	71	12	1.09	-0.02	0.45	0.16	0.50
제프 오길비	16	57	93	36	34	1.05	0.27	0.17	0.26	0.34
최경주	17	91	39	23	64	1.02	0.15	0.37	0.30	0.20
리키 파울러	18	17	68	102	77	1.02	0.54	0.24	0.08	0.17
로버트 앨런비	19	29	2	189	191	1.00	0.44	0.88	-0.15	-0.18
팀 클락	20	124	19	56	60	0.99	0.05	0.53	0.21	0.21
케니 페리	21	6	14	173	180	0.98	0.64	0.57	-0.10	-0.12
보 반 펠트	22	27	46	125	79	0.95	0.45	0.33	0.01	0.17
스콧 버플랭크	23	97	12	54	130	0.94	0.13	0.60	0.21	0.00
리 웨스트우드	24	10	15	202	160	0.92	0.62	0.57	-0.19	-0.08
더스틴 존슨	25	4	73	137	165	0.92	0.81	0.22	-0.02	-0.09
웨브 심프슨	26	110	96	35	22	0.90	0.08	0.16	0.27	0.39
폴 케이시	27	83	18	181	42	0.88	0.17	0.55	-0.12	0.29
버바 왓슨	28	1	89	169	176	0.88	0.91	0.18	-0.09	-0.12
제이슨 데이	29	49	129	90	24	0.87	0.30	0.07	0.12	0.39
브랜트 스네데커	30	169	95	32	10	0.87	-0.13	0.17	0.27	0.56
로리 사바티니	31	56	57	19	146	0.85	0.28	0.28	0.34	-0.04
맷 쿠차	32	130	75	30	38	0.85	0.02	0.22	0.28	0.33
존 센든	33	28	21	151	152	0.83	0.44	0.51	-0.06	-0.07
찰스 하월 3세	34	88	70	44	78	0.81	0.16	0.23	0.24	0.17
벤 크레인	35	106	156	66	9	0.80	0.10	-0.04	0.17	0.56
앤서니 김	36	65	82	74	58	0.80	0.24	0.19	0.16	0.21
닉 와트니	37	22	67	144	91	0.79	0.48	0.24	-0.04	0.11
데이비스 러브 3세	38	31	25	143	159	0.78	0.43	0.46	-0.04	-0.07
애런 오버홀저	39	100	64	27	88	0.78	0.13	0.25	0.28	0.12
이안 폴터	40	92	124	20	59	0.78	0.15	0.09	0.33	0.21
상위 40명 평균	20	64	44	71	87	1.13	0.32	0.45	0.19	0.17
상위 40명, 전체 대비 비율						100%	28%	40%	17%	15%

다는 점이다. 우즈의 비밀 무기는 무엇인가? 바로 어프로치샷이다. 우즈의 이득 중 가장 큰 부분인 46%(2.8타 중 1.3타)가 어프로치샷에서 나왔다. 네 분야 모두에서 상위권이기 때문에 압도적인 총 이득 타수를 보여주고 있지만, 이득 타수 계산에 의하면 성공의 열쇠는 바로 어프로치샷이었다.

> 우즈의 비밀 무기는 바로 어프로치샷이다. 어프로치샷이 스코어 이득의 가장 큰 부분인 46%를 차지한다.

세계 최고 선수들은 서로 다른 방법으로 뛰어남을 보여준다. 총 이득 타수 톱10 중 우즈는 어프로치샷, 루크 도널드는 퍼팅, 로리 매킬로이는 드라이브샷, 스티브 스트리커는 숏게임에서 각각 1위를 차지했다. 골프에서 이 네 분야는 모두 중요하다.

세계 톱10에 들기 위해서는 표 6-4에 10위로 나와 있는 잭 존슨(Zach Johnson)만큼이거나 더 잘해야 한다. 존슨의 총 이득 타수가 1.2니까, 톱10에 들기 위해서는 총 이득 타수가 1.2이거나 그보다 높아야 한다는 얘기다. 이 1.2는 드라이브샷, 어프로치샷, 숏게임, 퍼팅의 다양한 조합의 합산으로 만들어낼 수 있다. 세르히오 가르시아는 드라이브샷과 어프로치샷만 있었으면 톱10에 들었을 것이지만, 퍼팅이 다른 선수들에 뒤졌다. 타이거 우즈는 어프로치샷만으로도 톱10에 들 수 있다. 표 6-4에 나온 것처럼 그의 어프로치샷 이득 타수는 1.28이다.

표 6-4에 나와 있듯이, 투어 프로 기준으로 한 분야가 상대적으로 약하더라도 총 이득 타수 톱10(로리 매킬로이를 포함해 상위 11명)에 들어가는

것이 가능하다. 총 이득 타수 상위 11명 중 드라이브샷 100위 밖이 2명, 숏게임 100위 밖이 2명, 퍼팅 100위 밖이 5명이다. 반면에, 총 이득 타수 상위 11명 중 어프로치샷 상위 30위 밖으로 나간 선수는 아무도 없다. 상위 40명의 결과를 평균 내면 아주 뚜렷한 패턴을 발견할 수 있다. 스코어에 가장 큰 공헌을 하는 것은? 바로 총 이득 타수의 40%를 차지하는 어프로치샷이다.

> PGA 투어 상위 40명에게 있어서 가장 중요한 샷 분야는 스코어 이득의 40%를 차지하는 어프로치샷이다.

표 6-5에 10년간 타이거 우즈의 연도별 이득 타수가 나와 있다. 해마다 분야별 성적의 변화가 크다는 것을 확인할 수 있다. 하지만 10년간 어프로치샷만큼은 5위 밖을 벗어나지 않았다. 10년 중 1위를 6회나 기록했다.

표 6-5 연도별 타이거 우즈의 이득 타수: 2003년부터 2012년까지의 총 이득 타수 및 샷별 분류 결과. 순위는 각 해 PGA 투어 샷링크 데이터상 최소 30라운드 이상을 소화한 약 200명의 선수를 대상으로 선정함.

연도	순위					라운드당 이득 타수					
	총 이득 타수	드라이브샷	어프로치샷	숏게임	퍼팅	총 이득 타수	드라이브샷	어프로치샷	숏게임	퍼팅	라운드 수
2012	2	9	1	37	27	2.80	0.74	1.39	0.26	0.42	49
2011	29	136	4	89	49	1.09	-0.15	0.88	0.09	0.28	19
2010	48	123	4	160	91	0.71	-0.08	0.91	-0.20	0.08	29
2009	1	15	1	4	2	3.71	0.53	1.48	0.71	0.99	48
2008	1	8	1	3	4	4.14	0.61	2.01	0.67	0.85	11
2007	1	4	1	35	2	3.68	0.81	1.77	0.30	0.80	43
2006	1	4	1	23	21	3.78	0.92	1.98	0.39	0.49	37
2005	1	2	3	89	4	2.82	1.09	0.89	0.10	0.75	55
2004	1	21	5	9	3	3.06	0.48	1.12	0.51	0.95	54
2003	1	6	1	1	18	3.71	0.87	1.60	0.70	0.54	46

표 6-4에 나와 있듯이, 어프로치샷 다음으로 중요한 것은 드라이브 샷으로, 상위 40명 선수들의 총 이득 타수의 28%를 공헌한다. 숏게임 샷이 17%, 퍼팅이 15%를 공헌한다. 드라이브샷과 어프로치샷을 합친 롱게임이 68%, 숏게임과 퍼팅을 합친 것이 총 이득 타수의 32%를 공헌한다. 톱10이나 상위 20명의 평균을 살펴봐도 결과는 비슷하다. 연도별로 살펴봐도 결과는 크게 다르지 않았다. PGA 투어 샷링크 데이터베이스의 수백만 샷을 통해 얻은 이 결과는 숏게임과 퍼팅을 합친 것보다 롱게임이 얼마나 중요한지 보여준다.

> PGA 투어 상위 40명과 다른 선수들의 스코어 차이는 어프로치샷이 40%, 드라이브샷이 28%, 숏게임이 17%, 퍼팅이 15% 영향을 주었다.

몇 가지 주의해서 생각할 부분이 있다. 먼저, 이 결과는 평균값이며 선수별로 다양한 차이가 나타난다는 점이다. 숏게임과 퍼팅이 스티브 스트리커에게는 스코어 이득의 80% 이상을 차지하지만, 세르히오 가르시아에게는 11%만 차지할 뿐이다. 이렇게 선수별로 차이가 크다는 사실은 퍼팅이 가장 중요하다고 생각하는 의견을 반박하는 데 좋은 무기가 될 것이다. 선수별 결과는 다르게 나타나지만, 여러 선수를 대상으로 한 평균은 분명히 롱게임의 중요성을 보여주고 있다.

둘째로, 각 대회의 우승자에게는 조금 다른 결과가 나타난다는 점이다. 2장에서 우리는 퍼팅이 PGA 투어 대회 우승에 35% 공헌한다는 것을 확인했는데, 여기에서는 퍼팅이 총 이득 타수의 15%만 공헌한다고 했다. 두 결과가 일치하지 않는 이유는, 모든 대회를 통틀어 상

위 선수들이 기록한 성적과 비교할 때 퍼팅이 대회 우승에 상대적으로 더 큰 영향을 줬기 때문이다.[13]

셋째로, 가장 중요한 점은, 롱게임이 스코어 차이를 설명해주는 중요한 요인이라고 해서 숏게임과 퍼팅이 중요하지 않다는 뜻이 아니라는 것이다. 그보다는 세계 최고의 선수들은 어프로치샷보다는 퍼팅과 숏게임 실력이 더 비슷하다는 뜻이다. 세계에서 가장 우수한 무대에서 경기하려면 모든 분야에서 실력이 뛰어나야 한다. 일단 그 무대에 오르면, 롱게임보다 퍼팅과 숏게임에서 차별화시키는 게 더 어렵다는 것이다.

샷의 중요성을 측정할 때 가장 중요한 점은 그 샷의 수준이 아니라 선수들 사이에서 나타나는 샷의 가변성이다. 이를 비유를 들어 설명하겠다. 교수가 중간고사에 40%, 기말고사에 60%의 가중치를 두고 어떤 과목의 성적을 매긴다고 가정해보자. 중간고사와 기말고사의 가중치를 적용한 평균으로 상위 20%에게 A학점, 다음 30%에게 B학점, 이런 식으로 학점을 주기로 했다. 다른 말로 학생들을 상대평가 한다는 것이다. 교수가 중간고사를 아주 쉽게 냈고, 너무 쉬워서 모든 학생이 만점을 받았다. 기말고사는 어려웠고 학생들의 점수에 차이가 생겼다.

기말고사에 60%의 가중치를 부여했다고 하더라도, 실제로는 학생들의 학점에 기말고사가 100% 영향을 주는 것이다. 왜냐고? 중간고사에서 모든 학생이 만점을 받았으므로, 기말고사가 학생들의 성적 차이를 만드는 유일한 요인이 됐기 때문이다. 골프도 마찬가지이다. 롱게임 샷과 숏게임 샷의 개수는 두 시험의 가중치와 같다. 골프에서 가장 중요한 것은 가장 많이 친 샷의 종류가 아니라 차이를 만드는 샷인 것이다. 모든 선수가 퍼팅 시험에서 만점을 받는다면, 대회의 우승자를 가리는 요인은 필드샷 뿐이다. 샷의 중요성을 결정하는 것은 선수들 사이에서 나타나는 샷 수준의 차이, 즉 가변성이다.

많은 프로들이 롱게임의 중요성을 인식하고 있다. 로리 매킬로이는 "대회 우승을 위해서는 숏게임을 잘해야 한다고 말하는 사람들이 많지만 그렇지 않아요. 절대로 그렇지 않습니다"라고 말했다. 잭 니클라

표 6-6 일반적인 보기 플레이어와 일반적인 PGA 투어 프로의 비교. 그린 적중률은 그린과 프린지를 포함함.

		보기 플레이어	프로
평균 타수	파3 홀	3.9	3.1
	파4 홀	5.2	4.1
	파5 홀	6	4.7
드라이브샷	드라이브샷 75% 거리	225야드	295야드
	드라이브샷 정확도	6.5도	3.4도
어프로치샷	100-150야드 남은 거리 중간값	12%	5.50%
	150-200야드 남은 거리 중간값	14%	5.90%
	100-150야드 그린 적중률	46%	80%
	150-2000야드 그린 적중률	26%	67%
숏게임	0-20야드 남은 거리 중간값	21%	14%
	20-60야드 남은 거리 중간값	17%	11%
	60-100야드 남은 거리 중간값	13%	6%
	0-50야드 벙커샷 남은 거리 중간값	39%	16%
	0-20야드 그린 적중률	93%	97%
	20-60야드 그린 적중률	80%	91%
	60-100야드 그린 적중률	64%	86%
	0-50야드 벙커샷 그린 적중률	69%	92%

골프 성적

우스는 이에 동의하며 "로리의 의견에 동의합니다. 나는 숏게임 연습을 하지 않아요. 한 라운드에 그린 적중을 15번 하고, 파5 홀 중 두 개 정도를 투온(two on) 하고 3m 퍼팅을 모두 성공시킬 수 있다면, 칩샷을 어떻게 하든 무슨 문제가 있겠어요?"라고 말했다.

아마추어는 프로와 비교해서 어떨까?

통계 기록상으로 일반적인 보기 플레이어를 일반적인 PGA 투어 프로와 비교해보면 어떤 모습이 나타날까? 표 6-6에 중요한 차이가 정리되어 있다. 프로와 아마추어의 스코어 차이는 파4 홀과 파3 홀보다 파5 홀에서 더 크게 나타난다. 사람마다 개인적인 차이가 있지만, 프로가 아마추어보다 드라이브샷을 70야드 정도 더 길게 치고, 두 배 정도 더 똑바로 친다. 프로는 아마추어보다 모든 거리에서 어프로치샷을 홀에 더 가까이 붙인다.

골프메트릭스의 아마추어 데이터를 통해 무엇이 보기 플레이어와 싱글 골퍼의 차이를 만들고, 무엇이 100돌이와 보기 플레이어를 구분하도록 만드는지 알아볼 수 있다. 프로와 마찬가지로 아마추어도 사

표 6-7 ● 아마추어의 성적: 서로 다른 실력의 일반적인 아마추어가 이득을 보는 분야. 일반적인 아마추어가 10타를 줄이려면 평균적으로 드라이브샷에서 2.8타, 어프로치샷에서 3.9타, 숏게임에서 1.9타, 퍼팅에서 1.3타의 향상이 필요하다. 일반적인 100돌이와 보기 플레이어의 스코어 차이는 드라이브샷과 어프로치샷을 합친 롱게임에서 67%가 발생한다. 나머지 33%는 숏게임과 퍼팅에서 나온다. 본 결과는 브로디와 고(2013)의 시뮬레이션 분석을 기반으로 작성된 것이다.

현재 평균 타수	목표 평균 타수	드라이브샷	어프로치샷	숏게임	퍼팅
90	80	2.5	4.0	2.1	1.4
100	90	2.6	4.0	2.0	1.4
110	100	3.4	3.7	1.7	1.2
	평균	2.8	3.9	1.9	1.3
	전체 대비 비율	28%	39%	19%	14%

람마다 개인적인 차이가 나지만, 표 6-7에 일반적인 아마추어의 결과를 정리했다. 보기 플레이어와 싱글 골퍼의 10타 차이는 이렇게 발생한다. 싱글 골퍼는 보기 플레이어보다 드라이브샷을 더 길고 똑바로 치며 10타의 차이 중 2.5타가 여기에서 발생한다. 싱글 골퍼는 어프로치샷에서 보기 플레이어보다 뒤땅이나 탑핑을 덜 하면서 홀에 더 가까이 붙인다.[14] 10타 차이 중 놀랍게도 4.0타가 여기에서 나온다. 숏게임에서는 2.1타, 퍼팅에서는 1.4타가 발생한다.[15]

이 장에서 설명한 이득 타수 기법으로 분석을 하든, 4장에서 설명한 시뮬레이션 기법으로 분석을 하든 결과는 똑같다. 아마추어 스코어 차이의 2/3는 롱게임에서 발생한다. 나머지 1/3은 숏게임과 퍼팅에서 나온다. 사람들은 숏게임과 퍼팅 연습을 통해 스코어의 빠른 향상을 이뤄낼 수 있겠지만, 소위 '볼 스트라이킹'이라고 하는 풀스윙 레슨이나 어프로치샷 연습을 그렇게까지 열심히 하지 않는 것이 사실이다.

> 아마추어 스코어 차이의 2/3는 롱게임에서 발생한다. 나머지 1/3은 숏게임과 퍼팅에서 발생한다.

사람들이 주로 생각하는 것과는 반대로, 초보 아마추어와 잘 치는 아마추어의 스코어 차이, 아마추어와 프로의 스코어 차이, 일반적인 프로와 최고 수준 프로의 스코어 차이 2/3는 롱게임에서 발생한다는 것이 확인되었다. 이를 학문적으로 '강건한(robust)' 결과라고 부른다. 이는 서로 다른 많은 종류의 사람들에게 모두 적용할 수 있다. 골프의 절대적 진리에 가깝다는 것이다.

이 결과를 이단이나 신성모독처럼 생각하는 사람들이 있을 수도 있 겠다. 하지만 수백만 개의 골프 샷을 분석한 결과는 전통적인 생각과 반대로 나타났다. 칩샷과 퍼팅의 중요성을 부정하는 것은 아니지만, 좋은 스코어는 좋은 롱게임에서 나오는 것이다. 이를 가장 잘 설명해 주는 다음과 같은 어록이 있다. "퍼팅을 잘 못하면 스코어를 줄이기 어렵지만, 드라이브샷을 잘 못하면 경기 자체를 하기가 어렵다."

> "퍼팅을 잘 못하면 스코어를 줄이기 어렵지만, 드라이브샷을 잘 못하면 경기 자체를 하기가 어렵다."

이득 타수를 이용하여 당신의 장점과 단점 진단하기

스코어를 줄이기 위해서는 장점을 유지하고 단점을 개선해야 한다 는 것은 두말하면 잔소리다. 골프 기자인 존 폴 뉴포트는 "우리는 자 기 자신의 골프 실력을 평가하는 데 서투르다"고 쓴 바 있다. 이득 타 수는 장점과 단점을 정확히 진단하는 데 큰 도움을 줄 수 있다. 몇 가 지 사례를 소개하고자 한다.

2010년 루크 도널드는 총 이득 타수 5위였지만, 드라이브샷 이득 타수는 175위였다. 2011년에는 PGA 투어와 유러피언 투어의 상금 랭킹 1위였고, 연말에는 세계 랭킹 1위까지 올랐다. 어떤 골프 기자는 루크 도널드가 퍼팅 덕분에 세계 1위가 됐다고 썼다. 진짜 그럴까? 그 는 2009년, 2010년, 2011년 모두 퍼팅 이득 타수 1위였다. 퍼팅이 도널드의 성공에 큰 영향을 준 것은 사실이지만, 세계 1위로 '올라선' 이유가 되지는 않는다. 2010년과 2011년을 비교해보면, 총 이득 타수가 0.75타 늘었는데, 이 중 대부분인 0.5타가 드라이브샷 이득 타수에서 발생했다. PGA 투어의 마지막 대회에서 우승한 후 도널드는 언론에 "올해 롱게임이 확실하게 발전했습니다"라고 말했다. 정확한 설명이었다(루크 도널드의 이득 타수 세부 정보는 부록의 표 A-12 참조).

2011년 보 반 펠트는 총 이득 타수 22위였지만, 퍼팅 이득 타수는 136위였다. 2012년에는 총 이득 타수 9위에 올랐고, 10개 대회에서 톱10에 들며 로리 매킬로이와 함께 이 부문 공동 1위를 차지했다. 2011년과 2012년을 비교해보면 총 이득 타수가 0.6타 늘었는데 퍼팅 이득 타수는 0.7타 높아졌다. 퍼팅의 어떤 부분이 좋아졌는지 보에게 물어보았다. 그는 "퍼터를 피팅하러 갔는데 그동안 사용해왔던 블레이드 퍼터보다 말렛 퍼터*가 훨씬 더 편했다"고 말했다. 그는 또 "퍼터를 바꿨더니 목표선 조준과 퍼팅의 궤도가 개선되었고, 퍼터 면이 돌아가는 로테이션을 줄일 수 있다"고 덧붙였다. 그리고 "퍼팅이 잘 안 된다고 대회 중이나 대회가 끝나고 퍼터를 바꾸는 대신 하나의 퍼터를 계속 사용했다"고 회고했다.

때로는 이득 타수를 통해 본인이 스스로 과소평가하는 장점을 빛나게 할 수 있다. 2012년 저스틴 로즈(Justin Rose)는 총 이득 타수 4위를 기록했다. 2013년 1월, 숀 폴리는 저스틴 로즈에게 "지난해 당신의 숏게임을 평가해보라"고 했다. 폴리는 저스틴 로즈, 타이거 우즈, 헌터

---

* 블레이드 퍼터(blade-style putter)는 퍼터 헤드가 일자형으로 생긴 퍼터이며, 말렛 퍼터(mallet-headed putter)는 퍼터면 뒤쪽이 사각이나 반원형 등의 모양으로 튀어나와 있는 퍼터를 말한다.

메이헌의 코치였다. 로즈는 "더 연습해야 한다"고 했다. 그러자 폴리는 내가 만든 이득 타수 리포트를 보면서 "2012년 숏게임 1위가 당신이야. 고등학교 축제 여왕이 '난 조금 뚱뚱한 것 같아'라고 얘기하는 것 같잖아"라고 말했다.

당신이 일반적인 보기 플레이어라면 위의 내용에서 어떤 교훈을 얻을 수 있는가? 10타를 줄이기 위해서는 드라이브샷이나 어프로치샷이나 숏게임이나 퍼팅 어느 한 가지만 향상시켜서는 불가능하다. 당신이 롱게임은 스크래치 골퍼 수준이지만 퍼팅이 형편없는 아주 예외적인 보기 플레이어라면, 롱게임보다 퍼팅의 개선을 통해 분명히 스코어가 향상될 수 있겠지만 말이다. 이득 타수 분석을 통해 각자의 장점과 단점을 명확하게 파악하고 어느 분야의 연습을 가장 많이 해야 하는지 알 수 있다. 그에 더해, 자기의 드라이브샷 거리와 정확도를 측정하여 아마추어 기준점과 비교해볼 수도 있다. 여러 가지 거리에서의 남은 거리 중간값이나 그린 적중률을 측정하여 이 장에 나와 있는 아마추어 기준점과 비교해볼 수도 있다(당신의 볼 스트라이킹, 숏게임, 퍼팅을 분석하고 개선할 수 있는 이득 타수 게임을 9장에서 소개할 예정이다).

이 장의 교훈은 다음과 같다. 골프에서 가장 중요한 부분은 퍼터, 드라이버, 웨지로 치는 샷이 아니다. 각자의 장점과 단점이 다르겠지만, 수백만 개의 샷을 분석한 결과, 평균적으로 어프로치샷이 스코어에 가장 큰 영향을 준다. 이 의견을 들으면 벤 호건이 무덤에서 뛰어나올지도 모르겠다.

- 정확도 각도는 샷의 거리와 별개의 기록이며, 단타자와 장타자의 정확도를 비교하기 쉽게 해 준다.
- PGA 투어 프로의 평균 정확도는 목표선 기준 3.4도이며, 일반적인 보기 플레이어의 정확도 는 약 6.5도이다.
- 드라이브샷 정확도가 1도 개선되면 300야드 드라이브샷의 경우 목표선으로 5야드 가까워진 다. 드라이브샷 정확도가 1도 개선되면 프로에게는 라운드당 0.75타, 일반적인 보기 플레이 어에게는 0.9타의 가치가 있다.
- 드라이브샷 거리가 20야드 늘어나면 프로에게는 라운드당 0.75타, 일반적인 보기 플레이어 에게는 1.6타의 가치가 있다.
- 드라이브샷 거리가 드라이브샷 정확도보다 중요하다.
- 아마추어와 프로를 통틀어 장타자가 더 똑바로 치는 경향을 보인다.
- PGA 투어 프로는 100에서 150야드 사이의 샷 반을 최초 남은 거리의 5.5% 내에 떨어뜨리 고, 일반적인 보기 플레이어는 샷의 반을 12% 내에 떨어뜨린다. 달리 표현하면, PGA 투어 프 로는 125야드에서의 샷 반을 홀에서 6.3m 이내에 붙이고, 일반적인 보기 플레이어는 홀로부 터 13.5m 남긴다.
- PGA 투어 상위 40명은 다른 선수와의 스코어 차이를 어프로치샷에서 40%, 드라이브샷에서 28%, 숏게임에서 17%, 퍼팅에서 15% 만들어낸다.
- 드라이브샷과 어프로치샷을 합친 롱게임은 홀에서 100야드보다 더 떨어진 곳에서 치는 모든 샷을 의미한다. 최고의 PGA 투어 프로와 평균적인 프로 스코어 차이의 2/3가 이 롱게임에서 만들어진다. 숏게임과 퍼팅을 합치면 나머지 1/3이 된다. 롱게임의 상대적인 중요성은 일반 적인 아마추어에게도 똑같다.

골프 성적

EVERY SHOT COUNTS

PART II

골프 전략

EVERY SHOT COUNTS

퍼팅 전략:

데이터와 물리학을 활용하여
당신의 퍼팅 개선시키기

100돌이와 보기 플레이어의 스코어 차이에서 퍼팅이 차지하는 부분은 1, 2타에 불과하지만, 그럼에도 불구하고 당신의 스코어 카드에서 스코어를 가장 쉽게 낮출 수 있는 방법 역시 퍼팅일 것이다. 그린의 경사나 퍼팅의 각도 같은 요인이 거리 조절과 휘는 정도에 어떻게 영향을 주는지를 설명하는 데에는 물리학의 도움을 받을 수 있다. 퍼팅 분포 패턴을 조사해보면 세계에서 가장 퍼팅을 잘하는 선수의 전략을 배울 수 있다. 그리고 가장 좋은 퍼팅은 어떻게 하면 한 번에 성공시킬 수 있는지를 생각하는 것뿐만 아니라 성공시키지 못했을 때 어떻게 빗나가는지도 고려해야 한다는 것을 동적 프로그래밍을 통해 확인할 수 있다.

퍼팅을 성공시키기 위해서는 다음의 세 가지가 필요하다.

첫째는 그린의 윤곽, 경사와 빠르기를 판단하는 '그린 읽기(green reading)'이다.

둘째는 그린 빠르기에 맞게 퍼팅을 하는 '거리 조절(distance control)'
이다.

셋째는 퍼팅의 빠르기에 맞는 길로 퍼팅을 하는 '방향 정확성
(directional accuracy)'이다.

이 세 가지는 서로 연관되어 있다. 그린의 빠르기와 경사는 볼이 얼
마나 굴러가서 어디에 멈출 것인지에 영향을 준다. 퍼팅을 성공시킬
여러 가지 방법 중 좋은 전략을 선택하는 것이 성공 확률을 높여줄 것
이다.

어떤 사람은 자기가 얼마나 세게 퍼팅을 할지 캐디가 모르기 때문
에 그린 읽는 것을 캐디에게 도와달라고 하지 않는다고 한다. 그린 읽
기, 빠르기, 그리고 볼이 굴러갈 길은 불가분의 관계이다. 퍼팅을 할
때, 조금 약하게 치면 많이 휘어져서 들어갈 것도 같고, 조금 세게 치
면 덜 휘면서 들어갈 것도 같은 상황을 경험해본 적이 있을 것이다.
'똑 떨어지게 들어가는 전략'*과 '빡 들어가게 치는 전략'** 중 어느 쪽
이 더 좋은가? 다르게 말하자면, 굴러가는 마지막 바퀴에 홀에 떨어지
도록 퍼팅을 하는 것이 좋은가, 아니면 충분한 힘으로 홀의 뒷벽을 맞
으며 떨어지도록 퍼팅을 하는 것이 좋은가? 퍼팅을 조금 더 세게 하면
그만큼 덜 휘면서 성공 확률을 높여줄 것이다. 하지만 세게 쳤기 때문
에 실패할 경우 더 멀리 지나가게 되어서 그다음 퍼팅마저 실패할 확

* 저자는 "die-it-in-the-hole strategy"라고 표현했음.
** 저자는 "jam-it-in-the-hole strategy"라고 표현했음.

률이 올라갈 것이다.

마치 조각 퍼즐 게임처럼, 좋은 퍼팅을 위해서는 그린 읽기, 거리, 그리고 방향이 함께 잘 맞아떨어져야 한다. 이 장에서는 조각을 하나씩 살펴본 후 함께 모아서 퍼팅 전략에 대한 교훈을 알아보기로 하자.

그린 경사 : 퍼팅의 중요한 요소

손목 끝에 무게추가 달려 있는 것처럼 퍼팅을 하는 손먼저(Leadhands) 씨는 내리막 퍼팅은 세게 치고, 오르막 퍼팅은 약하게 치는 일이 많다. 6m 퍼팅을 앞두고 살짝 내리막 경사라는 것을 알아차리지 못한 채, '지난 홀에서 비슷한 거리의 퍼팅이 짧았으니 이번에는 조금 세게 쳐야겠군'이라고 생각했다. 그의 퍼팅은 1.8m 지나쳤다. "이런, 때려버렸네"라고 중얼거리며 다음 퍼팅을 쳤지만 짧았고, 그렇게 또 한 번 쓰리 퍼팅을 하고 말았다.

아마추어는 그린에서 동반자나 캐디에게 주로 "얼마나 휠 것 같아요?"라고 물어본다. "이 퍼팅의 오르막 경사는 얼마나 되나요?"라고 묻는 사람은 거의 없다. 하지만 거리에 상관없이 모든 퍼팅에서 가장 중요하게 판단해야 할 것은 그린의 경사이다. 왜냐하면, 얼마나 세게 또는 약하게 칠 것인지, 얼마나 휠 것인지를 모두 결정하는 것이 그린의 경사이기 때문이다. 그린 읽기를 잘하면 퍼팅에서의 거리 조절 실패를 줄일 수 있을 것이다.

경사 1도는 18m 거리 기준으로 30cm의 증가 효과가 있다.[16] 경사

2도는 18m 거리 기준으로 60cm의 증가 효과가 있다. 그린의 단과 단 사이의 경사면은 경사가 심할 수 있겠지만, 거기에 홀이 있으면 문제가 되기 때문에 홀을 그런 곳에 만들지는 않는다. PGA 투어 대회의 홀 근처 평균 경사는 1.1도이다. 0.5도 이하의 경사를 가진 홀도 거의 없는데, 이는 배수 때문이다. 경사가 2.0도 또는 그 이상인 그린은 약 5% 정도이다.

브레이크마스터라는 그린 경사 측정 도구 제품

손먼저 씨에게는 불행하게도, 그 그린의 경사는 2도였다. 경사가 있다는 것을 알았더라도 그 정도는 과소평가했을 것이다. 아마추어는 심한 경사를 보면 과대평가하는 경우보다 과소평가하는 경우가 많다. 이런 행동 오류를 1968년 워드 에드워즈(Ward Edwards)가 발견하고는 '보수주의(conservatism)'라고 이름 지었다. 에드워즈의 이 말은 골프는 물론, 정치와도 아무런 관련이 없었다. 그의 보수주의는 큰 가치를 과소평가하고 작은 가치를 과대평가하는 경향을 의미한다. 손먼저 씨가 퍼팅을 했을 때 내리막 경사라는 것은 알았지만, 다른 모든 사람처럼 자연스럽게 과소평가의 경향을 보이면서 경사의 정도를 알아차리지 못한 것이다.

그린 빠르기 : 퍼팅 퍼즐의 또 하나의 조각

그린 빠르기는 평평한 그린에서 볼이 굴러가기 시작할 때의 속도가 시속 약 4마일일 때의 굴러간 거리를 피트로 표시한 것이다. 짧게 깎고, 단단하고, 마른 그린에서는 마찰이 적어서 볼이 더 멀리 굴러갈 것이며, 이런 그린을 빠른 그린이라고 한다. 잔디가 길거나 살짝 튀어나온 부분이 있거나 젖어 있어서 마찰이나 저항이 있는 그린에서는 볼이 덜 갈 것이며, 이런 그린을 느린 그린이라고 한다.

1935년 오크몬트(Oakmont)에서의 US오픈에서 진 사라젠이 빠른 그린에서 퍼팅을 하는 모습을 보고, 에드워드 스팀프슨 시니어(Edward Stimpson Sr.)가 그린 빠르기 측정 도구를 나무로 만들었다. 볼이 이 도구에서 굴러 내려와 그린에서 굴러간 거리를 피트로 표시하는 것을 현재에는 그린의 스팀프 수치(Stimp reading)라고 한다. 1976년 미국골프협회(USGA)의 기술 이사인 프랭크 토마스(Frank Thomas)가 이 도구를 알루미늄으로 새롭게 디자인해서 만들었고, 애틀란타 어슬레틱 클럽(Atlanta Athletic Club)에서의 US오픈에서 사용했다. USGA는 1978년부터 이 스팀프미터(Stimpmeter)를 골프장의 코스 관리 담당자들이 사용하도록 했다.

그린 빠르기는 최근 몇십 년 사이에 엄청나게 빨라졌다. 요즘 많은 시립 골프장의 그린 빠르기는 7이다(즉, 평평한 그린에서 볼이 굴러가기 시작할 때의 속도가 시속 약 4마일일 때 7피트[2.1m] 굴러간다는 의미). 예전에는 아주 일반적이었던 이 그린 빠르기가 요즘 대회 기준으로는 아주 심하게 느린 것이다. 날씨와 골프장 관리 상태, 그리고 잔디의 종류에 따라 여러 가지 변수가 있겠지만, 요즘 많은 대중제 골프장과 회원제 골프장의 스팀프 수치는 9이다. PGA 투어 대회가 열리는 골프장은 더 빠르다. PGA 투어 대회의 그린 평균 스팀프 수치는 11이다. 스팀프 수치가 13이나

14인 메이저대회도 있다.

빠른 그린에서 경사까지 심하면 퍼팅이 매우 어려워진다. 오르막 퍼팅으로 홀에 살짝 못 미쳤다가 다시 발 앞으로 굴러 내려오는 일도 있다. 1998년 올림픽 클럽(Olympic Club)에서의 US오픈은 USGA에게 쓴 경험이 됐다. 페인 스튜어트(Payne Stewart)는 선두로 2라운드 18번 홀에서 2.4m 버디 퍼팅을 앞두고 있었다. 퍼팅이 살짝 빗나갔지만, 정상적인 그린 상태였다면 홀에서 30~60cm 정도 떨어졌을 것이다. 하지만 볼이 천천히 홀에서 멀어지더니 고통스러운 33초 후 7.5m 떨어진 곳에 멈췄다. 햇빛과 바람 때문에 그린 빠르기가 너무 심해져서 퍼팅한 볼이 멈추지 않을 정도가 된 것이다. 스튜어트는 이 홀에서 보기를 기록했고, 결국 1타 차로 대회 우승을 놓쳤다.

거리 조절 : 얼마나 세게 쳐야 하나?

스팀프미터 11에 경사 2도인 그린에서 6m 내리막 퍼팅을 할 때 얼마나 세게 쳐야 할까? 똑같은 스팀프 수치의 평평한 그린(경사가 0도)이라면 얼마나 굴러갈 것인지를 생각해보는 것이 도움이 될 것이다. 나는 이를 '평평한 그린 거리(level green distance)'라고 부르기로 했다. 스팀프미터 11에 경사 2도인 그린에서 6m 내리막 퍼팅이 홀에 똑 떨어졌다고 가정해보자. 스팀프 수치가 11인 완전히 평평한 그린이었다면 얼마나 굴러갔을까? 분명히 6m보다 적게 갔겠지만 얼마나 적게 갔을까? 약간의 물리학을 통해 얻은 결과는 3m이다. 이 정도의 그린 빠르기와 경사에서의 6m 내리막 퍼팅은 평평한 그린에서의 3m 퍼팅 정도의 세기로 쳐야 한다는 것이다. 홀까지의 거리만 생각해서는 안 되고, 그린의 경사까지 고려해서 얼마나 세게 칠 것인지 판단해야 한다.

손먼저 씨는 1.8m짜리 두 번째 퍼팅을 앞두고 조금 전에 쳤던 퍼팅이 너무 셌다고 생각했을 것이다. 그렇게 생각하는 대신 '우와, 내 생각보다 내리막 경사가 심했네. 그러면 이번 오르막 퍼팅은 평소보다 더 세게 쳐야겠군'이라고 생각했어야 했다. 1.8m 오르막 퍼팅은 얼마나 세게 쳤어야 했을까? 평평한 그린이었다면 2.7m 굴러갈 정도로 쳤어야 한다. 그렇다. 1.8m 오르막 퍼팅을 6m 내리막 퍼팅을 칠 때만큼 세게 쳐야 하는 것이다(경사 2.0도, 스팀프 수치 11인 그린에서).

아마추어는 긴 거리의 퍼팅이 왼쪽이나 오른쪽으로 1.5m 빗나가는 것보다 1.5m 짧은 경우가 훨씬 많다. 그린을 읽을 때, 퍼팅을 성공시키거나 최대한 가까이 붙이기 위해서는 그린 경사에 신경을 많이 쓰는 것이 중요하다. "이 퍼팅이 왼쪽으로 휠까요, 오른쪽으로 휠까요?"라고 물을 때 "경사가 얼마나 되나요?"도 물어봐야 한다는 것이다.

> 내리막 퍼팅을 너무 세게 치고 오르막 퍼팅을 너무 약하게 치는 것은 아마추어의 흔한 실수이다. 이런 실수를 줄이기 위해서는 그린 경사에 신경을 쓰고, 경사가 퍼팅한 볼의 빠르기에 얼마나 영향을 줄 것인지를 이해해야 한다.

표 7-1에 그린 경사와 **빠르기** 별 평평한 그린 거리를 정리했다. 왜 **빠른** 그린에서의 퍼팅이 느린 그린에서의 퍼팅보다 어려운지 나와 있다. 스팀프 수치 7, 경사 2.0도인 그린에서의 6m 퍼팅은, 오르막일 경

표 7-1 평평한 그린 거리. 왼쪽은 그린 경사(각도로 표기)와 그린 빠르기(피트로 표기한 스팀프 미터) 별 6m 퍼팅의 평평한 그린 거리임. 모든 퍼팅은 오르막 직선 또는 내리막 직선이라고 가정함. 양수의 그린 경사는 오르막, 음수의 그린 경사는 내리막을 의미. 오른쪽은 해당 그린 경사와 그린 빠르기에서 6m를 굴리기 위한 퍼팅의 최초 속도 mph(mile per hour). 오르막 퍼팅을 내리막 퍼팅보다 세게 쳐야 한다는 게 속도로 나타남. 느린 그린에서의 퍼팅을 빠른 그린보다 세게 쳐야 함.

	경사	6m 퍼팅의 평평한 그린 거리(피트)				6m 퍼팅을 위한 속도(mph)			
		스팀프 수치				스팀프 수치			
		7	9	11	13	7	9	11	13
오르막	2	26	28	30	32	8.0	7.2	6.7	6.4
	1	23	24	25	26	7.5	6.7	6.2	5.8
평지	0	20	20	20	20	6.9	6.1	5.5	5.1
	-1	17	16	15	14	6.4	5.5	4.8	4.3
내리막	-2	14	12	10	8	5.8	4.7	3.9	3.3
오르막 내리막 비율		1.9	2.3	3.0	4.0				

우 평평한 그린 거리 7.8m, 내리막일 경우 평평한 그린 거리 4.2m 정도의 세기로 쳐야 한다. 달리 말하자면, 이런 상황에서의 퍼팅은 오르막과 내리막의 차이가 2대1 정도라는 것이다. 반면, 빠른 그린(스팀프 수치 13, 경사 2.0도)에서의 6m 퍼팅은, 오르막과 내리막의 차이가 4대1이다. 빠른 그린에서는 느린 그린보다 더 세심한 퍼팅이 필요한 이유가 바로 이 때문이다.

빠른 그린에서 더 부드럽게 퍼팅을 해야 하는 이유는 퍼팅을 더 신경 써서 해야 하기 때문이다(잔디를 짧게 깎고 더 눌린 그린은 우둘투둘하고 느린 그린보다 반반하기에 볼이 정직하게 굴러간다. 반반하고 빠른 그린에서는 행운의 퍼팅이 나올 가능성이 작다).

분포 패턴 : 홀과 목표지점

　궁극적인 목표가 볼을 홀에 넣는 것이긴 하지만, 퍼팅의 목표지점이 홀 자체가 아닌 경우는 많다. 홀이 덮여 있다면 30cm 정도 지나갈 정도의 퍼팅이라야 덮여 있지 않은 홀에 떨어질 것이다. 퍼팅의 목표지점이 홀을 지나친 지점이어야 퍼팅의 길을 따라 볼이 굴러갈 때 홀에 떨어질 것이다.

　목표지점을 홀 자체, 즉 홀에서 0cm 지나친 지점으로 설정하는 것을 '홀에 똑 떨어지는' 전략이라고 한다. 비슷한 표현으로 "가까이 잘 갖다 붙여봐"라고 조언하는 사람도 있다. 이 전략은 숏퍼팅의 경우에는 너무 보수적인 방법이다. 퍼팅의 50%가 짧아서 결과적으로 성공률을 낮추게 된다. 그래서 숏퍼팅 때에는 최선의 결과를 위해 홀을 지나친 지점으로 목표지점을 설정해야 한다. 하지만 얼마나 지나친 지점을 목표로 설정하는 것이 좋은 전략인가? 15cm? 90cm? 이 전략은 퍼팅 거리, 그린 빠르기, 퍼팅 각도와 어떤 관계가 있는가?

　분포 패턴(scatter pattern)은 퍼팅이 홀 주변의 어느 지점에 멈추었는지를 보여주는데, 이를 통해 주어진 시작점에서의 이상적인 목표지점을 알아낼 수 있다. PGA 프로의 실패한 퍼팅 분포 패턴을 통해 그들의 퍼팅 전략을 가늠해볼 수 있다. 분포 패턴의 중심점이 선수가 설정했던 목표지점이다. 목표지점이 홀에서 1.5m 지나친 지점이라면, 실패한 퍼팅들의 중심점이 홀에서 1.5m 지나친 지점일 것이다. 선수가 홀에 가까이 갖다 붙일 생각이었다면, 그 홀이 실패한 퍼팅들의 중심점일 것이다.[17]

골프 전략

숏퍼팅보다 롱퍼팅의 분포 패턴이 더 퍼져 있다. 프로보다 아마추어의 분포 패턴이 더 퍼져 있다.

그림 7-1은 프로가 9m 오르막 퍼팅을 실패한 분포 패턴의 사례이다. 분포 패턴의 중심점인 목표지점에 X 표시가 되어 있다. 목표지점이 홀에 거의 일치하는 것을 볼 수 있는데, 이는 대부분 PGA 투어 프로의 9m 오르막 퍼팅 전략이 홀에 가까이 갖다 붙이기라는 것을 보여준다. 정확히 50%의 퍼팅이 짧았는데, 목표지점이 홀이라는 사실과 일치한다. 목표지점이 홀에서 30cm나 그 이상 지나친 지점이었다면, 그다음 퍼팅이 지금보다 더 길어지겠지만, 평균적으로 더 많이 성공했을 것이다. 목표지점이 홀에서 30cm나 그 이상으로 짧은 지점이었

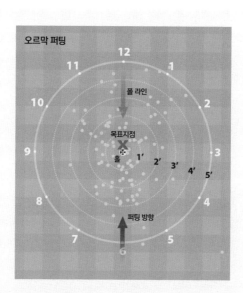

폴 라인(fall line)은 위에서 아래로 흐르는 경사 방향을 의미함. 경사 1에서 2도 사이, 평균 경사 1.4도인 그린에서 PGA 투어 프로의 9m 오르막 퍼팅이 실패한 100개의 사례 분포 패턴. 분포 패턴의 중심점인 목표지점에 X 표시가 되어 있는데, 홀과 거의 일치함. PGA 투어 프로의 9m 오르막 퍼팅의 '평균적인' 전략이 홀에 가까이 갖다 붙이기라는 사실을 보여줌.

다면, 성공 확률도 낮아지고 퍼팅 거리도 길어졌을 것이다.

숏퍼팅 때에는 쓰리 퍼팅에 대한 걱정이 없기에 성공시키는 것이 목표가 되어야 한다. 성공시키기 위해서는 볼이 홀까지 가야 한다. 그래서 목표지점이 홀을 충분히 지나친 지점이어야만 성공시킬 가능성이 있는 것이다. 홀을 지나친 지점에 목표지점을 설정했기 때문에, 프로의 퍼팅은 짧은 경우가 거의 없다. 1.2m 오르막 퍼팅과 1.2m 내리막 퍼팅의 두 가지 경우를 생각해보자. 각각 어느 정도 홀에서 지나친 지점에 목표지점을 설정해야 할까? 오르막 퍼팅과 내리막 퍼팅 중 어느 쪽의 목표지점을 홀에서 더 멀리 설정해야 할까?

그림 7-2에 경사가 1에서 2도 사이(즉, 평균보다는 경사가 심하지만 아주 경사가 심한 것은 아닌)인 그린에서 PGA 투어 프로가 1.2m 퍼팅을 실패한 분포 패턴이 나와 있다. 오르막 퍼팅보다 내리막 퍼팅의 분포 패턴이 더 퍼져 있는데, 이는 일부분 중력 때문이다. 오르막 퍼팅은 마지막에 속도가 느려지기 때문이다. 숏퍼팅 때에는 볼이 홀까지 가야 하기에 분포 패턴이 홀을 충분히 지나친 지점에 나타나야 하며, 내리막 퍼팅의 목표지점을 오르막 퍼팅의 목표지점보다 홀에서 더 멀게 설정해야 한다. 프로들이 그렇게 한다.

프로의 1.2m 퍼팅이 짧은 경우는 약 1%밖에 되지 않는다. 이렇게 되기 위해서는 내리막 퍼팅의 목표지점이 오르막 퍼팅의 목표지점보다 홀에서 멀어야 한다. 각 분포 패턴의 중심점을 살펴보면, 프로는 오르막 퍼팅의 경우에 홀에서 36cm 지나친 지점, 내리막 퍼팅의 경우에 홀에서 66cm 지나친 지점을 목표지점으로 설정했다는 것을 알 수 있다. 물론 목표지점이 홀에서 66cm 지나친 지점이면 어떤 경우에

골프 전략

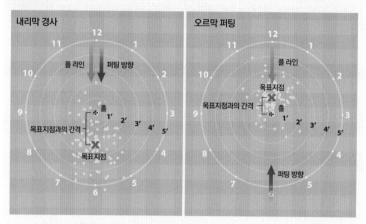

그림 7-2

내리막 경사

오르막 퍼팅

경사 1에서 2도 사이, 평균 경사 1.4도인 그린에서 PGA 투어 프로의 1.2m 퍼팅이 실패한 분포 패턴. 왼쪽은 내리막 퍼팅으로 목표지점이 홀에서 66cm 지나친 지점. 오른쪽은 오르막 퍼팅으로, 목표지점이 홀에서 36cm 지나친 지점. PGA 투어 프로는 1.2m 내리막 퍼팅의 87%를 성공시키며 1.0%가 짧음. 오르막 퍼팅은 89%를 성공시키며 1.2%가 짧음.

는 실패한 퍼팅이 홀에서 90cm, 1.2m, 또는 그 이상으로 지나칠 수도 있다.

- 내리막 퍼팅 : 목표지점이 홀에서 더 멀어야 한다.
- 오르막 퍼팅 : 목표지점이 홀에서 더 가까워야 한다.

이제 그린 경사가 목표 거리에 어떤 영향을 주는지 살펴보자. 1.2m 내리막 퍼팅 때, 상대적으로 평평한 그린(0.7도 경사), 적당한 경사의 그린(1.4도 경사), 심한 경사의 그린(2.3도 경사) 중 어디에서 목표지점을 홀에서 가장 먼 지점으로 설정해야 할까? 그린의 경사가 심할수록 거리 조절이 어려워지고 분포 패턴이 더 퍼지기 때문에, 퍼팅이 짧지 않으려면 목표지점을 홀에서 더 멀리 설정해야 한다. PGA 투어 프로의 1.2m 내리막 퍼팅 분포 패턴상으로는 상대적으로 평평한 그린에서는 홀에서 57cm 지나친 지점, 적당한 경사의 그린에서는 홀에서 66cm 떨어진 지점, 심한 경사의 그린에서는 홀에서 75cm 떨어진 지점을 각각 목표지점으로 설정하는 것으로 나타난다.

1.2m 오르막 퍼팅 때에는 반대 현상이 일어난다. 그린의 경사가 심할수록 볼이 더 빨리 느려지다가 멈추고 분포 패턴이 덜 퍼지기 때문에, 목표지점이 홀에서 더 가까워야 한다. PGA 투어 프로의 1.2m 오르막 퍼팅 분포 패턴상으로는 상대적으로 평평한 그린에서는 홀에서 42cm 지나친 지점, 적당한 경사의 그린에서는 홀에서 36cm 떨어진 지점, 심한 경사의 그린에서는 홀에서 30cm 떨어진 지점을 각각 목표지점으로 설정하는 것으로 나타난다.

> • 내리막 퍼팅 : 그린의 경사가 심할수록 목표지점을 홀에서 더 멀리 설정해야 한다.
> • 오르막 퍼팅 : 그린의 경사가 심할수록 목표지점을 홀에서 더 가까이 설정해야 한다.

우리의 목표는 더 적은 타수로 볼을 홀에 넣을 전략을 찾는 것이다. 롱퍼팅 때 프로는 목표지점을 홀 또는 홀에서 아주 가까운 지점으로 설정한다. 이렇게 해야 성공시킬 가능성도 있으면서 다음 퍼팅이 짧게 남기 때문이다. 숏퍼팅 때 프로는 목표지점을 홀에서 충분히 지나친 지점으로 설정해 볼이 홀까지 가서 성공할 가능성이 있도록 한다.

골프 전략

내리막 퍼팅 때 거리 조절이 더 어려우므로, 오르막 퍼팅보다 목표지점을 홀에서 더 멀게 설정해야 한다. 비슷한 이유로, 짧은 내리막 퍼팅 때에는 경사가 심하고 빠른 그린일수록 목표지점을 홀에서 더 멀게 설정해야 한다.

그림 7-3에 PGA 투어 대회가 열리는 골프장의 평균보다 살짝 경사가 심한 1.4도 경사의 그린에서 PGA 투어 프로의 퍼팅 거리와 각도별 목표지점 설정이 나와 있다. 이 그래프에 나와 있는 목표지점 그래프는 샷링크 데이터를 통해 얻은 거리와 상황별 분포 패턴의 중심점으로 추정한 것이다. 그림에서 볼 수 있듯이, 프로는 퍼팅 거리가 길어질수록 목표지점을 홀에서 가까이 설정한다. 오르막 퍼팅의 목표지점이 다른 퍼팅보다 홀에서 가깝다는 것도 확인할 수 있다. 내리막 퍼팅 때의 목표지점을 홀에서 멀리 지나친 지점으로 설정하며, 내리막 숏퍼팅 때가 가장 멀리 설정한다. 더 평평한 그린과 경사가 더 심한 그린

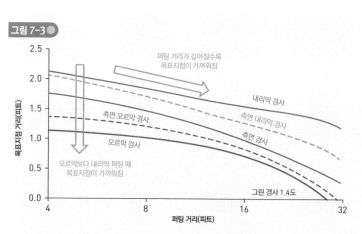

경사 1에서 2도 사이, 평균 경사 1.4도인 그린에서 PGA 투어 프로의 목표지점 거리. 오르막 퍼팅보다 내리막 퍼팅 때의 목표지점이 홀에서 멀다. 롱퍼팅보다 숏퍼팅 때의 목표지점이 홀에서 멀다.

에서의 목표지점에 대한 비슷한 그래프는 부록을 참조하기 바란다.

> 퍼팅 거리가 늘어날수록 목표지점이 홀에서 가까워진다.

　프로가 퍼팅 목표지점을 어떻게 설정하는지를 살펴보는 것으로도 우리는 교훈을 얻을 수 있다. 6m에서의 아마추어 분포 패턴은 9m에서의 프로 분포 패턴과 비슷하기에 목표지점을 비교할 만하다. 아마추어의 1.5m 퍼팅 실력은 프로의 2.4m 퍼팅 실력과 비슷하다. 아마추어는 적당한 거리 조정 후 프로의 목표지점을 참고할 수 있다.

　퍼팅 목표지점을 홀에서 30cm 지나친 지점으로 잡느냐, 아니면 60cm 지나친 지점으로 설정하느냐를 구분하는 게 쉽지는 않다. 그러나 그 차이는 상당하다. 프로는 그린 경사와 퍼팅 방향에 상관없이 1.2m 퍼팅의 1%만 짧다. 내리막 퍼팅의 목표지점을 60cm가 아니라 30cm 지나친 지점으로 설정한다면, 퍼팅이 짧을 가능성이 6%나 7%로 급격하게 올라갈 것이다.

　홀에서 얼마나 지나친 지점을 목표지점으로 설정하는 것이 최적의 전략인지에 대하여 골프계에서 많은 논쟁을 벌여 왔다. 동적 프로그래밍을 통해 프로의 데이터와 결과를 분석하고, 퍼팅 분포 패턴을 통해 확인된 사실은 "홀에서 고정된 거리만큼 지나친 지점을 목표지점으로 설정하는 것은 효과적이지 않다"는 것이다. 올바른 목표지점은 그린 경사, 그린 빠르기, 퍼팅 거리에 따라 달라져야 한다. 그래서 좋은 스코어를 내기 위해서는 그린 경사와 빠르기 같은 상황에 집중하고, 그 상황에 맞는 퍼팅 전략을 세워야 한다.

공격적인 태도의 올바른 정도

1.2m 퍼팅이 25cm 짧아서 실패하는 것과, 실패했는데 15cm 지나치는 것은 모두 투 퍼팅이라는 똑같은 결과인데, 왜 짧은 것이 더 나쁜 것인가? 퍼팅이 짧았다는 것은 퍼팅 전략이 좋지 않았기 때문이다. 즉, 분포 패턴이나 목표지점을 홀에서 충분히 지나칠 정도로 설정하지 않았다는 것이다. 이 때문에 결국 퍼팅의 성공이 줄어들 것이다. 포커 게임에서 돈을 걸다가 죽어버리는 것과 마찬가지이다.

퍼팅을 공격적으로 치는 것은 성공시킬 가능성을 높이는 장점과 실패했을 때 다음 퍼팅이 길어진다는 단점이 공존한다. 퍼팅을 아주 세게 치면 100% 홀까지 가겠지만, 이렇게 쳤다가는 쓰리 퍼팅을 많이 하게 될 것이기 때문에 좋은 생각은 아니다. 쓰리 퍼팅을 피하기 위해 1.5m 퍼팅을 가까이 붙이는 데만 노력하는 것도 말이 안 된다.

똑 떨어지게 칠 것인가, 빡 들어가게 칠 것인가? 둘 다 숏퍼팅에 좋은 방법은 아니다. 똑 떨어지게 치려는 것은 퍼팅이 짧을 위험이 있다. 빡 들어가게 치려는 것은 실패했을 때 너무 멀리 지나칠 가능성이 있다. 숏퍼팅 때에는 중간 정도의 전략이 필요한데, 그린 경사와 퍼팅 각도에 따라 홀로부터 30cm에서 75cm 정도 지나치게 치는 것이 좋다. 퍼팅 거리가 길어질수록, 그리고 오르막 퍼팅일 경우 똑 떨어지게 치는 전략이 효과적이다. 퍼팅의 목표는 퍼팅의 수를 최소화시키는 것이어야 하지, 짧게 치는 것을 최소화하거나 쓰리 퍼팅을 피하려는 것이 되어서는 안 된다.

> 숏퍼팅 : 목표지점은 똑 떨어지게 치는 전략과 빡 들어가게 치는 전략의 중간
> 정도인 홀에서 30~75cm 정도 지나치게 설정해야 한다.

데이터를 통해 숏퍼팅과 롱퍼팅 때 서로 다른 공격적인 태도의 적절한 수준을 살펴볼 수 있다. PGA 투어 프로가 3m 퍼팅이 짧은 비율은 얼마일까? 정답은 7%이다. 퍼팅을 가장 잘하는 선수들은 6%, 가장 못하는 선수들은 9% 정도가 짧다. 아마추어는 그보다 훨씬 나쁘다. 보기 플레이어는 3m 퍼팅의 16%가 짧다. 데이터로 분명하게 알 수 있다. 퍼팅을 더 잘하는 사람은 퍼팅이 짧은 경우가 더 적다.

"똑 떨어지게 칠 것인가, 빡 들어가게 칠 것인가"를 달리 표현하면 "3m 퍼팅을 얼마나 세게 치면 짧을 비율이 7%보다 적어질까"이다. 3m 퍼팅은 홀에 들어갈 정도로 충분히 세게 쳐야 하겠지만, 쓰리 퍼팅을 할 정도로 세게 쳐서는 안 될 것이다.

퍼팅 거리가 길어질수록 원 퍼팅을 할 가능성은 낮아지고, 쓰리 퍼팅의 가능성이 높아질 것이다. 이런 위험 부담에 대하여 적절히 균형을 잡으려면, 롱퍼팅 때에는 덜 공격적으로 임해야 하는데, 데이터에 바로 이 내용이 나타난다. PGA 투어 프로는 4.5m 퍼팅의 17%가 짧고, 6m 퍼팅은 26%, 15m 퍼팅은 50%가 짧다. 롱퍼팅 때에는 똑 떨어지게 치는 전략이 적절하다는 뜻이다.

> 퍼팅을 더 잘하는 사람은 퍼팅이 짧은 경우가 더 적다. 실제로 보기 플레이어
> 는 프로 중 퍼팅을 가장 잘하는 선수들보다 퍼팅이 짧을 비율이 2~4배 정도
> 높다.

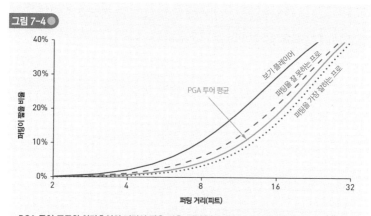

그림 7-4 ●

PGA 투어 프로와 아마추어의 퍼팅이 짧은 비율. 퍼팅을 잘 못하는 사람이 퍼팅을 잘하는 사람보다 퍼팅이 짧을 비율이 높음. 퍼팅이 짧을 비율은 퍼팅 거리가 길수록 모든 사람이 평균적으로 높음. '퍼팅을 가장 잘하는 프로들'은 라운드당 퍼팅 이득 타수(SGP)가 0.5 이상인 선수들임. 이는 연도별로 상위 약 20명 정도. '퍼팅을 잘 못하는 프로들'은 라운드당 SGP가 −0.5 이하인 선수들임.

표 7-2 ● PGA 투어 프로와 아마추어의 퍼팅이 짧은 비율. 아마추어는 프로 중 퍼팅을 가장 잘하는 선수들보다 퍼팅이 짧을 비율이 2~4배 정도 높음.

퍼팅 거리	퍼팅 잘하는 프로	PGA 투어 평균	퍼팅 못하는 프로	보기 플레이어
4	1%	1%	1%	2%
5	1%	2%	2%	4%
6	2%	2%	3%	6%
7	3%	3%	4%	8%
8	3%	4%	6%	11%
9	5%	6%	8%	13%
10	6%	7%	9%	16%
11	8%	9%	12%	19%
12	9%	11%	14%	21%
13	11%	13%	15%	23%
15	14%	17%	20%	28%
17	18%	20%	23%	31%
20	23%	26%	28%	36%

그림 7-4와 표 7-2에 나온 것처럼, 보기 플레이어는 프로 중 퍼팅을 가장 잘하는 선수들보다 4.5m 이하의 퍼팅이 짧은 비율이 2~4배 정

도 높다. 이를 개선하려면 목표지점을 홀에서 더 지나친 지점에 설정하고 거리 조절과 퍼팅 전략을 연습해야 한다.

프로처럼 퍼팅하기

간단히 기록하는 것만으로도 프로처럼 퍼팅하는 데 도움이 될 것이다. 퍼팅의 목표지점은 눈에 보이지 않는다. 보이지 않는 지점이기 때문에 홀에서 15cm 더 멀리 또는 더 가까이 조정하는 일이 어렵다. 대신, 퍼팅이 짧은 비율을 세는 것은 쉬운 일이고, 프로나 아마추어 모두에게 퍼팅을 진단하는 데 도움이 될 수 있다. 90cm에서 2.1m 사이의 퍼팅, 2.4m에서 3.3m 사이의 퍼팅, 3.6m에서 4.5m 사이의 퍼팅이 짧은 비율을 꾸준히 기록해보자. 이 결과를 표 7-2의 프로의 결과와 비교해보라. 이 정보를 이용하면 퍼팅을 더 잘할 수 있을 것이다.

프로와 아마추어는 롱퍼팅을 얼마나 가까이 붙일까?

퍼팅의 첫째 목표는 성공시키는 것이지만, 롱퍼팅이 들어가는 경우가 그리 많지 않기 때문에 두 번째로 중요한 목표는 최대한 홀에 가까이 붙이는 것이어야 한다. PGA 투어 프로는 12m 퍼팅을 얼마나 가까이 붙일까? 아마추어는 어떤가?

아마추어가 프로보다 훨씬 못하다고 생각할 것이 분명하다. 프로의 12m 퍼팅 중 반 정도가 홀에서 90cm 내로 붙는데, 이를 7.5%의 오차율이라고 하자. 보기 플레이어의 12m 퍼팅 중 반 정도는 홀에서 1.2m 내로 붙으니 오차율 10%이다. 아마추어도 거리 조절을 놀라울 정도로 잘하는 것이다. 아마추어가 잘 못한 퍼팅이나 프로가 잘 못한 퍼팅이나 다 잘 못한 퍼팅이라는 것은 마찬가지다. 프로의 12m 퍼팅 중 25% 정도가 홀에서 1.35m 이상으로 벗어난다. 아마추어의 12m 퍼팅 중 25% 정도가 홀에서 2.1m 이상으로 벗어난다. 물론 프로가 아마추어보다 더 빠르면서도 반반한 그린에서 퍼팅한다.

최초 지점에서 홀까지의 거리 대비 퍼팅 후 최종 지점에서 홀까지의 거리의 비율을 나타내는 거리 오차율은 롱퍼팅의 거리 오차를 측정하는 데 효과적인 지표이지만 숏퍼팅에서는 아니다. 60cm 퍼팅을 실패하면서 60cm를 지나쳤다면 거리 오차율은 100%가 되는데, 이는 아무런 의미가 없다. 숏퍼팅에 대해서는 퍼팅이 짧은 비율을 살펴보는 것이 더 낫다고 생각한다.

방향 정확성과 퍼팅 바퀴 : 퍼팅이 휘는 정도 이해하기

그림 7-5와 같이 우리의 친구 손먼저 씨가 1.5m 오르막, 왼쪽에서 오른쪽으로 휘는 퍼팅을 한다. 한 컵 정도 휜다고 생각하고 퍼팅을 했는데 높은 쪽으로 빗나가면서 다음 퍼팅으로 90cm를 남겼다. 첫 퍼팅과 달리 적절한 빠르기로 다음 퍼팅을 한다면, 손먼저 씨는 한 컵보다 더 봐야 할까, 덜 봐야 할까?

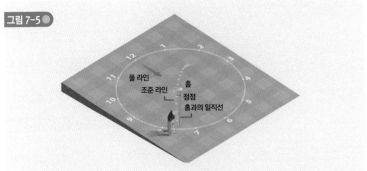

그림 7-5

1.5m 오르막 측면 경사 퍼팅이 높은 쪽으로 빗나가며 홀에서 90cm 지나가 멈춤. 한 컵 정도 휘어진 다고 생각했지만, 너무 세게 침.

손먼저 씨가 조금 약하게 쳤거나 휘는 정도를 조금 덜 봤다면 첫 퍼팅을 성공시켰을 것이다. 다음 퍼팅은 1.5m 첫 퍼팅보다 짧은 90cm 퍼팅이고, 숏퍼팅은 롱퍼팅보다 덜 휜다. 두 번째 퍼팅은 한 컵보다 덜 보는 것이 맞고, 많아도 오른쪽 반 컵만 보면 된다고 생각할지 모르겠다. 하지만 물리학적으로는 홀을 45cm 지나칠 정도의 빠르기로 거의 한 컵 반을 봐야 한다. 그렇다, 첫 퍼팅보다 덜 휜다고 생각하는 것이 아니라 더 휜다고 생각해야 한다는 것이다. 그림 7-6에 나온 것처럼,

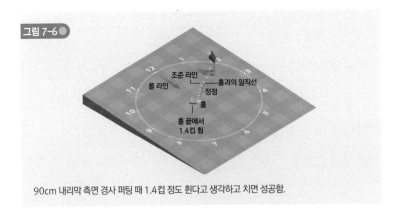

그림 7-6

90cm 내리막 측면 경사 퍼팅 때 1.4컵 정도 휜다고 생각하고 치면 성공함.

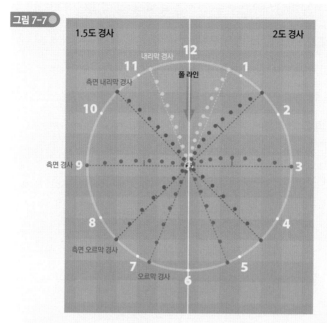

그림 7-7

1.5도 경사   2도 경사

12

내리막 경사

11   1

풀 라인

측면 내리막 경사

10   2

측면 경사 9   3

8   4

측면 오르막 경사

7   5

오르막 경사 6

퍼팅 바퀴: 1.5m 퍼팅의 궤도. 왼쪽 반은 1.5도 경사의 그린, 오른쪽 반은 2.0도 경사의 그린임. 내리막 퍼팅이 오르막 퍼팅보다 휘는 정도가 더 심함. 경사가 심한 그린에서 평평한 그린보다 휘는 정도가 더 심함. 그림에 표시되어 있지는 않지만, 이와 마찬가지로 느린 그린보다 빠른 그린에서 휘는 정도가 더 심함.

그 빠르기로 한 컵보다 적게 본다면 낮은 쪽으로 실패할 것이다. 너무 많이 휜다고 생각해서 높은 쪽으로 실패한 이후에, 다음 퍼팅은 더 휜다고 생각하라는 것은 직관적인 느낌과 반대되는데, 어떻게 된 것인가?

볼이 굴러갈 때의 물리적 특성으로 인해 내리막 퍼팅이 오르막 퍼팅보다 훨씬 더 휘기 때문이다.

내리막 퍼팅이 오르막 퍼팅보다 휘는 정도가 훨씬 더 심함.

그림 7-7의 퍼팅 바퀴(putting wheel)를 통해 몇 시 지점에서 퍼팅이 출발하면 어떻게 휘는지를 알 수 있다. 12시가 폴 라인(fall line)인 것으로 만들어졌다. 12시 1분부터 5시 59분까지의 지점에서는 모든 퍼팅이 오른쪽에서 왼쪽으로 휜다. 6시 1분부터 11시 59분까지의 지점에서는 모든 퍼팅이 왼쪽에서 오른쪽으로 휜다(복잡함을 줄이기 위해 그림에서는 생략함). 9시 지점에서 왼쪽에서 오른쪽으로 휘는 정도와 3시 지점에서 오른쪽에서 왼쪽으로 휘는 정도는 같다. 내리막 퍼팅이 오르막 퍼팅보다 휘는 정도가 심하다. 1시 지점에서의 퍼팅이 5시 지점에서의 퍼팅보다 더 많이 휘고, 2시 지점에서의 퍼팅이 4시 지점에서의 퍼팅보다 휘는 정도가 심하다. 그림 7-7의 왼쪽과 오른쪽을 비교해보면, 경사가 심한 그린에서 휘는 정도가 더 심하다는 것을 볼 수 있다. 그림에 표시되어 있지는 않지만, 이와 마찬가지로 느린 그린보다 빠른 그린에서 더 많이 휜다.

> 퍼팅은 평평한 그린보다 경사가 심한 그린에서 휘는 정도가 심하다. 퍼팅은 느린 그린보다 빠른 그린에서 더 많이 휜다.

퍼팅 바퀴를 통해 그린 읽기의 접근 방법을 파악할 수 있다. 첫 번째 단계는, 그린을 보고 시계의 12시에 해당하는 폴 라인을 찾는 것이다. 12시 지점에서 친 볼은 왼쪽이나 오른쪽으로 휘지 않고 홀을 향한다. 홀 주위를 원 모양으로 걸어보면서 가장 높은 지점을 12시, 가장 낮은 지점을 6시라고 생각하는 것이다. 폴 라인을 찾은 후에는 당신의 볼이 시계 어느 지점에 있는지 확인해보라. 5시 지점의 오르막 퍼팅이

4시 지점의 오르막 퍼팅보다 덜 휠 것이라는 걸 알게 될 것이다. 그리고 12시와 6시를 잇는 선을 통해 그린의 경사를 가늠해보라. 왜냐하면, 경사가 퍼팅의 휘는 정도에 영향을 줄 것이기 때문이다.

> 퍼팅 연습 방법 : 홀에서 1.5m 떨어지게 원 모양으로 볼들을 배치한다. 폴 라인을 찾아보라. 그리고 원 모양을 따라 퍼팅을 하면서 휘는 정도와 퍼팅의 궤도를 퍼팅 바퀴와 비교해보라.

휘는 퍼팅

손먼저 씨가 이제 휘는 퍼팅을 이해했는지 살펴보자. 그림 7-8에 1.5m 내리막 오른쪽에서 왼쪽으로 휘는 퍼팅이 나와 있다. 한 컵 반을 봤지만, 이 그린의 빠르기와 경사에는 부족했다. 낮은 쪽으로 빗나가면서 다음 퍼팅으로 90cm를 남겼다. 손먼저 씨는 다음 퍼팅 때 홀

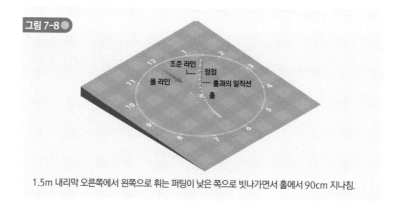

그림 7-8 ●

1.5m 내리막 오른쪽에서 왼쪽으로 휘는 퍼팅이 낮은 쪽으로 빗나가면서 홀에서 90cm 지나침.

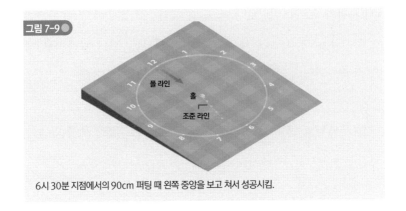

그림 7-9

폴 라인

홀

조준 라인

6시 30분 지점에서의 90cm 퍼팅 때 왼쪽 중앙을 보고 쳐서 성공시킴.

왼쪽 끝의 안쪽을 봐야 할까 아니면 바깥쪽을 봐야 할까?

예전 같았으면 손먼저 씨는 '휘는 정도를 부족하게 봐서 낮은 쪽으로 빗나갔으니, 다음 퍼팅에는 조금 더 봐야겠군'이라고 생각했을 것이다. 그 생각대로라면 쓰리 퍼팅을 하게 됐을 것이다. 이제 퍼팅 바퀴를 이해한 손먼저 씨는 '이 퍼팅은 오르막이고, 폴 라인에 가깝고, 지난 퍼팅보다 짧아. 모든 것을 종합해보면 이 퍼팅은 덜 휘겠군. 홀의 왼쪽 끝과 홀 중앙의 사이인 왼쪽 중앙을 보겠어'라고 판단할 것이다. 이 생각은 올바른 논리였고, 그림 7-9와 같이 두 번째 퍼팅을 성공시킬 수 있었다.

프로의 퍼팅이 심하게 빗나간 경우에는 그린을 제대로 읽지 못했기 때문인 경우가 많다. 2012년 라이더컵 홈페이지에 스티브 스트리커의 이런 실수가 문자 중계로 나와 있다. "스트리커가 이 홀을 이겨야 미국팀이 희망을 이어갑니다. 어프로치샷이 그린 중앙으로 갔지만 카이머(Kaymer)의 볼을 지나쳐 굴러갔습니다. 스트리커가 그림자를 따라 12m 퍼팅을 해야 합니다. 퍼팅 출발이 왼쪽인데… 그대로 왼쪽으로 갑니다. 2.4m나 빗나갔는데, 처음부터 잘못 본 것 같습니다. 카이머가 투 퍼팅만 해도 유럽팀이 라이더컵을 되찾아갈 수 있습니다. 카이머의 퍼팅도 너무 세서 1.8m 파 퍼팅을 남깁니다. 이제 스트리커가 파 퍼팅을 시도합니다. 반드시 성공시켜야 하는 퍼팅. 들어갑니다! 스트리커가 파를 기록합니다."

낮은 쪽으로 빗나가는 미스터리

홀의 '낮은' 쪽은 높낮이가 낮은 쪽, 즉 오른쪽에서 왼쪽으로 휘는 퍼팅에서는 왼쪽, 왼쪽에서 오른쪽으로 휘는 퍼팅에서는 오른쪽을 의미한다. 데이터상에서 놀라운 기록을 확인할 수 있는데, 아마추어는 숏 퍼팅의 70%를 낮은 쪽으로 실패한다는 것이다. 낮은 쪽으로 실패할 비율이 50%가 되는 것이 정상인데도 말이다. 남자가 소변을 볼 때 소변 줄기가 자꾸 오른쪽으로 향하면 바로잡으려 노력하지 않나? 공중 화장실에서는 어떨지 모르겠지만 모든 남자는 집에서만큼은 완벽한 기술을 구사할 것이다.

50%를 훨씬 넘는 비율로 낮은 쪽으로 실패를 한다는 것은 타수를 잃을 뿐만 아니라 장기적으로도 퍼팅 성공 확률을 떨어뜨리는 구조적인 문제가 있다는 것이다. 휘는 퍼팅은 '높은 쪽', 다른 표현으로 '프로 쪽'으로 실패하는 편이 낫다는 얘기도 있지만, 이는 사실이 아니다. 50%를 훨씬 넘는 비율로 높은 쪽으로 실패를 하는 것 역시 타수를 잃는 것은 마찬가지이지만, 이런 문제를 가지고 있는 사람은 별로 없다.

4.5m 이내 또는 6m 이내처럼 성공할 만한 거리에서 높은 쪽으로 빗나가는 비율과 낮은 쪽으로 빗나가는 비율을 기록해보는 것도 좋은 방법이다. 한쪽으로 빗나가는 비율이 50%를 훨씬 넘는다면 퍼팅을 개선할 필요가 있는 것이다. 왜 사람들이 낮은 쪽으로 많이 빗나가는지를 이해하기 위해서는 휘는 퍼팅의 물리학적 특성을 고려해야 한다.

휘는 퍼팅의 물리학 : 정점에 조준하고 낮은 쪽으로 실패하라

그림 7-10의 위쪽 그린에 휘는 퍼팅의 경로가 나와 있다. '폴 라인'은 똑바른 내리막 방향으로, 물이 중력 때문에 흐르게 되는 방향이다. 시간 표시는 12시에서 6시 방향이 내리막인 것으로 만들어졌다. 퍼팅의 출발점은 1시 30분 지점이고, 홀 방향으로 볼 뒤에서 봤을 때 볼은 중력 때문에 오른쪽에서 왼쪽으로 휠 것이다. 퍼팅을 성공시키기 위해서는 볼과 홀을 잇는 선보다 오른쪽으로 쳐야 할 것이다. '조준 라인(aim line)'은 퍼팅의 최초 방향을 나타낸다. 흰색 원으로 표시된 것처럼, 이 퍼팅을 '세 컵 휘는' 퍼팅이라고 한다. 퍼팅의 '정점(apex)'은 볼과 홀을 잇는 선과 퍼팅한 볼의 궤도 사이가 가장 먼 지점을 의미한다. 조준 라인이 퍼팅의 경로보다 오른쪽임을 볼 수 있다. 중력 때문에 퍼팅을 '하자마자' 휘기 시작하기 때문이다. 출발점을 제외하면 퍼팅의 경로는 언제나 조준 라인보다 아래쪽에 위치한다. 그림 7-10의 퍼팅은 그냥 손으로 그린 것이 아니다. 반반하고 경사가 있는 표면에서 퍼팅의 경로를 어떻게 결정하는지 물리학 공식을 이용한 것이다.

그림 7-10

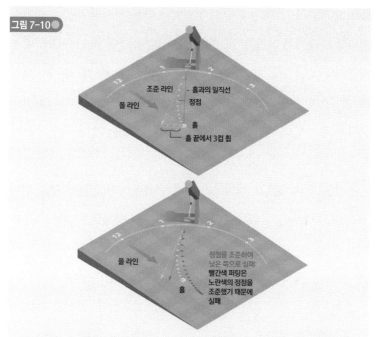

12
조준 라인 — 홀과의 일직선
정점
폴 라인
홀
홀 끝에서 3컵 휨

12
폴 라인
정점을 조준하여
낮은 쪽으로 실패:
빨간색 퍼팅은
노란색의 정점을
조준했기 때문에
실패
홀

휘는 퍼팅. 폴 라인은 똑바른 내리막 방향임. 1시 30분 지점에서 출발한 퍼팅이 오른쪽에서 왼쪽으로 휨. 위쪽 그린에 노란색으로 홀 끝에서 세 컵 휘는 퍼팅의 경로가 표시되어 있음. 출발점을 제외하고 퍼팅의 경로는 언제나 조준 라인의 아래쪽에 위치함. 아래쪽 그린에는 노란색 퍼팅의 정점에 조준했을 때 낮은 쪽으로 실패하는 경로를 빨간색으로 표시함.

　"퍼팅의 경로를 상상해보고 그 정점에 조준하라"는 얘기를 들어본 적이 있는가? 정점에 조준하면 그림 7-10의 아래쪽 그린에 나온 것처럼 홀의 낮은 쪽으로 실패할 것이다. 휘는 퍼팅을 성공시키려면 정점보다 더 높이 조준해야 한다.

> 휘는 퍼팅을 성공시키려면 정점보다 더 높이 조준해야 한다.

　퍼팅의 경로는 퍼팅을 한 다음에 눈에 보이지만, 조준 라인은 눈에 보이지 않는다. 그래서 본인의 퍼팅이나 다른 사람의 퍼팅을 통해서 뭔가를 깨닫기가 어렵다. 하지만 연습 그린에서 볼 몇 cm 앞에 티 두 개로 '문(gate)'을 만들고 그 사이로 퍼팅을 하거나, 유명한 코치인 데이브 펠츠가 만든 연습 도구인 퍼팅 튜터(Putting Tutor)를 이용하여 뭔가를 깨달을 수는 있다. 두 가지 모두 퍼팅의 진짜 조준 라인을 확인하는 데 도움을 준다.

퍼팅을 낮은 쪽으로 실패하는 것은 아마추어의 퍼팅이 짧은 것과 같은 이유 때문일 수 있다. 그린의 경사를 과소평가했기 때문이다. 완벽하게 퍼팅을 준비했고, 조준 라인을 따라 정확하게 쳤더라도, 경사가 생각한 것보다 심하면 그 퍼팅은 실패할 것이다.

많은 스포츠 종목에서 목표지점을 직접 조준한다. 하지만 휘는 퍼팅에서는 조준 라인이 홀을 직접 겨냥하지 않고 빗겨 있다. 그린을 정확하게 읽고 조준 라인을 적절하게 설정했어도, 퍼팅 도중에 스윙을 바꿔서 조준 라인에서 떨어져 있는, 궁극의 목표인 홀을 향해 치고 싶은 마음에 영향을 받을 수 있다.

아마추어는 홀의 낮은 쪽으로 실패하는 퍼팅이 너무 많다는 사실을 데이터로 확인할 수 있다. 이런 현상을 보완하려면, 퍼팅의 정점보다 더 높이 조준하고, 그린 경사를 잘 읽고, 홀 방향으로 치고 싶은 자연스러운 심리를 조절하는 세 가지 방법이 필요하다. 문 사이로 퍼팅을 하거나 다른 도구를 이용하는 것도 실력 향상에 도움이 될 것이다. 퍼팅이 낮은 쪽으로 빗나가는 비율과 높은 쪽으로 빗나가는 비율을 꾸준히 기록하면, 다른 사람처럼 이런 문제가 있는지, 그리고 점점 좋아지고 있는지를 확인할 수 있을 것이다.

모든 1.5m 퍼팅이 똑같지는 않다. 수풀 속에서의 1.5m 퍼팅이 당연히 평평한 그린에서의 1.5m 퍼팅보다 어려울 것이다. 잘 알려지지 않은 사실 하나는, 첫 번째 1.5m 퍼팅보다 두 번째 1.5m 퍼팅이 훨씬 더 쉽다는 것이다. 왜냐고? 첫 퍼팅의 경로를 통해 그린의 폴 라인과 경사 정보를 확인한 상태에서 두 번째 퍼팅을 하기 때문이다. 본인의 첫 번째 퍼팅 또는 다른 사람의 퍼팅을 보고 그린에 대한 정보를 습득하는 것을 "학교 간다(going to school)"라고 표현한다.

학교 가는 것이 얼마나 중요할까? 프로는 첫 번째 1.5m 퍼팅보다 두 번째 1.5m 퍼팅을 5% 더 성공시킨다. 이는 큰 차이이며, 오르막과 내리막 경사에 상관없이 나타난다. 그림 7-11에 첫 번째 퍼팅과 두 번째 퍼팅 결과가 나와 있다. 프로가 두 번째 퍼팅을 할 때 더 침착하고

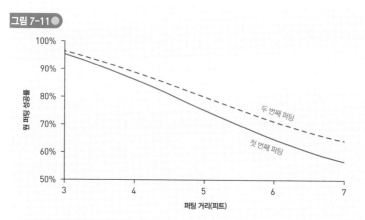

그림 7-11

프로는 첫 번째 퍼팅보다 두 번째 퍼팅을 더 많이 성공시키며, 이는 그린 읽기가 퍼팅 성적에 얼마나 중요한지를 보여줌.

확실한 퍼팅을 하는 것이라고 생각할 수 있겠지만, 그 설명은 그리 이치에 맞는 것 같지는 않다. 그보다 더 타당한 설명은, 본인의 첫 번째 퍼팅 또는 다른 사람의 퍼팅을 보고 그린에 대한 정보를 습득하는 것, 즉 학교 가는 것이 퍼팅 결과에 중요한 요인이라는 것이다.

> 퍼팅 성적을 향상시키기 위해서는 본인의 첫 번째 퍼팅 또는 다른 사람의 퍼팅을 보고 그린 경사와 빠르기를 알아차려야 한다.

퍼팅을 하자마자 잘 못 쳤다는 사실을 깨닫고 기가 막히고 화가 나서 돌아선 적이 있는가? 눈을 감고 보지 않으면 잘못 친 퍼팅 때문에 생길 후회와 마음의 상처가 지워질 것이라고 생각할지 모르겠다. 하지만 퍼팅의 경로를 보지 않으면, 폴 라인과 그린 경사에 대한 추가 정보 습득의 기회를 날려버리는 것이다. 다음 퍼팅을 스스로 더 어렵게 만드는 것이다. 학교 가는 것은 중요하다. 본인의 퍼팅과 다른 사람의 퍼팅을 관찰하면, 폴 라인과 그린의 경사, 그리고 퍼팅의 출발점이 몇 시 지점인지를 더 잘 알 수 있게 된다. 이 정보들로 더 많은 퍼팅을 성공시킬 수 있다.

필 미컬슨이 2004년 마스터스의 마지막 홀에서 첫 메이저대회 우승을 위해 6m 내리막 퍼팅을 앞두고 있을 때였다. 그는 "크리스 디마코(Chris DiMarco)의 벙커샷이 내 볼 8cm 뒤에 멈췄다는 것이 행운이었어요. 아주 빠른 퍼팅이었기 때문에 그의 퍼팅을 처음부터 끝까지, 휘는 것 하나하나까지 신경을 많이 쓰면서 봤죠"라고 나중에 설명했다. 미컬슨은 학교에 가서 디마코의 퍼팅을 열심히 관찰했고, 6m 퍼팅을 성공시키며 1타 차 우승을 차지했다.

어느 쪽이 쉬운가 : 오르막 퍼팅, 내리막 퍼팅?

TV 중계방송에서 "이 퍼팅은 바로 폴 라인에 있기 때문에 쉬운 퍼팅입니다. 볼을 치기만 하면 그대로 홀에 들어갈 것입니다"라고 하는 말을 들은 적이 있을지 모르겠다. 당신은 내리막 퍼팅이 오르막 퍼팅보다 쉽다고 생각하는가?

내리막 퍼팅과 오르막 퍼팅에 서로 다른 영향을 끼치는 요인 중 하나는 중력이다. 그림 7-12에 경사가 심한(2.5도) 그린에서의 1.5m 오르막 퍼팅과 내리막 퍼팅이 나와 있다. 이 퍼팅은 폴 라인에 위치한 똑바른 오르막과 내리막 퍼팅이다. 전혀 휘지 않는 퍼팅이라 홀을 향해 똑바로 치면 된다. 하지만 둘 다 홀의 오른쪽 끝에서 두 컵을 보고 쳤고,

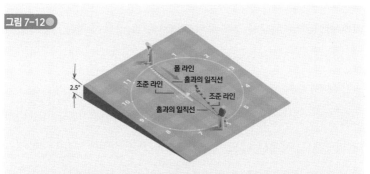

그림 7-12

경사 2.5도의 그린에서 1.5m 오르막과 내리막 퍼팅의 경로. 두 퍼팅 모두 홀 오른쪽 끝에서 두 컵을 보는 실수를 저지름. 내리막 퍼팅은 홀 오른쪽 끝을 살짝 빗나간 반면, 오르막 퍼팅은 홀 오른쪽 끝에서 두 컵 이상 빗나감. 중력 때문에 내리막 퍼팅은 올바른 경로를 유지함. 중력 때문에 오르막 퍼팅은 방향성 실수가 증폭됨. 같은 거리를 굴러가는데 내리막 퍼팅이 오르막 퍼팅보다 더 많은 시간이 소요됨.

이는 11도의 방향성 실수이다. 내리막 퍼팅은 홀 오른쪽 끝을 살짝 빗겨 갔다. 오르막 퍼팅은 홀 오른쪽 끝에서 두 컵 이상 빗나갔다. 중력 때문에 내리막 퍼팅은 홀 쪽으로 휜 것이다. 중력 때문에 오르막 퍼팅은 방향성 실수가 증폭된 것이다. 둘 다 올바른 조준 라인으로부터 오른쪽으로 11도의 방향성 실수인 상태로 출발했지만, 중력의 영향 때문에 오르막 퍼팅이 내리막 퍼팅보다 훨씬 더 심하게 빗나간 것이다. 퍼팅에 영향을 주는 요인이 중력뿐이라면, 내리막 퍼팅이 오르막 퍼팅보다 쉬운 것이 사실이다.

오르막 퍼팅과 내리막 퍼팅에 서로 다른 영향을 주는 또 다른 요인으로 무엇이 있을까? 오르막 퍼팅 때에는 홀의 뒤쪽이 홀의 앞쪽보다 높기 때문에 정확히 홀 가운데로 친다면 홀의 뒤쪽이 백보드와 같은 역할을 할 수 있다. 하지만 이것은 상대적으로 미미한 요인이다. 퍼팅 거리 조절은 분명히 내리막일 경우 더 어렵다. 하지만 프로는 내리막과 오르막에 상관없이 1.5m 퍼팅을 짧게 치는 경우도 거의 없고 쓰리 퍼팅을 하는 경우도 거의 없다. 거리 조절이 퍼팅에서 중요한 요인이기는 하지만, 숏퍼팅의 경우에는 중력보다 그 영향이 적다. 자, 그러면 내리막 퍼팅이 더 쉬운 것인가?

그림 7-13에 1.5m 오르막 퍼팅과 내리막 퍼팅이 있다. 이번에는 방향성 실수 없이 정확하게 홀을 향해 쳤다. 폴 라인은 12시이고, 내리막 퍼팅은 12시에서 11도 떨어진 12시 20분 지점에서 쳤다. 하지만 자기 퍼팅이 정확히 폴 라인에 있다고 착각을 했다. 홀을 향해 똑바로 쳤지만 놀랍게도 볼은 오른쪽에서 왼쪽으로 휘었고 홀 왼쪽 끝에서 한 컵 이상 빗나갔다. 오르막 퍼팅은 5시 40분에서 쳤는데, 이 역시

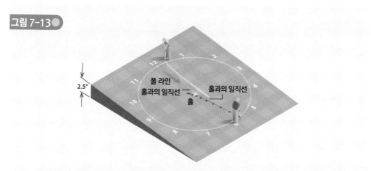

그림 7-13

경사 2.5도의 그린에서 1.5m 오르막과 내리막 퍼팅의 경로. 방향성 실수가 없는 상태에서 그린 읽기 실수가 끼치는 영향을 보여줌. 두 퍼팅 모두 폴 라인에 있다고 착각하고 홀을 향해 똑바로 쳤음. 내리막 퍼팅은 홀 왼쪽 끝에서 한 컵 이상 빗나갔음. 오르막 퍼팅은 홀 왼쪽을 살짝 빗나감. 그린 읽기 실수는 오르막 퍼팅보다 내리막 퍼팅에 더 큰 영향을 줌.

자기 퍼팅이 정확히 폴 라인에 있다고 착각했다. 홀을 향해 똑바로 쳤는데 오른쪽에서 왼쪽으로 휘면서 홀 왼쪽 끝을 살짝 빗나갔다. 둘 다 빗나갔지만 왜 오르막 퍼팅이 더 성공할 뻔했는지는 물리학으로 쉽게 설명할 수 있다. 그린 읽기의 실수는 오르막 퍼팅보다 내리막 퍼팅에 더 큰 영향을 준다.

중력과 그린 읽기 실수가 퍼팅 성공에 영향을 주는 것이다. 하지만 그린 읽기 실수가 중력보다 훨씬 더 큰 영향을 줘 내리막 퍼팅이 오르막 퍼팅보다 어려운 것이다.

> 그린 읽기 실수 때문에 내리막 퍼팅이 오르막 퍼팅보다 어렵다.

앞서 학습 효과 때문에 두 번째 퍼팅이 첫 번째 퍼팅보다 쉽다는 것을 살펴봤다. 표 7-3에는 오르막 퍼팅이 내리막 퍼팅보다 쉽다는 내용의 PGA 투어 퍼팅 결과가 나와 있다. 오르막 퍼팅과 내리막 퍼팅의

| 표 7-3 | PGA 투어 프로의 거리별 원 퍼팅 성공률, 쓰리 퍼팅 확률, 평균 퍼팅 수. 경사 1에서 2도 사이, 평균 경사 1.4도인 그린에서 취합한 데이터임. 내리막 퍼팅은 11시 지점에서 1시 지점 사이, 오르막 퍼팅은 5시 지점에서 7시 지점 사이에서 출발한 것임. 프로는 내리막보다 오르막 퍼팅을 더 많이 성공시키고(4.5m 이내), 쓰리 퍼팅을 덜 하며, 홀아웃하는 데 필요한 퍼팅 수가 적음. 즉, 프로에게는 내리막 퍼팅보다 오르막 퍼팅이 쉬움. |

퍼팅 거리	원 퍼팅 성공률		쓰리 퍼팅 비율		평균 퍼팅 수	
	내리막	오르막	내리막	오르막	내리막	오르막
3	96%	96%	0%	0%	1.04	1.04
4	87%	89%	1%	0%	1.14	1.11
5	75%	80%	1%	0%	1.26	1.20
6	64%	69%	1%	0%	1.37	1.31
7	56%	62%	1%	0%	1.45	1.38
8	48%	53%	1%	0%	1.53	1.47
9	41%	48%	1%	0%	1.60	1.53
10	38%	43%	1%	0%	1.63	1.57
11	33%	36%	2%	0%	1.69	1.64
12	30%	33%	2%	0%	1.72	1.67
13	27%	29%	3%	0%	1.76	1.72
15	23%	25%	3%	0%	1.79	1.75
17	19%	19%	3%	1%	1.84	1.82
20	15%	15%	4%	1%	1.89	1.86

차이는 그린 읽기 실수가 큰 영향을 차지한다. 그린 읽기 능력을 향상시키면 퍼팅 결과가 개선될 것이다.

1970년 브리티시 오픈에서 더그 샌더스가 90cm 퍼팅에 실패해 잭 니클라우스와 공동 선두가 될 기회를 놓쳤던 일을 기억하는가? 골프 선수 제럴드 미클럼(Gerald Micklem)이 "왼쪽으로 휠 것 같지만 오른쪽으로 휠 거야"라면서 샌더스의 퍼팅이 빗나갈 것을 예측했다고 골프 작가 댄 젱킨스(Dan Jenkins)가 쓰기도 했다. 논란의 여지가 있겠지만, 더그 샌더스는 그린을 잘못 읽어서 브리티시 오픈 우승에 실패한 것이다.

더 길지만 오르막인 퍼팅과 더 짧지만
측면 경사인 퍼팅 중 어느 쪽이 더 쉬운가?

1.8m 측면 경사 퍼팅과 2.4m 오르막 퍼팅 중 어느 쪽을 선택하겠는가? 투어 프로, 골프장 프로, 핸디캡이 낮은 사람과 높은 사람, 모두에게 물어봐도 대부분 "2.4m 오르막 퍼팅이 더 쉬울 것"이라고 대답했다.

퍼팅의 난이도에 영향을 주는 두 가지 중요한 요인이 거리와 각도라는 사실은 이미 살펴봤다. 거리상으로는 짧은 퍼팅이 긴 퍼팅보다 쉽다. 각도는 시계의 몇 시 지점에서 출발하는가, 오르막인가 내리막인가 측면 경사인가에 대한 부분이다. 각도상으로는 오르막 퍼팅이 내리막 퍼팅이나 측면 경사 퍼팅보다 쉽다. 다들 이 두 가지에 대해서는 동의할 것이며, 데이터상으로도 사실이다. 그러나 더 길지만 오르

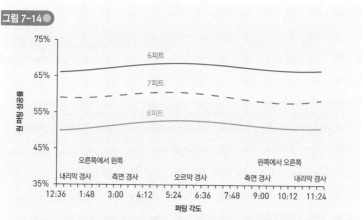

경사 1도 미만(홀 위치의 42%가 이 범위 내에 속함), 평균 경사 0.7도인 그린에서 PGA 투어 프로의 원 퍼팅 성공률. 상대적으로 평평한 그린에서는 1.8m 측면 경사 퍼팅이 2.4m 오르막 퍼팅보다 훨씬 쉬움. 퍼팅 각도는 시계 지점으로 표시함.

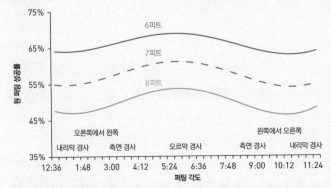

경사 1에서 2도 사이(홀 위치의 54%가 이 범위 내에 속함), 평균 경사 1.4도인 그린에서 PGA 투어 프로의 원 퍼팅 성공률. 중간 정도 경사의 그린에서는 1.8m 측면 퍼팅이 2.4m 오르막 퍼팅보다 쉬움. 퍼팅 각도는 시계 지점으로 표시함.

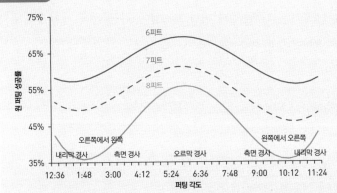

경사 2도 이상(홀 위치의 4%가 이 범위에 속함), 평균 경사 2.3도인 그린에서 PGA 투어 프로의 원 퍼팅 성공률. 경사가 심한 그린에서는 1.8m 측면 경사 퍼팅이 2.1m 오르막 퍼팅보다는 어렵지만 2.4m 오르막 퍼팅보다는 쉬움.

막인 퍼팅과 더 짧지만 측면 경사인 퍼팅에 대한 질문은 두 가지 중 어느 쪽이 더 강하게 영향을 주느냐에 대한 문제이다.

그림 7-14, 7-15, 7-16에 홀이 상대적으로 평평한 곳, 중간 정도 경

골프 전략

사진 곳, 경사가 심한 곳에 위치한 그린에서의 놀라운 결과가 나와 있다. 모든 경우에서 1.8m 측면 경사 퍼팅이 2.4m 오르막 퍼팅보다 쉬웠다. 가장 심한 경사의 그린을 제외하면 거리가 각도보다 훨씬 더 큰 영향을 준 것이다. 퍼팅에서는, 아주 까다롭고 경사가 심한 그린을 제외하면, 더 긴 오르막 퍼팅보다는 홀에서 가까운 거리의 퍼팅이 더 유리하다.

오른손잡이에게는 왼쪽에서 오른쪽으로 휘는 짧은 퍼팅이 오른쪽에서 왼쪽으로 휘는 퍼팅보다 어렵다고 생각할 수 있을 것이다. 중간정도 경사의 그린에서 1.2~1.8m 거리의 퍼팅의 경우, 3시 지점에서의 퍼팅 성공률이 9시 지점에서의 퍼팅 성공률보다 거의 2% 정도 높을 뿐이다. 대칭되는 다른 지점에서의 차이는 더 낮게 나타나고, 거리가 멀어질수록 그 차이는 더 낮게 나타난다. 왼손잡이와 오른손잡이의 차이를 고려하지 않은 계산이기 때문에 살짝 부정확하겠지만, 그래도 전체적인 영향력은 적다고 할 수 있다.

퍼팅 난이도의 가장 중요한 요인은 거리이며, 그래서 퍼팅 이득 타수 기준점이 거리를 기반으로 만들어진 것이다.[18]

> 퍼팅 난이도의 가장 중요한 요인은 거리이다. 아주 빠르고 경사가 심한 그린을 제외하면, 측면 경사 퍼팅이 60cm 더 긴 오르막 퍼팅보다 쉽다.

퍼팅을 잘하는 선수와 매우 잘하는 선수를 구별 짓는 거리

연장전에 들어가기 위해서나 상대와의 내기에서 이기기 위해 6m 퍼팅을 성공시켜야 하는 상황이라면, 그 순간에는 그것이 가장 중요한 퍼팅일 것이다. 하지만 1년을 통틀어서 보면, 퍼팅을 가장 잘하는 프로와 평균적인 선수를 구별 짓는 퍼팅 거리는 얼마일까? 퍼팅을 잘하는 아마추어와 잘 못하는 아마추어를 구별 짓는 퍼팅 거리는 얼마일까?

의미가 있으려면 선수마다 성적의 차이가 있어야 한다. 30cm 퍼팅은 프로라면 거의 항상 성공시킬 것이기 때문에 의미가 없다(물론 예외는 있다. LPGA 투어 메이저대회인 2012 크래프트 나비스코 챔피언십[Kraft Nabisco Championship]에서 김인경이 30cm 퍼팅을 놓치며 우승에 실패한 적이 있다). 또, 한 라운드의 스코어 차이를 만들 정도로 어느 정도 자주 발생하는 퍼팅이어야 의미가 있다. 24m 퍼팅을 세계에서 가장 잘하는 선수가 있다 하더라도, 이런 퍼팅은 자주 발생하는 것이 아니기에 큰 의미가 없다.

30cm 퍼팅은 실력 차이가 거의 없기에 중요하지 않다. 24m 퍼팅은 자주 발생하지 않기 때문에 중요하지 않다. 그렇다면 가장 중요한 퍼팅 거리는 얼마일까?

퍼팅 이득 타수 기록을 통해 답을 얻을 수 있다. 퍼팅을 가장 잘하는 선수의 라운드당 총 이득 타수를 각 퍼팅 거리별로 PGA 투어 평균과 비교하는 것이다. 이 방법은 실력 차이와 거리별 퍼팅 수를 감안한 것이다. 프로에게 가장 중요한 퍼팅 거리는 1.5m인 것으로 나타났다. 이 거리가 퍼팅을 가장 잘하는 선수와 투어 평균의 총 이득 타수 차

골프 전략

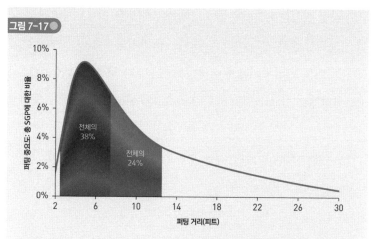

그림 7-17

10%

8%

6%

4%

2%

0%

퍼팅 중요도: 총 SGP에 대한 비율

전체의
38%

전체의
24%

2   6   10   14   18   22   26   30

퍼팅 거리(피트)

퍼팅의 중요도는 퍼팅당 이득 타수 차이와 라운드당 퍼팅 수를 곱한 값에 비례함. 중요한 퍼팅이 되기 위해서는, 성적의 차이(즉, 퍼트당 이득 타수의 차이)와 라운드당 충분한 퍼팅 수가 있어야 함. 퍼팅 중요도 곡선은 1.5m에서 최고점을 나타냄. 퍼팅을 가장 잘하는 선수와 투어 평균의 총 이득 타수 차이의 9%가 이 거리에서 나옴.

이의 9%를 차지했다. 다음으로 중요한 거리는 1.2m와 1.8m로 각각 8%였다. 90cm 퍼팅도 5%를 차지했다. 90cm부터 2.1m까지의 퍼팅이 총 이득 타수의 38%에 달했다. 2.4m부터 3.6m까지의 퍼팅은 총 이득 타수의 24%를 점했다(추가적인 세부 내용은 부록 참조).

숏퍼팅, 특히 90cm부터 2.1m까지의 퍼팅이 상당히 중요한 이유는, 퍼팅을 가장 잘하는 선수가 PGA 투어 평균보다 더 많이 성공시키는 범위의 거리이면서 자주 발생하는 거리이기 때문이다. 1.5m부터 3.9m까지의 거리에서, 퍼팅을 가장 잘하는 선수는 PGA 투어 평균보다 모든 거리에서 5% 정도 더 성공시킨다. 가장 중요한 퍼팅 거리 문제의 답은 1.5m이다. 이보다 더 긴 퍼팅이 더 자주 발생하지 않기 때문이다. 1.5m 퍼팅이 전체 퍼팅의 5%를 차지한다.

아마추어에게도 결과는 비슷하게 나타난다. 아마추어에게 가장 중요한 퍼팅 거리는 1.2m이다. 프로와 비교하면 총 이득 타수의 13%를 이 거리에서 손해 본다. 90cm부터 2.1m까지의 거리가 46%의 손해를 차지한다. 아마추어에게 숏퍼팅은 프로보다 살짝 더 중요하다. 이 이야기의 교훈은 숏퍼팅이 아주 중요하다는 것이다.

> 프로에게 가장 중요한 퍼팅 거리는 1.5m이고, 아마추어에게는 1.2m이다.
> 숏퍼팅이 아주 중요하다!

4라운드 대회에서 PGA 투어 프로가 6.3m 이상의 퍼팅을 몇 개나 성공시킨다고 생각하는가? 5개? 7개? TV 중계방송을 보면 프로들이 사방팔방에서 꾸준히 퍼팅을 성공시키는 것처럼 보인다.

하지만 프로가 그런 롱퍼팅을 성공시키는 평균 횟수는 겨우 1.5개다. PGA 투어에서 가장 퍼팅을 잘하는 선수도 4라운드 대회에서 겨우 1.7개를 성공시킬 뿐이다. 놀랐나? 나는 놀랐다. 성공한 퍼팅은 하이라이트로 반복해서 보이지만 실패한 퍼팅은 그렇지 않기 때문이다. TV 중계방송은 우리의 관점을 왜곡시킨다. PGA 투어의 슬로건이 "이 선수들은 잘 쳐요(These guys are good)"이지만, 실제로 그렇게까지 잘 치는 것은 아니다. 이 정보를 통해 당신의 퍼팅에 대한 기대치를 가늠하길 바란다. 6.3m 퍼팅에 실패했다고 퍼팅이 안 되는 날이라고 볼 수는 없다는 얘기다. 위의 내용은 숏퍼팅이 롱퍼팅보다 더 중요하다는 것을 설명하는 또 하나의 사실이다.

그렇다고 숏퍼팅만 연습해서는 안 된다. 하지만 퍼팅을 정말 잘하는 프로와 평균적인 프로를 구별 짓고, 프로와 아마추어를 구별 짓는 것이 숏퍼팅이라는 것은 사실이다.

파 퍼팅과 버디 퍼팅 : 착각?

프로가 파 퍼팅을 할 때와 버디 퍼팅을 할 때 차이가 있을까? 스포츠 일러스트레이티드(Sports Illustrated)가 PGA 투어 프로들의 퍼팅에 대한 연구를 실시하여 1989년에 그 결과를 기사로 낸 적이 있다. 그 기사에 "신기하게도, 같은 거리에서의 퍼팅 때 프로들은 버디 퍼팅보다 파 퍼팅을 더 많이 성공시킨다"고 나와 있다. 스코어카드상에는 똑같이 1타인데 어떻게 이런 일이 있을 수 있을까? 그 기사에서 톰 카이트(Tom Kite)는 "차이는 없습니다. 파 퍼팅과 버디 퍼팅을 다르게 치지는 않습니다"라고 했다. 하지만 데이터로 보이는 결과는 달랐다.

연구는 스포츠 일러스트레이티드가 수행했지만, 수집된 데이터와 분석은 PGA 투어로 이관됐다. 샷링크 시스템의 선구자 격인 수작업을 통해, 11,000개의 퍼팅을 종이에 기록해서 컴퓨터에 입력하고 분석을 한 것이다. 이 분석은 현재 PGA 투어 정보시스템 수석 부사장인 스티브 에반스(Steve Evans)가 실시했다. PGA 투어의 샷링크 데이터 수집, 분석, 배포가 그의 역할 중 일부이다.

1989년의 기사에 의하면 PGA 투어 프로는 1.8m 퍼팅의 55%를 성공시켰다. 2003년부터 2012년까지의 샷링크 시대에는 PGA 투어 프로가 1.8m 퍼팅의 67%를 성공시키며 놀라울 정도로 향상됐다. 스티브 에반스는 향상의 요인으로 ▲농경학(agronomy)의 발달로 그린을 더 고르게 관리하게 됐고 ▲선수층이 더 두터워졌으며 ▲선수들이 퍼팅 연습에 시간을 더 투자하고 ▲코치의 퍼팅 교습이 향상됐고 ▲쇠징이 있는 골프화가 줄어들었다는 다섯 가지 요인을 들었다.

11,000개의 퍼팅이 많아 보이지만, 샷링크 데이터베이스의 퍼팅 데이터의 1%보다도 적은 수치다. 데빈 포프(Devin Pope)와 모리스 슈바이처(Maurice Schweitzer)가 샷링크 데이터로 파-버디 효과를 분석해봤다. 2011년《아메리칸 이코노믹 리뷰(American Economic Review)》에 실린 그들의 논문에서 "프로들은 비슷한 거리의 파 퍼팅보다 버디 퍼팅의 정확도가 떨어진다"는 결론을 냈다. 2011년에 내가 마크 캘커베키아(Mark Calcavecchia)에게 물어봤을 때, 그는 "그냥 인간 본성이에요"라고 답했다. 흥미를 느낀 나는 직접 데이터를 분석해보기로 했다. 프로들은 1.2m부터 2.1m까지의 퍼팅에서 파 퍼팅을 버디 퍼팅보다 3.6% 더 성공시켰다. 하지만 이 수치는, 그 정도 거리의 파 퍼팅은 일반적으로 두 번째 퍼팅이고, 버디 퍼팅은 첫 번째 퍼팅이라는 사실을 간과한 것이다. 학습효과 때문에 두 번째 퍼팅이 첫 번째 퍼팅보다 쉽다는 것은 이미 언급한 바 있다.

첫 번째 퍼팅과 두 번째 퍼팅 차이를 통제하고, 오르막과 내리막, 측면 경사 차이를 통제했더니 파-버디 효과는 절반 이상 줄어들었다. 모든 퍼팅 거리를 대상으로 원 퍼팅 성공률 대신 이득 타수의 차이와 퍼팅의 빈도를 감안한 결과, 라운드당 0.1타의 효과가 있다는 계산이 나왔다. 하지만 이 결과도 버디-파 효과를 과대평가한 것이다. 파 퍼팅이 짧은 첫 퍼팅이라면 그린 밖에서 칩샷을 한 경우일 것이고, 퍼팅하기 전에 칩샷의 경로를 볼 수 있을 것이기 때문이다. 또 퍼팅하기 전에

골프 전략

같은 조의 다른 선수가 비슷한 경로로 치는 퍼팅을 볼 수도 있기 때문이다.

파-버디 효과는 라운드당 0.1타 미만으로 보인다. 내 추정으로는 '학교 가는 것'으로 성적이 향상되는 점이 훨씬 중요해 보인다. 당신의 퍼팅과 다른 사람의 퍼팅을 잘 보고, 그린 특히 홀 주변의 굴곡을 잘 읽기 바란다.

19번 홀 7장 총정리

- 그린 읽기, 거리 조절, 방향 정확성이 퍼팅의 세 가지 중요 요소다.
- 그린 경사와 빠르기는 오르막 퍼팅과 내리막 퍼팅을 얼마나 세게 쳐야 하는지에 대하여 엄청난 영향을 준다. 아마추어는 내리막 퍼팅을 너무 세게, 오르막 퍼팅을 너무 약하게 치는 경우가 많다.
- 당신의 첫 번째 퍼팅과 다른 사람의 퍼팅을 통해 배우는 '학교 가기'는 그린을 읽는 아주 좋은 방법이다.
- 퍼팅이 얼마나 휠 것인지는 폴 라인에 대한 각도에 달려 있기에, 폴 라인 지점을 찾는 것이 중요하다.
- 홀을 지나친 지점을 조준하는 것이 퍼팅 성공의 기회를 높이는 최선의 방법이다. 숏퍼팅의 경우, 내리막 퍼팅일 때에는 홀에서 멀게, 오르막 퍼팅일 때에는 홀에서 가깝게 목표지점을 설정해야 한다.
- 4.5m 이하의 퍼팅은, 짧게 치지 않도록 하되 너무 세게 쳐서 한참 지나가지는 않게 주의하라. 퍼팅을 잘 못하는 사람은 퍼팅이 짧은 경우가 많다.
- 내리막 퍼팅의 경우, 경사가 심할수록 목표지점이 홀에서 멀어야 한다. 홀에서 90cm~1.2m 지나치는 실패를 하는 경우가 많다.
- 롱퍼팅의 경우, 퍼팅 각도에 상관없이 가능한 홀 근처에 붙이도록 노력하라. 30cm에서 60cm 내리막 퍼팅이 그보다 긴 롱퍼팅보다 낫다.
- 퍼팅을 잘하는 사람과 평균인 사람을 구별 짓는 퍼팅 거리는 프로와 아마추어 모두에게 90cm부터 2.1m까지의 범위이다.

필드샷 전략 :

데이터와 최적화로 스코어 낮추기

　명예의 전당에 헌액된 레이 플로이드(Ray Floyd)는 "사람들이 낮은 스코어를 치지 못하는 이유는 대부분이 어떻게 '경기'를 해야 하는지 모르기 때문이다. 스윙을 어떻게 해야 하는지, 볼을 어떻게 더 멀리 쳐야 하는지가 아니라 경기를 어떻게 해야 하는지 말이다"라고 말했다. 또한 "분명한 사실은, 내가 당신과 물리적으로 같은 조건에서 경기를 한다면 100번 중 99번을 이길 것이다. 나는 경기를 어떻게 해야 하는지를 당신보다 더 잘 알고 있기 때문이다"라고 덧붙였다.[19] 플로이드는 선수 생활 내내 아마추어와 수백 번의 프로암 대회를 했고, 사람들이 전략에 대해서는 아무것도 모른다고 얘기하기도 했다. 이 장에서는 몇몇 전략적인 상황에 대하여 살펴보고, 낮은 스코어를 기록하기 위해 어떻게 경기 계획을 세울 것인지에 대해 알아보도록 하겠다.

　골프가 다른 스포츠 종목과 크게 다른가? 미식축구 코치는 상대의 약점을 이용하기 위해 경기 계획을 만든다. 야구 감독은 라인업, 투수 교체, 수비 위치를 포함한 작전 자료를 가지고 있다. 많은 종목의 코

골프 전략

치, 감독, 선수는 승리 가능성을 최대화하기 위해 끊임없이 전략적인 준비를 한다. 골프에서도 좋은 경기 계획을 세우면 더 좋은 스코어를 내는 데 도움이 된다.

TV 중계방송이나 골프 전문가들은 너무 자주 결과론적인 판단을 한다. 잭 존슨이 2007년 마스터스에서 우승을 차지할 때, 모든 파5 홀에서 레이업을 한 전략은 찬사를 받았다. 하지만 리키 파울러(Rickie Fowler)가 2010년 피닉스 오픈에서 결과적으로 1타 차이로 우승을 놓쳤을 때, 최종 라운드 파5 15번 홀에서 레이업을 한 전략은 상당한 비난을 받았다. 골프 채널(Golf Channel)의 해설위원 브랜들 샘블리(Brandel Chamblee)는 "2010년 내가 본 가장 충격적인 장면"이라고까지 했다. 이에 대한 반응으로 파울러는 트위터(현 'X')에 "지난주 15번 홀에 대하여 사람들과 언론이 나를 괴롭히는 상황이 우습다. 그냥 질렀다가 물에 빠뜨렸으면 '레이업을 했어야지'라고 했을 것이고, 웨지샷을 붙여서 버디를 하고 우승을 차지했으면 나는 천재가 됐을 것이다"라고 썼다.

파울러의 말이 정확하다. 한 번의 좋은 결과가 그 전략이 최선이라는 것을 의미하지는 않으며, 한 번의 나쁜 결과가 좋지 않은 결정이라는 것을 의미하는 것도 아니다.

좋은 전략이라는 것은 성공 가능성을 가장 높여주는 것이다. 샷의 패턴과 홀의 특성이라는 두 가지 재료를 섞으면 시뮬레이션을 통해 성공 가능성이 가장 높은 전략을 세울 수 있다. 그리고 몇몇 전략적인 상황을 생각해보고, 낮은 스코어를 기록할 수 있는 최적의 경기 계획을 어떻게 만들 것인지 배울 수 있다.

샷의 패턴과 홀의 특성 : 전략의 두 가지 주요 재료

골프에서의 좋은 결정은 두 가지 주요 재료에 달려 있다. 샷의 패턴 (모든 샷에서 발생 가능한 결과의 범위)과 홀의 특성(페어웨이의 너비, 해저드의 위치, 그린의 모양)이다. 이 두 가지 재료를 이용하여, 예를 들어 해저드에 빠질 위험 부담과 파5 홀을 투온 했을 때의 보상을 저울질하면 스코어를 낮추는 데 도움이 될 것이다. 사람마다 체형이나 체격이 다르고, 핸디캡이 높은 사람과 낮은 사람, 장타자와 단타자, 꾸준한 사람과 들쭉날쭉한 사람처럼 사람에 따라 보편적인 진리와 특수한 결정이 달라진다. 골프 교습에 대한 책은 수백 권이 넘게 있지만, 스코어를 낮추는 전략을 세우는 데 샷 데이터와 과학적 분석을 한다는 점에서 이 책은 특별하다.

샷의 패턴은 모든 샷에서 발생 가능한 결과의 범위이다. 샷을 하면 하나의 결과만 나오지만, 발생 가능한 결과의 범위와 각각의 가능성을 고려해서 계획을 세워야 한다. 샷 패턴의 결과는 홀의 특성에 달려 있기도 하다. 페어웨이 오른쪽으로 30야드 벗어난 샷은 어떤 홀에서는 깃대가 바로 보이는 위치일 수도 있지만 어떤 홀에서는 OB가 될 수도 있다. 위험과 보상의 적절한 균형을 위해서는 샷 패턴과 홀의 특성을 모두 고려한 결정을 내려야 한다.

샷 패턴을 어디에 위치시킬 것인가가 전략적인 선택이다. 목표지점 (target)은 가장 가능성이 높은 샷의 결과이며, 이는 일반적으로 샷 패턴의 중앙이다. 목표지점은 샷이 떨어지는 지점이 아니라 최종적으로 멈추는 지점이다. 샷 패턴을 왼쪽이나 오른쪽으로 이동시키는 것은 목표지점을 왼쪽이나 오른쪽으로 이동시키는 것이다. 많은 사람이 목표지점만 생각하지만, 목표지점이 샷 패턴 전체를 움직이는 것이다. 예를 들어 더 세게 스윙을 하거나, 그립을 내려 잡거나, 백스윙의 크기를 바꾸거나, 골프채를 바꾸는 방법으로 목표지점을 짧게 또는 길게 이동시킬 수 있다. 볼과 목표지점 사이 거리가 얼마나 떨어져 있나를 의미하는 '목표지점 거리'는 현재의 바람과 기온, 그리고 코스 상태에서 정해진 골프채로 칠 수 있는 최대 거리를 의미한다.

조준선(aim)은 처음 의도한 샷의 방향선을 의미하며, 목표지점과는 다르다. 슬라이스를 치는 사람은 왼쪽 20야드를 조준하고, 왼쪽에서 오른쪽으로 20야드 휘는 슬라이스를 쳐서 목표지점에 보낼 수 있다. 목표지점이 가장 가능성이 높은 샷의 최종지점인 반면, 조준선은 샷의 최초 의도 방향이다.

골프 전략이라는 것은 목표지점과 이에 따른 샷 패턴을 정하는 것이다. 드로(draw)*샷이나, 컷(cut)**샷, 또는 스트레이트(straight)샷 중 어떤 샷을 치느냐, 띄워 칠 것인가, 범프앤런(bump-and-run)***샷을 칠 것인가를 결정하는 것이 전략이라고 생각하는 것과는 조금 다른 관점이다. 물론 이런 결정이 전략의 일부분이기는 하지만, 여기에서 말하는 전략은 그보다도 앞선 결정이다. 즉 목표지점 선택에 대한 더 근본적인 질문인, 얼마나 공격적 또는 보수적으로 칠 것인가에 대한 것이다. 예를 들어, 벙커가 가까이 있고 그린의 가장자리에 위치한 홀을 향한 어프로치샷의 경우, 샷 패턴의 중심을 깃대로 설정하면 홀 가까이 붙

---

* 오른쪽에서 왼쪽으로 부드럽게 휘는 샷. 의도한 것보다 더 심하게 휠 경우 훅(hook)샷이라고 함.
** 왼쪽에서 오른쪽으로 부드럽게 휘는 샷. 페이드(fade)샷이라고도 함. 의도한 것보다 더 심하게 휠 경우 슬라이스(slice)샷이라고 함.
*** 그린 주변에서 짧은 거리를 상대적으로 낮게 쳐서 오르막 경사면을 맞힌 다음에는 볼이 굴러가도록 하는 방법.

이는 샷도 많겠지만, 벙커로 들어가는 샷도 많을 것이다. 반면 샷 패턴의 중심을 그린 중앙으로 설정하면, 벙커로 들어가는 샷도 적을 것이다. 물론 그린에 올라가는 샷은 더 많아지겠지만, 어떤 샷은 홀에서 더 멀어질 것이다. 홀에 가까이 붙이는 보상과 그린에 올리지 못하는 위험 사이에서 섬세하게 균형을 이뤄야 한다.

7장에서는 이러한 접근 방법이 퍼팅에 어떻게 적용되는지를 살펴봤다. 퍼팅에서의 전략적인 선택은 목표지점을 홀에서 얼마나 멀리 설정하느냐였다. 퍼팅 목표지점 역시 샷 패턴의 중앙이었고, 퍼팅에서는 '분포 패턴'이라는 용어를 사용했을 뿐이다. 최대한 가까이 붙이기 전략은 목표지점을 홀로 설정하는 것, 다른 말로는 분포 패턴의 중심을 홀에 맞추는 것이었다. 이 선택의 결과로, 퍼팅의 반 정도는 홀에 못 미칠 정도로 짧았고, 나머지 반은 성공하거나 홀을 지나쳤다. 빡 들어가게 치는 전략은 홀을 약간 지나친 지점으로 목표지점을 설정해서 거의 모든 분포 패턴이 홀을 지나친 곳에 나타나고 짧은 퍼팅이 거의 없도록 하는 것이었다.

샷 전략도 똑같다. 어떤 목표지점이 최선의 선택인가? 최선의 선택을 찾는 것은 최적화의 문제다. 실제로 최선의 전략을 찾을 때까지 샷을 반복할 수는 없다. 하지만 컴퓨터의 빠른 속도 덕분에 샷링크와 골프메트릭스의 실제 샷 기록을 이용하여, 이 최적화 문제는 많은 목표지점에 대한 시뮬레이션을 수행하고 가장 좋은 결과를 골라내어 해결할 수 있다.

골프 전략

티샷 OB : 언제 공격적이어야 하는가

한 아마추어가 지난 두 홀에서 드라이브샷을 페어웨이로 보냈다. 자신감 가득한 상태로 다음 홀에서 페어웨이 한가운데를 조준하고 티샷을 쳤지만 이내 실망 가득하게 OB가 나는 모습을 쳐다본다. '어떻게 된 거야? 오늘 내내 잘 쳤는데'라고 생각한다. 실망스러운 스코어를 기록한 후 계속해서 스윙에 어떤 문제가 있었는지 고민한다. '체중 이동을 왼쪽으로 다 하지 못했나 봐. 아 몰라. 조금만 왼쪽으로 조준했으면 살았을 거야. 스윙하기 전에 조금 더 좋은 선택을 했더라면 더 블보기 이상을 하지는 않았을 거야'라고. 문제의 티샷을 다시 살펴보고 더 좋은 전략이었다면 어떤 효과가 있었을지 알아보자.

그 아마추어가 친 홀은 그림 8-1과 같이 400야드 파4 홀로, 오른쪽 전체가 OB인 홀이었다. 왼쪽에는 러프만 있어서 경기가 가능한 지역이다. 그린 좌우에 벙커가 있고, 그린은 좌우보다는 앞뒤로 긴 형태이기 때문에 그린을 향한 샷을 위해서는 페어웨이 중앙이 각도상 가장 좋은 위치이다. 당신이라면 티샷의 목표지점을 어디로 설정할 텐가? 페어웨이 한가운데? 왼쪽 페어웨이 중앙? 뒷부분을 읽기 전에 한번 생각해보라.

이제 목표지점을 설정했다면, 당신의 티샷이 OB가 날 확률이 얼마나 될 것이라고 생각하는가? 생각하기도 싫은 결과에 대한 질문이기 때문에 많은 사람이 이 질문을 싫어한다. 하지만 당신이 PGA 투어에서 수년간 OB를 기록한 적 없는 톰 카이트가 아니라면 생각해봐야 할 질문이다. 내가 들은 답은 낮게는 5%에서 높게는 30%까지였고, 아마

그림 8-1

400야드 파4 홀: 홀 오른쪽 전체의 펜스 너머가 모두 OB, 홀 왼쪽은 러프. 그림은 목표지점이 페어웨이 한가운데일 경우 가장 가능성 높은 드라이브샷임.

추어 선수 대부분은 10%~25%의 범위에서 답을 했다.

당신의 평균 타수를 최소화시킬 수 있는 최적의 목표지점을 어떻게 알아낼 수 있을까? 그 최적의 목표지점을 설정하면 OB가 날 가능성은 얼마나 될까? 페어웨이 한가운데를 목표지점으로 설정하고, 그 홀을 100번 치게 한 다음 평균 타수를 기록한다. 다른 지점을 목표지점으로 설정해 100번 치게 한 다음에 평균 타수를 또 기록한다. 이 과정을 여러 번 반복해서 가장 평균 타수가 낮게 나오는 목표지점을 찾아볼 수도 있다. 하지만 그렇게 할 리는 없다. 그렇게 하더라도 결과를 얻기 위해 얼마나 많은 시간이 걸리겠는가? 치다가 피곤해지는 것은

그림 8-2

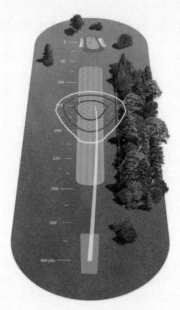

싱글 골퍼의 샷 패턴: 일반적인 싱글 골퍼가 티샷의 목표지점을 페어웨이 한가운데로 설정했을 때의 샷 패턴. 샷 패턴을 세 영역으로 분류했음. 파란색 선 안쪽 영역에 티샷의 50%가 포함됨. 빨간색 선 안쪽 영역에 티샷의 90%가 포함되며, 노란색 선 안쪽 영역에 티샷의 98%가 포함됨. 페어웨이 한가운데를 목표지점으로 설정했을 때 평균 타수는 4.7이며 티샷의 7%가 OB였음.

어떻게 할 것인가? 바람의 변화나 주위의 환경은? 의도한 목표지점으로 제대로 쳤다는 것은 어떻게 보장할 수 있는가?

여기에 시뮬레이션의 묘미가 있다. 컴퓨터로 몇 분 만에 수천 개의 데이터를 활용하여 목표지점이 여러 개인 실험을 수행할 수 있다. 샷 하나하나의 원천 데이터를 이용하여 선수들의 실제 경기를 충실히 표현해주기 때문에 이 시뮬레이션 결과에 대해서는 자신감을 가질 수 있다.

그림 8-2에는 일반적인 싱글 골퍼가 티샷의 목표지점을 페어웨이 한가운데로 설정했을 때의 샷 패턴이 나와 있다. 이 홀에서 목표지점

을 그렇게 설정했을 때의 싱글 골퍼의 평균 타수는 4.7이었다. 평균 타수는 4장에서 설명한 시뮬레이션을 통해 얻은 결과이며, 실제 아마추어의 샷이 기록된 골프메트릭스의 데이터를 활용한 것이다. 데이터에 의하면, 페어웨이 한가운데를 목표지점으로 설정했을 때 티샷의 7%가 OB가 났다. OB가 나면 타수와 거리 모두 페널티를 받는다는 사실을 명심하자. 티샷이 OB가 나면 다시 치는 티샷이 세 번째 샷이 되며, 두 번째 샷은 볼을 티로 다시 가져오는 페널티를 의미한다.

목표지점마다 각각의 평균 타수가 있다. 목표지점을 언제나 페어웨이 한가운데로 설정해야만 하는 것은 아니고, 원하면 왼쪽이나 오른쪽으로 이동시켜서 설정해도 괜찮다. 드라이버 대신 3번 우드를 선택하는 식으로 목표지점을 더 가까이 설정할 수도 있다. 컴퓨터 시뮬레이션에 의하면, 목표지점을 가까이 설정하면 타수가 높아지기에 일단 방향에 대한 결정에 집중해보자.

가장 낮은 평균 타수를 위해서는 목표지점을 어떻게 설정해야 할까? 목표지점을 오른쪽으로 이동시키면 OB가 더 많이 나서 평균 타수가 높아질 것이다. 목표지점을 왼쪽으로 이동시키면 샷 패턴 전체가 왼쪽으로 이동할 것이다. 이러면 OB가 날 샷 중 몇몇 개가 오른쪽 러프로 갈 것이고(장점), 오른쪽 러프로 갈 샷 중 몇몇 개가 페어웨이로 갈 것이고(또 다른 장점), 페어웨이로 갈 샷 중 몇몇 개가 왼쪽 러프로 갈 것이다(단점). 시뮬레이션을 통한 수많은 결과에 의하면, 목표지점을 약간 왼쪽으로 이동시키면 타수가 낮아진다. 왜냐하면 OB로 인한 페널티가 러프로 가는 단점보다 더 크기 때문이다. 오른쪽으로 가는 페널티가 왼쪽으로 가는 것보다 크다면, 목표지점을 왼쪽으로 이동시켜

그림 8-3

싱글 골퍼 최적의 목표지점: 일반적인 싱글 골퍼 최적의 목표지점은 페어웨이 왼쪽 끝선 근처임. 이 경우 평균 타수가 4.6이 되어 페어웨이 한가운데를 목표지점으로 설정했을 때의 4.7보다 낮아짐. OB가 나는 티샷도 7%에서 1.5%로 낮아짐.

서 OB에서 멀어지는 것이 더 좋은 선택이다.

얼마나 왼쪽으로 설정하는 것이 최선일까? 설정 가능한 여러 개의 목표지점에 대한 수천 개의 시뮬레이션으로 도출된 최적화에 의하면, 싱글 골퍼 최적의 목표지점은 페어웨이 왼쪽 끝선이었다. 이렇게 설정하면 평균 타수가 4.6이 나오는데, 페어웨이 한가운데를 목표지점으로 설정했을 때의 평균 타수인 4.7보다 낮아진다. OB가 나는 티샷도 7%에서 1.5%로 줄어든다. 그림 8-3에 샷 패턴 최적의 위치가 나와 있는데, 가장 큰 98%의 영역이 오른쪽의 OB에서 벗어나 있다. 최적의 목표지점에서는 페어웨이에 가는 샷이 적어지지만 반대급부의 가치가 더 높은 것이다. 즉, OB가 덜 나서 얻는 타수의 이득이 러프로 가서 발생하는 타수의 손해보다 큰 것이다.

목표지점을 페어웨이 한가운데로 설정하는 것과 최적의 지점으로 설정하는 것의 차이는 일반적인 싱글 골퍼에게 평균 0.1타다. 그렇게 대단해 보이지 않을지 모르겠지만, 그렇지 않다. 더 좋은 전략으로 0.1타씩 낮출 수 있다면, 18홀 라운드당 거의 2타를 줄일 수 있다는 것이다. 엄청나지 않은가? 게다가 스윙을 바꾸는 등의 노력 없이 가능한 것이다.

필 미컬슨이 2003년에 숏게임 코치인 데이브 펠츠와 계약하면서 "메이저대회에서 라운드당 0.25타를 줄이고 싶어요"라고 말했다고 한다. 4라운드에서 1타를 낮추고 싶었던 것이다. 우연인지는 모르겠지만, 미컬슨은 그다음 해에 1타 차이로 메이저대회 첫 번째 우승을 차지했다. 좋은 전략으로 타수를 조금씩이라도 낮출 수 있다면, 그 결과는 1년 동안 아주 크게 쌓일 것이다.

모든 사람에게 적용되는 하나의 최적의 전략은 없다. 사람마다, 그리고 각 개인의 샷 패턴에 따라 달라지기 때문이다. 100돌이의 전략을 싱글 골퍼와 비교해보자.

그림 8-4에는 목표지점을 페어웨이 한가운데로 설정했을 때 일반적인 100돌이 티샷의 샷 패턴이 나와 있다. 100돌이 티샷의 샷 패턴은 싱글 골퍼보다 더 넓게 퍼져 있고 확실히 티에 가깝다. 6장의 그림 6-3에서 본 것처럼 장타자가 더 똑바로 치는 경향이 있다는 결과와 일치한다. 이 목표지점에서 100돌이의 평균 타수는 5.9라 거의 더블보

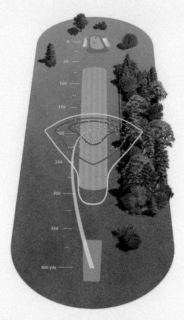

그림 8-4

100돌이의 샷 패턴: 일반적인 100돌이가 티샷의 목표지점을 페어웨이 한가운데로 설정했을 때의 샷 패턴. 샷 패턴을 세 영역으로 분류했다. 파란색 선 안쪽 영역에 티샷의 50%가 포함됨. 빨간색 선 안쪽 영역에 티샷의 90%가 포함되며, 노란색 선 안쪽 영역에 티샷의 98%가 포함됨. 페어웨이 한가운데를 목표지점으로 설정했을 때 평균 타수는 5.9이며 티샷의 15%가 OB였음.

기를 기록하는 것이다. 목표지점이 페어웨이 한가운데일 때 티샷의 15%가 OB가 났다.

　일반적인 100돌이에게는 최선의 목표지점이 어디일까? 데이터로 분석을 하기 전에는 쉽게 예상할 수 없었다. 그런데 너무나 놀라운 결과가 나왔다. 두 번, 세 번 확인했다. 일반적인 100돌이가 평균 타수를 최소화시킬 수 있는 목표지점은 놀랍게도 그림 8-5에 나와 있듯이 페어웨이에서 몇 야드 떨어진 왼쪽 러프였다. 그렇다. 일반적인 100돌이는 페어웨이가 아닌, 완전히 왼쪽을 목표지점으로 설정해야 하는

그림 8-5

100돌이 최적의 목표지점: 일반적인 100돌이 최적의 목표지점은 페어웨이에서 몇 야드 떨어진 왼쪽 러프임. 이 경우 평균 타수가 5.7이 되어 페어웨이 한가운데를 목표지점으로 설정했을 때의 5.9보다 낮아짐. OB가 나는 티샷도 15%에서 2%로 낮아짐.

것이다.

그렇다고 왼쪽 러프를 조준한 다음에 슬라이스를 내 페어웨이 한가운데로 보내라는 의미가 아니다. 슬라이스를 치는 사람에게 목표지점이 왼쪽 러프라는 얘기는 훨씬 더 왼쪽을 조준하고 왼쪽에서 오른쪽으로 휘는 샷의 최종지점이 왼쪽 러프 끝선에 오도록 치는 것을 의미한다. 드로우를 치는 사람이라면, 왼쪽 페어웨이를 조준해서 오른쪽에서 왼쪽으로 휘는 샷의 최종지점이 왼쪽 러프 끝선에 오도록 치는 것을 의미한다.

목표지점을 왼쪽 러프로 설정하면 100돌이는 페어웨이 한가운데로 설정하는 것보다 티샷을 페어웨이로 보내는 경우가 훨씬 적어진다. 하지만 OB가 나는 티샷도 15%에서 2%로 줄어든다. 가장 중요한 점은, 목표지점을 왼쪽 러프로 설정하면 100돌이의 평균 타수가 시뮬레이션상으로 5.9에서 5.7로 낮아진다는 것이다.

100돌이에게는 왜 최적의 목표지점이 완전히 왼쪽일까? OB에 부과되는 타수와 거리의 규칙, 즉 2벌타가 아주 크기 때문이다. 안전하게 경기를 하기 위해서는 OB는 무조건 피해야 한다. 샷 패턴이 넓게 퍼질수록 OB를 피하기 위해 목표지점을 더 왼쪽으로 설정해야 한다. 싱글 골퍼와 100돌이에게 최적의 목표지점 설정은 시뮬레이션상으로 OB를 약 2%로 낮췄다. 이것은 50번에 한 번 정도밖에 되지 않는 것이다!

목표지점을 페어웨이 한가운데로 설정하는 것과 최적의 지점인 왼쪽 러프로 설정하는 것의 차이는 일반적인 100돌이에게 평균 0.2타이다. 이런 식으로 18홀을 돌면, 다른 샷으로 더 줄일 수 있는 가능성을 생각하지 않더라도 라운드당 3.5타를 낮출 수 있다. 핸디캡이 높은 사람은 핸디캡이 낮은 사람보다 좋은 전략을 통해 타수를 더 낮출 수 있다.[20]

그림 8-6에는 목표지점을 페어웨이 한가운데로 설정했을 때 일반적인 프로 티샷의 샷 패턴이 나와 있다. 프로가 드라이브샷을 아마추어보다 길고 똑바로 친다는 것은 그림 6-3에서 봤듯이 샷 패턴을 통해서도 확인할 수 있다. 프로의 샷 패턴은 싱글 골퍼보다 폭이 좁고 티에서도 확연하게 멀리 떨어져 있다. 목표지점을 페어웨이 한가운데로 설정했을 때 프로의 평균 타수는 4.15였고, 티샷의 4%가 OB가 났다.

그림 8-6

프로의 샷 패턴: 일반적인 프로가 티샷의 목표지점을 페어웨이 한가운데로 설정했을 때의 샷 패턴. 세 영역으로 분류했음. 파란색 선 안쪽 영역에 티샷의 50%, 빨간색 선 안쪽 영역에 티샷의 90%, 노란색 선 안쪽 영역에 티샷의 98%가 각각 포함됨. 페어웨이 한가운데를 목표지점으로 설정했을 때 평균 타수는 4.15이며 티샷의 4%가 OB였음.

그림 8-7에 나와 있듯이, 평균 타수를 최소화시키기 위한 프로의 최적 목표지점은 왼쪽 페어웨이 중앙이었다. 목표지점을 약간 왼쪽으로 이동시키면 프로의 평균 타수는 4.15에서 4.05로 낮아지며, 티샷의 0.7%만 OB가 난다.

그림 8-7에 나와 있듯이, 최적의 목표지점은 골프 실력, 그리고 그 실력을 나타내는 샷 패턴에 따라 다르다. 서로 다른 세 수준의 최적 목표지점에 대한 공통 사항은 OB가 나는 티샷이 2% 미만이라는 점이다. 드라이브샷이 정확할수록 최적의 목표지점은 더 공격적이며, 이

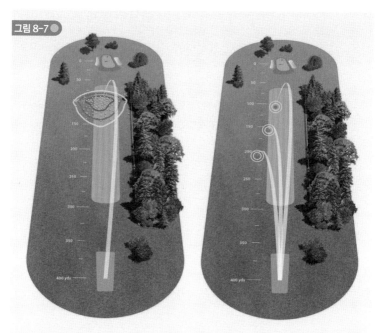

그림 8-7

최적의 목표지점: 왼쪽 그림은 일반적인 프로의 최적의 목표지점이 왼쪽 페어웨이 중앙임을 보여줌.
이 경우 평균 타수가 4.05가 되어 페어웨이 한가운데를 목표지점으로 설정했을 때의 4.15보다 낮
아짐. OB가 나는 티샷도 4%에서 0.7%로 줄어듦. 오른쪽 그림은 프로(오른쪽), 싱글 골퍼(중앙),
100돌이(왼쪽)의 최적의 목표지점을 보여줌.

는 페어웨이 한가운데와 가까워진다는 의미이다. 드라이브샷의 방향
성 편차가 클수록 최적의 목표지점은 더 보수적이며, 이는 페어웨이
한가운데와 멀어지고 OB 구역과 멀어진다는 의미다.

> 최적의 전략은 골프 실력에 따라 달라진다. 드라이브샷이 정확할수록 더 공
> 격적인 목표지점을 설정해야 한다.

목표지점은 보수적으로 설정하고 스윙은 공격적으로 하라는 얘기

가 있다. 최적의 목표지점으로 설정해도 OB가 나는 비율이 0이 아니기에, 이보다 더 보수적으로 설정하는 것도 가능하기는 하다. OB가 0% 난다는 것은 목표지점을 OB 구역에서 아주 멀리 설정한다는 것이고, 이러면 페어웨이 한가운데에서도 아주 멀어져서, 평균 타수가 높아질 것이다. 극단적으로 보수적인 전략과 극단적으로 공격적인 전략으로는 평균적으로 타수를 잃게 된다. 나는 최적의 목표지점을 설정하고 공격적으로 스윙하라고 조언하고 싶다.

> 최적의 목표지점을 설정하고 공격적으로 스윙하라.

전략을 잘 세우는 사람이 골프를 잘 치는 사람

지금까지 시뮬레이션을 통해 서로 다른 전략의 결과를 비교해보았다. 하지만 사람들이 항상 전략을 잘 세울까? 현재 자신의 능력을 잘 생각하는 것이 경기를 잘하는 최선의 방법이라는 것을 직관적으로 깨달을까? 확인해보기 위해, 골프메트릭스의 아마추어 데이터 중 이런 샘플 홀에서 얼마나 많은 OB가 났는지를 살펴봤다. 그리고 샷링크 데이터를 통해 이와 비슷한 홀에서 얼마나 많은 프로의 샷이 OB가 났는지 조사해봤다. 그 결과를 표 8-1로 정리했다. 이런 종류의 홀에서 프로는 최적의 전략 또는 거의 최적에 가까운 전략으로 경기를 했다. 반면 아마추어는 최적의 전략이었다면 나왔을 결과보다 4~7배로 더 많은 OB를 냈다. 표 8-1에 나온 결과는 수십 명의 평균 결과이다. 어

사람들이 항상 전략을 잘 세울까? 표에 실력별, 목표지점별, 그리고 데이터상 OB가 난 비율이 나와 있다. '목표지점 중앙'은 페어웨이 한가운데를 목표지점으로 설정했을 경우를 의미하는데, 이 홀에서 아마추어는 최적의 전략보다 OB가 4~7배 더 많이 난다. 프로는 최적의 전략 또는 거의 최적에 가까운 전략으로 경기를 한다(0.5%와 0.7%는 통계적으로 의미 있는 차이가 아님).

구분	목표지점 중앙	목표지점 최적	데이터
프로	4%	0.7%	0.5%
싱글 골퍼	7%	1.5%	6%
100돌이	15%	2.0%	14%

떤 사람은 티샷의 25%가 OB가 나기도 했는데, 이는 최적의 전략에서의 비율보다 10배가 넘는 수치이다.

레이 플로이드가 맞았다. 주말 골퍼는 전략을 잘 세우지 못한다. 나는 그 이유를 추측할 뿐이다. 네 명 중 한 명이 OB를 낼 수 있다. 그럴 수도 있는 일이라고 잘못 결론 낼 수도 있을 것이다. 위험 요인을 피할 수 있다는 자신의 능력을 과대평가할 수도 있을 것이다. "그렇게 왼쪽을 봐? 쫄았네!"라고 동반자가 말할까 봐 신경 쓰이기도 한다. OB가 났을 때 받을 2벌타를 충분히 이해하지 못했을 수도 있다. 가장 간단하고 그럴듯한 이유는, 더블보기나 트리플보기의 위험이 있더라도 티샷을 페어웨이로 보내서 파나 버디를 기록할 가능성에 대한 기쁨이 더 크다고 느끼기 때문이다.

아마추어는 전략을 잘 세우지 못한다. 최적의 전략보다 훨씬 OB를 많이 낸다.

해저드가 있는 홀에서의 티샷 : 목표지점의 조정

OB 구역이 있는 홀에서 티샷을 쳐본 경험이 다들 있겠지만, 모든 홀은 다르게 생겼다. OB 구역이 페어웨이에서 더 멀리 떨어져 있는 홀도 있고 더 가까운 홀도 있다. 싱글 골퍼에게 페어웨이 왼쪽 끝선이라는 목표지점은 다른 홀에서는 적용되지 않는 전략일 수 있다. OB 구역이 있는 홀에서는 OB가 날 가능성이 적도록 안전한 지역으로 목표지점을 설정해야 한다.

OB가 날 가능성이 얼마나 적도록 해야 하나? OB 구역이 페어웨이에서 몇 발자국밖에 떨어져 있지 않더라도, 100돌이는 OB가 날 가능성이 3% 이하가 되도록 해야 한다. 더 정확히 칠 수 있는 사람은 OB가 날 가능성이 더 적도록 쳐야 한다. 싱글 골퍼는 2% 이하, 프로는 1.5% 이하가 되도록 말이다.

샷 패턴과 홀의 특성을 결합하여 생각하는 이런 방식으로 매일 매일 바뀌는 상황에 대응해야 한다. 바람이 많이 부는 날에는 샷 패턴이 퍼진다. 그럼에도 OB가 날 가능성이 2% 이하가 되도록 치려면, 더 보수적으로 목표지점을 설정해야 하며, 따라서 OB 구역에서 더 멀리 목표지점을 설정해야 한다.

자, 이제 비슷한 거리의 홀이지만 나무와 OB 구역 대신 페어웨이 오른쪽에 병행 워터 해저드(lateral water hazard)가 있다고 생각해보자. 병행 해저드에 빠지면 1벌타를 받고, 볼이 해저드 라인을 넘어간 지점에서 다음 샷을 친다(OB가 나면 타수와 거리 페널티, 즉 2벌타를 받는 것과 다르다).

병행 해저드가 있는 홀에서는 목표지점을 어떻게 다르게 설정해야 할까? 얼마나 많은 샷이 물에 빠질 것이라고 예상해야 할까? 시뮬레이션 결과, 벌타가 OB보다 적기 때문에 더 공격적인 목표지점을 설정해야 한다고 나왔으며, 이는 그리 놀라운 결과는 아니다.

놀라운 것은, 최적의 목표지점을 설정했을 때 해저드에 빠지는 비율이다. 시뮬레이션 결과, 프로는 2%만, 싱글 골퍼는 3%만, 100돌이는 5%만 각각 물에 빠질 정도로 물에서 멀리 목표지점을 설정해야 한다고 나온다. 이 수치는 병행 워터 해저드가 페어웨이에서 멀리 떨어져 있을수록 낮아진다.

많은 아마추어가 OB와 병행 해저드를 똑같이 취급하고, 똑같은 정도로 피하려 하지만, 이는 타수를 낭비하는 것이다. OB의 벌타가 더 크기 때문에 병행 워터 해저드보다 더 보수적인 전략을 취해야 한다. 하지만 아마추어 대부분은 OB는 물론, 병행 해저드에 큰 신경을 쓰지 않는다. 아마추어가 스코어를 낮출 수 있는 가장 빠르고 쉬운 방법은 전략을 개선하는 것이다.

> 최적의 전략은 홀의 특성에 따라 달라진다. 벌타가 크면 더 보수적으로, 벌타가 적으면 더 공격적으로 치는 것이 좋다.

길지만 부정확한 샷 : '드라이버 vs. 아이언' 문제

사람들은 전략이 좋은 경기와 지루한 경기가 비슷한 것이라고 생각하는 경향이 있다. 하지만 나는 보수적인 전략이 항상 최선의 전략은 아니라는 것을 설명해주고 싶다.

　파4 홀이 길어서 두 번에 그린에 올리기 어려운 경우, 티샷을 5번 아이언으로 치고, 세컨샷도 5번 아이언으로 친 다음, 숏 아이언으로 그린을 공략해보라는 조언을 들어본 적이 있을 것이다. 첫 두 샷은 페어웨이에 떨어지거나, 적어도 위험 요소로부터는 멀리 떨어져 있을 것이고, 100야드 정도의 쉬운 서드샷을 치게 될 것이다. 원 퍼팅을 하면 파를 할 것이고, 아무리 못해도 보기라는 조언이다.

　이 논리는 실제 데이터를 면밀히 살펴보면 성립하지 않는다. 보수적인 '쓰리 온 전략'은 대부분의 사람들에게 낮은 스코어가 아니라 높은 스코어를 가져다준다. 경기가 재미없어지는 것은 말할 필요도 없다.

　쓰리 온 전략의 문제는 무엇일까? 긴 파4 홀에서 첫 두 샷을 아이언으로 친다는 것은 거리의 손해를 본다는 뜻이며, 이렇게 거리를 손해 보면 스코어가 높아지는 것이다. 티샷을 아이언으로 치면 드라이버로 치는 것보다 60야드 정도 손해를 보고, 세컨샷을 아이언으로 치면 40야드 정도를 잃게 된다. 서드샷을 그린 가까이에서 치지 못하고 최소한 100야드 정도를 치게 된다.

　아이언으로 치면 러프나 더 나쁜 상황에 빠질 가능성이 적다는 것은 사실이지만, 첫 두 샷으로 100야드를 손해 보는 것과 비교해서 생각해봐야 한다. 시뮬레이션 결과, 쓰리 온 전략은 보기 플레이어에게 라운드당 2타나 3타 손해를 보게 만든다고 나왔다. 홀의 모양에 따라 손해의 정도가 달라질 수 있겠지만, 홀의 좌우 모두에 심각한 해저드가 있지 않는 한, 쓰리 온 전략이 효과적인 경우는 없었다. 아마추어는 긴 파4 홀에서 첫 샷으로 가능한 길게 치는 것이 더 효과적이었다.

골프 다이제스트의 US오픈 챌린지는 핸디캡이 10인 사람은 US오픈이 열리는 골프장에서 100타를 깨지 못할 것이라는 타이거 우즈의 언급에 영향을 받아 만들어진 이벤트이다. 이 이벤트는 2008년에 7,600야드의 토리 파인즈 남코스(Torrey Pines South Course)에서 처음 열렸다. 참가한 아마추어 네 명 중에는 핸디캡 8.1의 존 앳킨슨(John Atkinson)이 있었다. 그는 거리 대신 정확도라는 보수적인 전략으로, 티샷을 하이브리드로 치면서 긴 러프를 피해 페어웨이를 지키는 데 집중했다. 하이브리드로 치면서 얻는 정확도가 거리의 손해보다 더 가치 있다고 생각한 것이다. 티샷으로 50야드 정도의 거리 손해를 봤고, 그럼에도 가끔은 긴 러프에 빠지기도 했는데, 그의 전략이 성공적이지는 않았다. 앳킨슨은 18홀 내내 본인의 전략대로 경기했다. 첫 네 홀을 보기로 출발했고, 파는 한 홀도 못 하면서 결국 114타를 쳤다.

물론 이 한 번의 결과로 앳킨슨의 전략에 문제가 있다는 것을 증명하기는 어렵지만, 이런 보수적인 방법으로는 평균 타수가 더 높아질 것이라고 시뮬레이션 분석이 예측하였다. 티샷의 거리에 대한 중요성을 이미 확인했듯이, 약간의 정확도 향상과 티샷 거리 50야드를 맞바꾸는 것은 좋은 거래가 아니다. 오해하면 안 되는 것이, 예를 들어 더 길게 치면 어려운 벙커가 있어서 페어웨이를 지키려는 경우처럼, 약간의 티샷 거리를 희생하는 것이 의미 있는 경우도 있다. 프로의 아이언샷 거리가 대부분 아마추어의 드라이브샷 거리보다 더 길기 때문에 사람마다 계산이 달라질 수도 있다. 하지만 일반적으로는, 길면서 부정확한 샷이 짧으면서 부정확한 샷보다 더 좋다.

레이업 전략 : 데이터는 길게 치라고 한다

페어웨이 당신의 위치에서 그린까지 한 번에 가기에는 너무 멀다. 당신은 본능적으로 페어웨이 우드를 꺼내 가능한 한 길게 치려고 한다. 그때 톰 왓슨의 조언이 생각난다. "레이업 샷을 가능한 한 멀리 보내려고 무작정 세게 치려 하지 마라. 깃대에서 45야드 떨어진 곳보다 90야드 떨어진 곳에서의 샷이 더 좋을지도 모른다." 그 조언이 생각나 미드아이언이나 하이브리드를 꺼내게 될지도 모르겠다. 하지만 전직 투어 선수이자 많은 투어 프로의 현직 코치인 스탠 어틀리(Stan Utley)의 조언이 생각날지도 모르겠다. "홀에서 더 가까울수록 100이나 120야드에서 치는 샷보다 더 가까이 붙일 수 있다." 최선의 전략은 무엇인가?

한편으로는 왓슨과 어틀리 모두 맞다. 최선의 결과는 확률에 달려 있고, 왓슨과 어틀리의 확률이나 프로와 아마추어의 확률이 서로 다를 수 있다. 확률에 따라 경기를 하려면 확률을 알아야 한다.

골프 전략은 미래를 생각해야 한다. 홀에서 80야드 떨어진 곳으로 레이업을 할 것인지, 30야드 떨어진 곳으로 레이업을 할 것인지를 결정하기 위해서는 그다음 샷의 결과를 예상해야 한다. 나는 당신의 개인 통계 기록을 가지고 있지는 않지만, 실제 골프장에서 많은 사람이 친 수천 개의 샷에 대한 기록을 보유하고 있다. 놀랍게도, 홀에서 80야드 떨어진 곳에서 친 모든 레이업 샷이 페어웨이에서 친 것이고, 30야드 떨어진 곳에서 친 모든 레이업 샷이 러프에서 친 것이더라도, 대부분 사람은 30야드 떨어진 곳보다 80야드 떨어진 곳에서의 샷 결과가 좋지 않았다. 일례로, 표 8-2에 보기 플레이어가 홀에서 30야드 떨어진 러프에서 홀아웃에 필요한 타수(평균 3.1타)가 80야드 떨어진 페어웨이에서 홀아웃에 필요한 타수(평균 3.4타)보다 확실히 적다는 것을 볼 수 있다. 이 수치로, 보기 플레이어는 러프에 떨어지더라도 홀에서 가까운 곳으로 레이업을 하는 편이 낫다는 것을 알 수 있다. 홀의 특성에 따라 이득의 차이가 있겠지만, 공통적으로 0.3타의 이득은 발생한다.

다르게 한번 생각해보자. 당신의 레이업 샷이 홀에서 30야드 떨어진 페어웨이로 갔다고 가정해보자. 당신의 볼을 들어 홀에서 80야드 떨어진 곳까지 뒤로 가서 벌타 없이 볼을 놓고 치라고 하면, 당신은 그렇게 하겠는가? 홀에서 80야드 떨어진 곳에서는 풀스윙을 할 수 있고, 30야드 떨어진 곳에서는 힘 조절을 해야 하기에 80야드 떨어진 곳에서 친 결과가 더 좋을 것이라고 생각하는 사람이 많다. 하지만 표 8-2의 데이터를 통해 사람들의 생각이 틀렸다는 것을 알 수 있다.

예외가 있다. 그린 가까이에 해저드가 있으면 위험과 보상의 균형이 달라진다. 그린 30야드 앞에 있는 물에 빠질 위험을 왜 부담해야 하는가? 깃대의 위치도 중요하다. 깃대가 그린 앞 벙커 바로 뒤에 있다면, 홀 뒤쪽으로 길게 쳤다가 백스핀으로 돌아오게 하는 것이 좋다. 개인 실력도 중요하다. '칩샷 입스'*에 걸렸거나, 30야드보다 80야드 떨어진 곳에서 치는 것이 확실히 더 좋다면 짧게 레이업을 해도 괜찮다. 그리고 웨지샷 레슨을 받는 것이 좋을 것이다. 하지만 대부분의 사람에게는 30야드 떨어진 곳에서의 샷이 더 좋을 가능성이 높다.

---

* yips. 심리적인 불안 등의 요인 때문에 몸이 마음처럼 움직이지 않거나 뜻대로 동작이 되지 않는 현상.

표 8-2 ● 홀에서 30야드와 80야드 떨어진 곳에서 홀아웃에 필요한 평균 타수. 러프에서의 결과
는 나무 뒤나 다른 장애물을 고려하지 않은 수치임. 프로를 제외한 모든 카테고리에서
80야드 떨어진 페어웨이에서의 수치가 30야드 떨어진 러프에서의 수치보다 높게 나타
남. 이를 통해 30야드 떨어진 곳으로의 레이업이 80야드 떨어진 곳으로의 레이업보다
낮다는 것을 보여줌.

구분	홀에서 30야드		홀에서 80야드	
	페어웨이	러프	페어웨이	러프
PGA 투어 프로	2.5	2.7	2.7	3.0
싱글 골퍼	2.7	2.8	3.1	3.2
보기 플레이어	2.9	3.1	3.4	3.5
100돌이	3.1	3.4	3.7	3.8
평균 110타	3.3	3.7	3.9	4.1

    2012년 US오픈 우승자인 웨브 심프슨은 본인의 수치를 연구해서
이 교훈을 배웠다. 골프 다이제스트의 독자들에게 그는 "가능한 한 홀
에 가까이 치세요. 물이 그린을 둘러싸고 있는 경우가 아니면 저는 세
컨샷으로 가능한 한 그린 가까이 가도록 쳤어요. 그전에는 홀에서 90
이나 100야드 떨어진 곳으로 레이업을 했지만, 통계 기록을 살펴보고
60야드 떨어진 곳에서도 그만큼 잘한다는 것을 알았죠. 그래서 이제
는 그냥 쏩니다. 그린 주변까지 가면 좋고, 웨지샷 하프스윙 정도의 거
리라도 100야드에서 친 것만큼의 결과를 얻을 것이라는 걸 알죠. 또
칩샷 연습을 많이 했기 때문에, 그린 주변이라면 업앤다운 기회가 됩
니다"라고 썼다. 사실 프로는 100야드 떨어진 페어웨이에서 업앤다운
을 28% 정도 한다. 60야드 떨어진 페어웨이에서는 36%, 30야드에서
는 52%를 한다.[21] 홀 가까이 레이업을 했을 때의 이점이 잠재적으로
높은 것이다.[22]

리커버리 전략 : 위험은 언제 부담하는 것이 가치 있나?

프로의 드라이브샷이 슬라이스가 나서 숲속으로 들어갔다. 이때 두 가지 선택권이 있다. 안전한 방법은 칩샷으로 페어웨이로 보내는 것인데, 그러면 홀에서 200야드가 남게 된다. 잘하면 보기를 기록할 것이다. 위험하지만 보상이 따르는 방법은 그린을 향해 나무 사이로 펀치샷*을 치는 것이다. 성공한다면 홀에서 100야드 떨어진 페어웨이로 보낼 수 있고, 파를 기록할 가능성이 더 커질 것이다. 실패하면 나무를 맞고 어딘가로 가면서 더블보기나 더 나쁜 스코어를 기록할지 모른다. 어떻게 해야 할까? 당신이라면 어떻게 하겠는가?

만약 이 홀이 대회의 마지막 홀이고, 연장전에 가기 위해서 파를 기록해야만 한다면 아마도 위험 부담이 큰 전략을 선택하게 될 것이다. 선두를 달리고 있고, 보기를 하더라도 우승을 할 수 있다면 안전한 전략을 선택할 것이다. 하지만 아직 남은 홀이 많고, 낮은 스코어를 기록하고 싶어 하는 일반적인 상황일 경우에는 어떻게 해야 하는가?

홀의 특성을 고려한 완벽한 시뮬레이션 대신에, 대략적인 이해를 위해 간단한 분석을 해보겠다. 고려할 결과는 모두 세 가지다. 첫째, 안전하게 페어웨이로 꺼내면 홀아웃을 위해 평균 4.2타가 필요하다. 칩샷이 1타, 그리고 거기에서 홀아웃하는 데 3.2타이다(표 5-2 참조). 둘째, 위험 부담이 큰 펀치샷이 성공하면 홀아웃을 위해 평균 3.8타가 필요하다. 펀치샷이 1타, 그리고 거기에서 홀아웃하는 데 2.8타가 필요하다. 셋째는 위험 부담이 큰 펀치샷이 실패했을 때다. 볼이 나무

* punch shot. 장애물을 피하거나 바람의 영향을 덜 받기 위한 목적 등으로 낮게 깔아 치는 샷.

여기저기를 맞고 결국 원위치로 되돌아와서 페어웨이로 안전하게 쳐 냈다고 가정하자. 위험을 감수했다가 실패하면 홀아웃을 위해 평균 5.2타가 필요하다. 실패한 펀치샷이 1타, 페어웨이로 안전하게 쳐낸 칩샷이 1타, 그리고 거기에서 홀아웃하는 데 3.2타가 필요하다.

펀치샷을 성공시킬 가능성이 72% 이상이면 위험을 부담하는 방법 이 더 낮은 평균 타수를 만들어낸다. 72%가 마법의 숫자는 아니다. 이 상황을 대략적으로 이해하는 데 도움을 주는 수치일 뿐이다. 위험 을 부담하는 방법이 안전한 방법과 비슷한 수준이 아니라 0.2타의 이 득을 보기 위해서는 성공 가능성이 86%가 되어야 한다.

올바른 선택은 각각의 상황에 따라 달라진다. 볼이 잘 놓여 있고 나 무가 앞길을 가리지 않는 상황이라면 위험을 부담하는 방법의 성공 가능성이 높고, 이를 선택하는 것이 효과적일 것이다. 볼이 어렵게 놓 여 있고 나무 사이가 좁은 상황이라면 위험을 부담하는 것은 나쁜 선 택이 될 것이다.

리커버리샷 위험 분석 : 홀아웃을 위한 평균 타수 비교

안전하게 칩샷(홀에서 200야드 떨어진 페어웨이로) : 4.2

위험 부담이 큰 리커버리, 성공(홀에서 100야드 떨어진 페어웨이로) : 3.8

위험 부담이 큰 리커버리, 실패(숲속 원위치로) : 5.2

안전하게 칩샷을 한 것과 비교하면, 위험 부담이 큰 리커버리샷이 성공했 을 경우 평균 0.4타의 이득을 보고, 실패했을 경우 평균 1.0타의 손해를 본

골프 전략

다. 평균 타수가 낮기 위해서는 위험 부담이 큰 리커버리샷의 성공 가능성이 72% 이상이어야 한다.

72% 확률의 0.4타 이득과 28% 확률의 1.0타 손해가 같기 때문에(0.72 × 0.4 = 0.28 × 1.0), 손익분기점이 72%가 된다.

필 미컬슨은 2010년 마스터스에서 유명한 리커버리샷을 성공시키며 버디를 했고 우승을 차지했다. 당시 많은 전문가가 "선택은 나빴지만, 결과는 좋았다"고 평했다. 볼은 나뭇조각 사이에 잘 놓여 있었고, 앞길이 트여 있었기 때문에, 내게는 괜찮은 선택이라고 보였다. 미컬슨의 실패한 리커버리샷으로 유명한 2006년 윙드풋(Winged Foot)에서의 US오픈 마지막 홀 상황과는 많이 달랐다. 그때는 안전하게 빼내는 대신에, 성공 가능성이 희박한 샷을 시도했다가 실패했던 것이다. 경기 후 그는 당시의 선택에 대해 "내가 미쳤죠"라고 답했다.

위험 부담이 큰 펀치샷이 실패해서 나무를 맞고 OB가 됐다고 가정해보자. 위험을 부담했다가 실패하면 홀아웃을 위해 평균 6.2타가 필요하다. 실패한 펀치샷이 1타, OB 벌타로 1타, 페어웨이로 안전하게 빼내는 칩샷이 1타, 그리고 거기에서 홀아웃하는 데 3.2타가 필요하다. 이 경우, 펀치샷을 성공시킬 가능성이 84% 이상이면 안전하게 빼내는 방법보다 더 낮은 평균 타수를 만들어낸다.[23] 위험을 부담하는 방법이 안전한 방법과 비슷한 수준이 아니라 0.2타 이득을 보기 위해서는 성공 가능성이 92%가 되어야 한다.[24]

프로는 대략 성공 가능성이 70%에서 90% 사이일 때 위험을 부담하는 것이 가치가 있다. 하지만 아마추어는 아주 낮은 가능성에도 위험을 부담하면서 시도한다. 아주 드물게 성공했을 때에는 재미있는 이야깃거리가 되겠지만, 이러한 전략으로는 타수를 잃기 십상이다.

이런 상황에서 당신의 성공 가능성은 얼마나 되나? 골프장에 사람이 없을 때 숲속에 볼을 10개 정도 놓고(약간씩 다른 지점에), 위험 부담이 있는 리커버리샷을 시도해보라. 몇 개나 페어웨이로 보냈고, 몇 개나 더 좋지 않은 상황이 됐는지 세어보자. 이 방법으로 두 가지를 얻을 수 있다. 하나는 펀치샷을 연습하는 것이다. 또 하나는 이런 상황에서의 실력에 대한 현실적인 평가를 할 수 있다는 것이다.

19번 홀 8장 총정리

- 골프에서의 좋은 결정은 두 가지 주요 요소에 달려 있다. 바로 샷의 패턴과 홀의 특성이다. 최선의 전략은 본인의 실력에 맞게 홀마다 성공 가능성이 최대가 되는 목표지점을 선택하는 것이다.
- 티샷이 러프로 가면 0.1~0.25타, 샷의 결과 때문에 리커버리 해야 하는 상황이면 0.5타, 워터 해저드나 병행 해저드로 가는 샷은 1타, 그리고 OB가 난 샷은 2타의 손해를 각각 본다.
- 해저드 관련 벌타가 클수록, 목표지점은 거기에서 멀어져야 한다.
- 아마추어는 전략을 잘못 세워 필요 이상으로 공격적 또는 보수적으로 경기를 하는 경우가 많다. 전략을 개선 시키는 것이 아마추어에게는 스코어를 낮추는 가장 좋고 빠른 방법이다.
- 최적의 전략은 실력에 따라 달라진다. 더 정확하게 치는 사람은 더 공격적으로 목표지점을 설정해야 한다. 이는 티샷의 경우 페어웨이 한가운데를, 어프로치샷의 경우 홀을 직접 조준한다는 것을 의미한다.
- 최적의 전략은 골프장과 날씨에 따라 달라진다. 바람이 많이 부는 날이나 측면 경사인 곳에서의 샷은 샷 패턴을 더 퍼지게 하기에 더 보수적인 목표지점을 설정해야 한다.
- 가장 보수적인 전략이 최적의 전략이라고 단정 지을 수는 없다. 일반적으로 티샷 때 드라이버 대신 아이언을 선택하는 것은 타수에서 손해를 본다.
- 그린 주변에 위험이 있거나 깃대 위치가 어려운 경우를 제외하면, 홀에서 80~100야드 떨어진 곳으로 레이업을 하는 것보다 홀에 가까이 레이업을 하는 쪽의 스코어가 더 좋다.

골프 전략

CHAPTER
09

목적을 가지고 연습하기 :

성적을 측정하고 개선하기 위한
게임과 연습 방법

　이득 타수는 골프 성적을 측정하기 위한 훌륭한 도구이지만, 샷을 자동으로 기록하는 PGA 투어의 샷링크 시스템의 혜택을 일반적인 사람들이 누릴 수는 없다. 그럼에도 많은 선수들이 경기와 연습에서 본인의 성적을 기록하는 것을 필수 요소라고 생각한다. 피아노 연습처럼 골프 연습 경기와 방법도 다양하고 반복적이다. 뇌를 근육에 연결하고, 다른 선수들보다 얼마나 더 많이 해야 하는지 알려준다.[25]

　루크 도널드는 효율적이면서 효과적인 연습을 통해 실력을 끊임없이 향상시켰다. 그는 기술적인 부분을 연습하는 동시에, 샷을 점수로 매기는 게임을 많이 했다. 이 장에서는 연습 그린, 숏게임 연습장, 그리고 골프장에서 누구나 본인의 성적을 측정할 수 있는 게임과 실력 테스트를 소개할 것이다. 또한, 이득 타수 계산을 하지 않아도 성적을 측정할 수 있는 새로운 통계 기록도 알려줄 것이다.

　소개할 게임은 퍼팅을 성공시키거나 샷을 홀에 가까이 붙이는 등 대부분 특정 결과에 점수를 배정하는 방식이다. 임의로 점수를 정하지 않고, 연습이 습관이 되도록 점수를 정했다. 퍼팅에서 거리 조절의 중요성을 강조하기 위해 퍼팅이 짧은 경우 벌점을 부여하는 식이다.

내가 얼마나 잘하고 있는지 어떻게 알 수 있나? 당신이 최고의 프로나 일반적인 아마추어와 비교할 수 있도록 프로의 샷링크 데이터와 아마추어의 골프메트릭스 데이터를 활용하여 채점표를 만들었다. 혼자서 연습을 하더라도, 당신의 퍼팅이 루크 도널드의 그것보다 더 좋은지, 100돌이보다 더 못한지 알 수 있을 것이다. 당신의 숏게임을 필 미컬슨과 비교할 수 있을 것이다. 채점표의 또 다른 장점은, 친구나 프로와의 공정한 경기를 위해 어느 정도의 핸디캡을 주고받을 것인지 알려준다는 것이다. 각 연습 게임의 점수 기록은 복잡한 계산이 필요 없을 정도로 간단하다.[26]

3m 퍼팅 게임

3m 퍼팅 연습을 위해 3m-10점 게임을 해보자. 목표는 가능한 빨리 10점을 얻는 것이다.

3m-10점 게임

목표

가능한 적은 홀에서 10점을 얻으면 승리

규칙

• 홀로부터 2.7~3.3m 떨어진 곳에 볼 놓기

• 홀아웃할 때까지 퍼팅하기

• 몇 개의 홀을 했는지 기록하기

점수

• 첫 퍼팅 성공 시 +2점

• 첫 퍼팅이 길었지만 두 번째 퍼팅을 성공시키면 0점

• 첫 퍼팅이 짧았지만 두 번째 퍼팅으로 성공시키면 -1점

• 홀아웃을 위해 쓰리 퍼팅 이상을 하면 -3점

• 개인 점수가 -10점이 되면 게임 패배

최종 결과

10점을 획득할 때 소요된 홀 수

홀아웃할 때마다 한 홀을 한 것이다. 10점을 얻거나 -10점이 될 때까지 몇 개의 홀을 했는지 기록해보자. 표 9-1에 정리한 점수는 좋은 퍼팅에 보상을 주도록 만들어졌다. 원 퍼팅을 하면 점수를 얻고, 쓰리 퍼팅을 하면 점수를 잃는다. 가장 흔한 투 퍼팅은 첫 퍼팅이 짧지만 않으면 점수를 얻지도 잃지도 않는다. 첫 퍼팅이 짧으면 점수를 잃게 되는 것은 거리 조절에 집중하고 홀까지는 쳐야 한다는 것을 상기시키려는 조치다. 그렇다고 첫 퍼팅을 아주 세게 칠 수는 없을 것이다. 쓰리 퍼팅 이상을 하면 점수를 많이 잃기 때문이다.

표 9-1	3m 퍼팅 게임 점수. 3m(2.7~3.3m 사이)에서 퍼팅하되, 시계의 서로 다른 지점(오르막, 내리막, 측면 경사)에서 하기. 1.5m 퍼팅과 4.5m 퍼팅에도 동일 점수가 적용됨.	
결과		**점수**
원 퍼팅		2
투 퍼팅, 첫 퍼팅이 긴 경우		0
투 퍼팅, 첫 퍼팅이 짧은 경우		-1
쓰리 퍼팅 이상		-3

  이 게임을 통해 최대한 많은 것을 얻기 위해서는 세 가지 명심할 것이 있다. 첫째, 첫 홀을 끝내면 연습 그린의 다른 지점으로 이동하여 다음 홀을 진행하라. 모든 퍼팅은 그린을 한 번 읽고 쳐야 한다. 같은 지점에서 퍼팅을 반복하는 경우는 골프에 없다. 만약 이렇게 할 경우, 실제 라운드보다 쉽고, 그린 읽기에 도움이 되지 않으며, 당신의 성적을 정확히 측정하지 못하게 한다. 따라서 연습 그린에 사람이 아주 많은 경우가 아니라면, 한 홀이 끝날 때마다 새로운 홀로 이동하라.

  둘째, 각 홀을 서로 다른 시계의 지점에서 진행하라. 실제로 라운드 내내 똑바른 오르막 퍼팅을 하지는 않기 때문에, 연습 그린에서도 똑바른 오르막 퍼팅만 연습할 필요는 없다. 첫 홀의 지점을 무작위로 골랐는데 3시 지점의 측면 경사라고 해보자. 다음 홀은 7시 지점의 오르막 퍼팅, 그다음 홀은 10시 지점의 측면 내리막 퍼팅 식으로 이동하면서 진행하라. 시계의 모든 지점에서 쳐야 한다는 것을 명심하라. 오르막 퍼팅과 내리막 퍼팅만 교대로 쳐서는 안 된다.

  셋째, 홀에서 2.7~3.3m 떨어진 지점에서 시작하되, 60cm 범위에서 각 홀의 거리를 다르게 진행하라. 3m 퍼팅을 잘하려면 3m 퍼팅만 연습하는 것보다는 2.7m, 3m, 3.3m 퍼팅을 연습하는 것이 낫다는 연구 결과도 있다. 2.7~3.3m 범위에서 거리를 다르게 연습하되, 3.3m 퍼팅보다 2.7m 퍼팅을 더 많이 하지는 않도록 주의하라.

이제 당신의 점수를 다른 사람과 비교해보자. 퍼팅 시험의 채점 과정인 셈이다. PGA 투어 프로는 항상 -10점이 되기 전에 10점을 획득하여 승리한다. 일반적인 PGA 투어 프로는 승리하는 데 평균적으로 약 14개 홀이 필요하다. 투어에서 퍼팅을 잘하는 선수는 약 11개 홀로 승리하며, 최소 5개 홀, 최대 30개 홀의 범위를 보였다.[27] PGA 투어에서 퍼팅을 잘 못하는 선수는 약 17개 홀이 걸렸다. 일반적인 싱글 골퍼는 24개 홀, 보기 플레이어는 43개 홀이 걸렸다. 당신이 만약 10개 홀로 꾸준히 승리할 수 있다면 당신의 퍼팅 성적은 투어에서 퍼팅을 가장 잘하는 선수보다 뛰어난 것이다. 표 9-2에 채점표가 나와 있다.

이 장에서 사용된 프로의 수치는 서로 다른 골프장에서 진행된 실제 대회에서의 결과를 바탕으로 산출된 것이다. 아마추어의 수치는 연습 그린이나 숏게임 연습장이 아닌 '정식' 골프장에서의 경기 결과를 바탕으로 산출된 것이다. 굴곡과 경사가 익숙한 연습 그린에서 느

표 9-2 3m-10점 게임 채점표

구분	게임 승리에 소요된 홀 중간값
투어에서 퍼팅을 잘하는 프로	11
일반적인 투어 프로	14
투어에서 퍼팅을 잘 못하는 프로	17
싱글 골퍼	24
보기 플레이어	43
100돌이	-10점으로 종료되는 경우가 더 많음
평균 110타	-10점으로 종료되는 경우가 더 많음

굿하게 연습을 하면 점수가 조금 좋아질 수 있다.

3m-10점 게임은 혼자서도, 친구와도 할 수 있다. 친구와 할 경우, 홀마다 퍼팅 시작 순서를 교대로 해야 하고, 홀마다 다른 시계 지점에서 퍼팅을 해야 한다. 예를 들면 당신은 10시 지점, 친구는 5시 지점에서 시작하고, 그다음 홀은 당신이 8시 지점, 친구가 4시 지점에서 시작하는 식이다. 중요한 점은 홀마다 섞어가면서, 시계의 서로 다른 지점에서 진행하되, 2.7~3.3m 범위에서 거리를 바꿔가며 퍼팅을 해야 한다는 것이다. 먼저 -10점이 되면 패하고, 먼저 10점을 획득하면 이기는 방식이다.

핸디캡이 높은 사람은 3m-10점 게임에서 10점을 획득하는 데 상당한 어려움이 있을 것이다. 3m-10홀 게임은 시간을 단축할 수 있는 변형된 게임이다. 3m-10홀 게임은 10개 홀에서 얼마나 많은 점수를 획득하느냐로 승패를 가린다. 규칙과 점수는 3m-10점 게임과 동일하다. 표 9-3의 채점표를 참고해서 당신의 성적을 다른 사람과 비교해 보라.

두 사람 이상이 게임을 할 때 표 9-2와 9-3을 통해 핸디캡을 조정할 수 있다. 예를 들면, 싱글 골퍼와 100돌이가 3m-10홀 게임을 하면 핸

표 9-3 ● 3m-10홀 채점표

구분	평균 점수
투어에서 퍼팅을 잘하는 프로	8
일반적인 투어 프로	7
투어에서 퍼팅을 잘 못하는 프로	6
싱글 골퍼	4
보기 플레이어	2
100돌이	-1
평균 110타	-3

디캡을 5점 주는 식이다.

변형 : 1.5m, 3m, 4.5m 퍼팅 게임

　3m 게임과 똑같은 규칙 및 점수로 다른 거리의 퍼팅 게임도 할 수 있다. 1.5m 게임은 1.2~1.8m 범위에서, 4.5m 게임은 4.2~4.8m 범위에서 각각 진행하면 된다. 그린을 한 번만 읽고 퍼팅해야 하는 규칙과 매번 다른 홀에 퍼팅을 해야 하는 규칙을 잊지 마라. 거리는 60cm 범위에서 변화를 주고, 퍼팅 지점은 시계 지점을 돌아가면서 진행해야 한다.

　표 9-4는 1.5m, 3m, 4.5m 게임의 채점표이다. 4.5m 게임은 10점을 내기 위해 너무 많은 시간이 필요하기 때문에(퍼팅을 잘하는 프로도 25개 홀, 싱글 골퍼는 70개 홀 이상이 필요하다), 5점 내기로 진행한다. 즉, 5점을 획득하면 승리, -5점이면 패배이다. 1.5m 게임은 10점을 내기 너무 쉽기에 15점 내기로 진행한다.

표 9-4 1.5m, 3m, 4.5m 게임 채점표

구분	게임 승리에 소요된 홀 중간값			10개 홀 평균 점수		
	1.5m 15점	3m 10점	4.5m 5점	1.5m	3m	4.5m
투어에서 퍼팅을 잘하는 프로	10	11	11	16	8	4
일반적인 투어 프로	10	14	14	15	7	3
투어에서 퍼팅을 잘 못하는 프로	11	17	18	14	6	1
싱글 골퍼	13	24	21	12	4	0
보기 플레이어	14	43	N/A	10	2	-2
100돌이	18	N/A	N/A	8	-1	-4
평균 110타	23	N/A	N/A	6	-3	-6

나선형 게임

노스캐롤라이나 캠벨 대학교 PGA 골프 매니지먼트(Campbell University PGA Golf Management)의 훈련부장인 데이비드 오어(David Orr)가 내게 나선형 게임을 알려줬다. 그는 저스틴 로즈, 에도아르도 몰리나리를 포함한 많은 프로와 아마추어의 퍼팅 코치이다. 이 게임은 퍼팅의 가장 중요한 거리에 집중하고, 실패하면 처음부터 다시 시작해야한다는 부담감이 있는 게임이다.

나선형 게임 : 60cm부터 1.8m까지

목표

각도와 거리가 다른 퍼팅을 5회 연속 성공하기

규칙

• 홀 주위에 시계 방향으로 5개의 볼을 놓되, 첫째는 60cm, 마지막은 1.8m가 되게 한다.

• 무작위로 시계 지점에 놓는다. 예를 들면 60cm 퍼팅은 3시 지점, 90cm는 5시 30분 지점, 1.2m는 8시 지점, 1.5m는 10시 30분 지점, 1.8m는 1시 지점의 식이다.

• 5개를 연속으로 성공시켜라.

• 퍼팅에 실패하면 5개의 볼을 모두 새로 놓는다. 가능하면 다른 홀에, 시계의 다른 지점에, 시계 반대 방향으로 놓고 다시 퍼팅한다. 예를 들면,

60cm 퍼팅은 8시 지점, 90cm는 5시 30분 지점, 1.2m는 3시 지점, 1.5m는 12시 30분 지점, 1.8m는 10시 지점에서 하는 식이다.

- 퍼팅에 실패한 수를 기록하라.

점수

- 퍼팅을 5회 연속 성공하면 승리
- 최종 점수 : 승리하기까지 실패한 퍼팅 수

표 9-5의 채점표에 최대 거리가 1.8~3m일 경우의 최종 점수 중간 값이 나와 있다. 100돌이는 60cm부터 1.8m 나선형 게임에서 승리할 때 퍼팅 실패가 세 번 이하인 경우가 반 정도였다. 프로의 점수는 반 이상이 0점이었는데, 이는 60cm부터 1.8m 나선형 게임을 승리할 때까지 실패한 퍼팅이 한 번도 없었다는 의미이다.

이 게임은 거리가 멀어지면 바로 어려워진다. 60cm부터 2.4m 나선형 게임에서는 볼을 60cm, 90cm, 1.2m, 1.5m, 1.8m, 2.1m,

표 9-5 ● 나선형 게임 채점표

구분	게임 승리하기까지 실패한 퍼팅 중간값				
	60cm부터 1.8m	60cm부터 2.1m	60cm부터 2.4m	60cm부터 2.7m	60cm부터 3m
투어에서 퍼팅을 잘하는 프로	0	0	1	3	7
일반적인 투어 프로	0	1	2	4	12
투어에서 퍼팅을 잘 못하는 프로	0	1	3	8	23
싱글 골퍼	1	3	11	40	〉100
보기 플레이어	2	5	19	60	〉100
100돌이	3	14	50	〉100	〉100
평균 110타	4	15	77	〉100	〉100

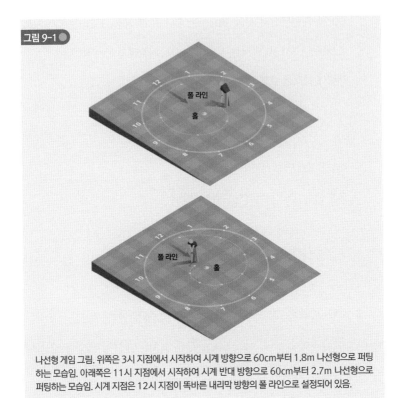

그림 9-1

나선형 게임 그림. 위쪽은 3시 지점에서 시작하여 시계 방향으로 60cm부터 1.8m 나선형으로 퍼팅하는 모습임. 아래쪽은 11시 지점에서 시작하여 시계 반대 방향으로 60cm부터 2.7m 나선형으로 퍼팅하는 모습임. 시계 지점은 12시 지점이 똑바른 내리막 방향의 폴 라인으로 설정되어 있음.

2.4m에 놓는다. 100돌이는 이 게임을 승리하기까지 반 정도가 50번의 퍼팅을 실패한다(이들에게는 이 게임을 추천하고 싶지 않다).

6m, 9m, 12m 퍼팅 게임

퍼팅 거리가 늘수록 쓰리 퍼팅을 피하는 것이 중요해진다. 긴 거리 퍼팅 게임에서는 퍼팅이 짧았다고 벌점을 받지는 않는다. 대신에 원

골프 전략

퍼팅에 성공시키면 가장 큰 보상을 받고, 쓰리 퍼팅을 하면 점수를 잃는다.

긴 거리 퍼팅 게임은 짧은 거리 퍼팅 게임과 방식이 비슷하지만, 거리 범위의 폭이 다르다. 6m 게임은 홀에서 4.5~7.5m 범위에서 시작하면 된다. 9m 게임은 7.5~10.5m 범위에서, 12m 게임은 10.5~13.5m 범위에서 출발하면 된다. 그린을 한 번만 읽고 퍼팅하고 (매번 다른 홀에 퍼팅하기), 시계 지점에 따라 퍼팅 지점을 변경하는 것은 똑같다. 표 9-6에 6m, 9m, 12m 퍼팅 게임의 점수를 정리해놓았다.

6m-15점 게임

목표

가능한 적은 홀에서 15점을 얻으면 승리

규칙

- 홀에서 4.5~7.5m 떨어진 곳에 볼 놓기
- 홀아웃할 때까지 퍼팅하기
- 몇 개의 홀을 했는지 기록하기

점수

- 첫 퍼팅 성공 시 +5점
- 홀에서 길거나 짧은 것에 상관없이 첫 퍼팅을 90cm 이내로 붙이면서 두 번째 퍼팅을 성공시키면 1점

- 첫 퍼팅을 홀에서 90cm 이내로 붙이지 못했으면서 두 번째 퍼팅으로 성공시키면 0점
- 홀아웃을 위해 쓰리 퍼팅 이상을 하면 −3점
- 개인 점수가 −15점이 되면 게임 패배

최종 결과

15점을 획득하는 데 소요된 홀 수

표 9-6 6m, 9m, 12m 퍼팅 게임 채점표

결과	점수
원 퍼팅	5
투 퍼팅, 첫 퍼팅을 90cm 이내로 붙인 경우	1
투 퍼팅, 첫 퍼팅을 90cm 이내로 붙이지 못한 경우	0
쓰리 퍼팅 이상	−3

6m-15점 게임에서는 15점을 획득하면 승리, −15점이면 패한다. 표 9-7에 채점표가 나와 있다. 승리하는 데 15개 홀이 걸렸다면 당신의 성적은 일반적인 싱글 골퍼 수준이다.

6m-10홀 게임의 목표는 10개 홀 동안 몇 점을 획득하는지를 확인해보는 것이다. 표 9-7의 채점표를 통해 당신의 성적을 다른 사람과 비교해볼 수 있다. 예를 들어, 보기 플레이어와 100돌이가 6m-10홀 게임을 하면, 보기 플레이어가 4점 차이로 이길 것으로 예상되기에 4점의 핸디캡을 주면 공평하게 된다.

표 9-7 6m, 9m, 12m 게임 채점표

구분	게임 승리에 소요된 홀 중간값			10개 홀 평균 점수		
	6m 15점	9m 10점	12m 5점	6m	9m	12m
투어에서 퍼팅을 잘하는 프로	10	11	7	15	10	5
일반적인 투어 프로	11	12	8	14	8	4
투어에서 퍼팅을 잘 못하는 프로	12	14	10	12	7	2
싱글 골퍼	15	18	N/A	10	4	-1
보기 플레이어	20	29	N/A	7	0	-5
100돌이	35	N/A	N/A	3	-4	-9
평균 110타	42	N/A	N/A	-1	-7	-14

그린 읽기 연습 방법 : 폴 라인 찾기

그린 읽기 실력은 퍼팅 기술만큼 중요하지만, 그린 읽기를 연습하는 사람은 거의 없다. 여기에 어떤 교습서나 잡지에도 나오지 않은 새로운 그린 읽기 연습 방법을 소개해보겠다. 폴 라인을 찾는 데 집중하는 것인데, 폴 라인이란 물이 중력에 의해 흘러가는 똑바른 내리막 방향을 의미한다.

그린 읽기 연습 방법

목표
폴 라인을 잘못 읽는 '폴 라인 에러' 줄이기

규칙
• 연습 그린이나 골프장에서 홀을 고르기

- 퍼팅을 하기 전에, 1.8m(대략 퍼터 길이의 2배) 거리의 똑바른 내리막 지점이 어디일지 그린 읽기
- 폴 라인이라고 생각한 방향으로 홀에서 1.8m 떨어진 지점에 동전으로 마크하기
- 동전 바로 앞에서 홀을 향해 똑바로 퍼팅하기
- 퍼팅한 볼이 홀에 똑바로 들어가면 폴 라인을 제대로 찾은 것임
- 퍼팅이 어느 쪽으로든 휘면, 지점을 조금씩 바꿔가며 올바른 폴 라인 찾기

점수
- 올바른 폴 라인을 찾으면 동전과의 거리를 측정하라. 이 거리가 당신의 폴 라인 에러이다.
- 첫 퍼팅이 똑바로 굴러가서 성공하면 폴 라인을 제대로 찾은 것이며, 이때의 점수는 0점이다.

한 가지 팁을 주자면, 홀 주위를 걸어봤을 때 가장 높은 곳이 폴 라인 지점이다. 이 연습 방법은 채점표가 없다.

연습 그린이나 다른 홀에서 그린 읽기 연습을 반복해보자. 이 연습 방법을 위해 실제 홀 대신 티를 사용해도 괜찮다. 당신의 폴 라인 에러를 꾸준히 기록하고, 홀 주변의 경사가 완만한지, 보통인지, 심한지도 기록하라. 경사가 심할 때보다 완만할 때 폴 라인을 예상하기가 더 어렵다. 이 방법으로 연습을 할수록 폴 라인 그린 읽기 에러가 줄어들 것이다. 일단 폴 라인을 찾을 수 있게 되면, 퍼팅이 어느 정도 휠 것인지는 그림 7-7의 퍼팅 바퀴를 활용하면 쉽게 알 수 있다.

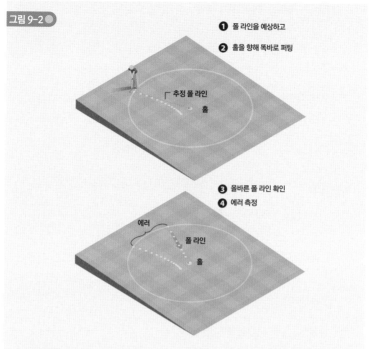

그림 9-2

❶ 폴 라인을 예상하고

❷ 홀을 향해 똑바로 퍼팅

추정 폴 라인

홀

❸ 올바른 폴 라인 확인

❹ 에러 측정

에러

폴 라인

홀

폴 라인 연습 방법. 위쪽 그림에 첫 두 단계가 나와 있다. 폴 라인 지점을 예상해보고 홀을 향해 똑바로 퍼팅해서 휘는지 확인하자. 아래쪽 그림에 다음 두 단계가 나와 있다. 올바른 폴 라인을 찾아 에러를 측정하자.

숏게임 게임

숏게임 게임을 하면 40야드 이내의 샷이 더 날카로워질 것이다. 이 게임은 똑같은 규칙과 점수로 10, 20, 30, 40야드 거리의 페어웨이, 러프, 벙커에서 진행할 수 있다.

숏게임 : 20야드 페어웨이 게임

목표

다섯 번의 샷으로 최대 점수 기록하기

규칙

- 홀에서 15~25야드 사이의 거리가 떨어진 페어웨이에 볼을 놓고 치기
- 난이도를 선택하면서 총 다섯 번의 샷 치기

점수

- 바로 들어가면 +5점
- 홀에서 1.8m 이내에 붙으면 +2점
- 홀에서 1.8m에서 3.6m 사이로 붙으면 +1점
- 그린에는 올렸지만, 홀에서 3.6m보다 더 떨어지면 0점
- 그린에 올리지 못하면 −1점

최종 결과

- 다섯 번의 샷의 총 점수

숏게임 샷은 거리에 따라 난이도가 달라지기 때문에, 난이도를 고려해서 샷을 선택해야 한다. 어떤 샷은 그린의 이용할 공간이 많아서 쉬운 칩샷일 수 있다. 페어웨이나 러프에서 치는 어떤 샷은 볼과 홀 사이에 벙커가 있어서 띄워 칠 수밖에 없다. 어떤 샷은 숏 사이드(short-

결과	점수
홀아웃	5
1.8m 이내로 붙이기	2
1.8m에서 3.6m 사이로 붙이기	1
그린에 올렸지만 3.6m보다 더 떨어짐	0
그린 적중 실패	-1

표 9-8 ● 10야드부터 40야드 게임의 점수

sided)일 수 있는데, 볼에서 그린 가장자리까지의 거리가 그린 가장자리에서 홀까지의 거리보다 길다는 의미이다. 어떤 샷은 홀이 오르막 경사에 있을 수 있고, 또 어떤 샷은 홀이 내리막 경사에 있을 수 있다.

모든 샷은 10야드 범위에서 서로 다른 거리에서 쳐야 한다. 똑같은 거리에서 똑같은 홀을 향해 두 번 연속으로 치는 것은 실제 라운드에서 일어나지 않는 상황이며, 서로 다른 거리에서 치는 것보다 연습 효과가 떨어진다. 20야드 게임에서는 홀에서 15~25야드 떨어진 범위 내에서 하면 된다. 예를 들어 한 샷을 15야드에서 한다면, 다음 샷은 25야드에서, 그다음 샷은 20야드, 25야드, 15야드에서 하는 식이다. 30야드 게임에서는 홀에서 25야드부터 35야드 떨어진 범위 내에서 하면 된다.

표 9-9부터 9-11에 채점표가 나와 있다. 프로의 수치는 어려운 골프장에서 열린 대회의 결과를 바탕으로 산출된 것인데, 그린은 딱딱하고 빠른 상태이고, 볼이 그린 주변의 페어웨이에 딱 붙어 있거나 깊은 러프에 놓였다는 것을 의미한다. 아마추어의 수치는 실제 골프장에서 진행된 상금이 적은 경기나 때로는 아마추어 대회에서의 결과를 바탕으로 산출된 것이다. 표 9-9에 나온 페어웨이에서의 채점표에 따르

표 9-9 10야드에서 40야드 떨어진 페어웨이에서의 게임 채점표

구분	다섯 번의 샷 평균 점수			
	10야드	20야드	30야드	40야드
투어에서 숏게임을 잘하는 프로	10	8	6	5
일반적인 투어 프로	9	7	5	4
투어에서 숏게임을 잘 못하는 프로	8	6	4	3
싱글 골퍼	7	5	3	2
보기 플레이어	6	4	2	1
100돌이	5	3	1	0
평균 110타	4	2	0	-1

표 9-10 10야드에서 40야드 떨어진 러프에서의 게임 채점표

구분	다섯 번의 샷 평균 점수			
	10야드	20야드	30야드	40야드
투어에서 숏게임을 잘하는 프로	8	5	4	3
일반적인 투어 프로	7	4	3	2
투어에서 숏게임을 잘 못하는 프로	6	4	2	1
싱글 골퍼	5	3	1	0
보기 플레이어	4	2	0	-1
100돌이	3	1	-1	-2
평균 110타	2	0	-2	-3

표 9-11 10야드에서 40야드 떨어진 벙커에서의 게임 채점표

구분	다섯 번의 샷 평균 점수			
	10야드	20야드	30야드	40야드
투어에서 숏게임을 잘하는 프로	6	6	4	3
일반적인 투어 프로	5	5	3	2
투어에서 숏게임을 잘 못하는 프로	4	4	3	1
싱글 골퍼	1	1	1	0
보기 플레이어	1	0	-1	-2
100돌이	0	-1	-2	-3
평균 110타	-3	-3	-4	-5

면, 홀에서 40야드 떨어진 페어웨이에서의 PGA 투어 프로 평균 점수는 다섯 번의 샷에 4점이다. 이 게임을 여러 번 하면 프로는 2점이나 3점을 기록하는 것이 30%, 4점이 20%, 5점이나 6점을 기록하는 것이

30% 정도이다. 7점이나 그 이상을 기록하는 것도 10%나 된다. 보기 플레이어의 평균 점수는 다섯 번의 샷에 1점이다.

남은 거리 중간값 게임

숏게임 게임과 마찬가지로, 남은 거리 중간값(median-leave) 게임도 다양한 거리와 상황에서의 샷을 테스트하는 게임이다. 남은 거리 중간값 게임은 여러 번의 샷을 하고, 남은 거리의 중앙값, 즉 중간값을 측정하는 것이다. 왜 남은 거리의 평균이 아니라 중간값인가? 첫째, 골프장에서 여러 샷의 거리를 측정하고 평균을 계산하는 것보다 하나의 중간값을 측정하는 것이 더 쉽기 때문이다. 둘째, 샷 하나를 크게 실수하면 평균값이 왜곡되기 때문이다. 페어웨이, 러프, 벙커에서의 게임은 연습장에서도 가능하다. 또, 실제 경기를 하면서 샷 결과를 기록하고 다른 프로나 아마추어와 성적을 비교해볼 수도 있다.

20야드 페어웨이에서의 남은 거리 중간값 게임

목표
다섯 번의 샷으로 최대 점수 기록하기

규칙
• 홀에서 15~25야드 사이의 거리가 떨어진 페어웨이에 볼을 다섯 개 놓고

치기

점수
- 홀에서 가장 가까이 붙인 두 개의 샷과 가장 멀리 떨어진 두 개의 샷 고르기
- 남은 하나의 샷과 홀과의 거리 재기. 이 거리가 다섯 개의 중앙값인 중간 값임

최종 결과
다섯 번의 샷의 중간값 거리(피트)

다섯 번의 샷이 모두 달라야 한다. 하나의 홀을 정하고 그린 주변 다섯 곳의 서로 다른 지점에서 쳐야 한다. 20야드 게임에서는 15~25야드 사이 범위에서 치면 되지만, 평균이 20야드여야 한다. 40야드 게임에서는 35~45야드 사이 범위에서 치면 된다. 다섯 번의 샷의 중간값 거리는 홀에서 세 번째로 가까이 붙인 샷이다. 일곱 번의 샷이라면 네 번째, 아홉 번의 샷이라면 다섯 번째로 가까이 붙인 샷이 중간값이다.

표 9-12부터 9-14에 페어웨이, 러프, 벙커에서의 남은 거리 중간값 게임 채점표가 나와 있다. 예를 들어, 20야드 페어웨이에서의 게임에서 당신의 중간값 거리가 9피트(2.7m)라면 당신의 성적은 싱글 골퍼와 보기 플레이어 사이쯤 되는 것이다. 채점표를 통해 그룹별 실력 차이를 쉽게 알 수 있다. 100야드 페어웨이에서의 샷의 경우, 프로의 남은 거리 중간값이 16피트(4.8m)인 반면, 보기 플레이어의 남은 거리 중간

값은 37피트(11.1m)이다. 10야드 벙커에서의 샷의 경우, 프로의 남은 거리 중간값은 7피트(2.1m)이며 보기 플레이어의 남은 거리 중간값은 19피트(5.7m)이다. 말할 필요도 없이, 이런 이유로 프로는 골프가 직업이고, 아마추어는 별도의 직업을 가지고 있는 것이다.

많은 프로가 내게 가장 뛰어난 선수들의 성적표를 만들어달라고 요청해서 표 9-12부터 9-14를 만들었다. 이 표에서 '가장 뛰어난 프로'는 거리별 카테고리에서 매년 가장 높은 점수를 얻은 세 명이다. 예를 들면, 60부터 100야드의 거리에 대한 기록을 위해, 60부터 100야드의 거리에서 이득 타수가 가장 뛰어난 세 명을 찾아내서 그들의 남은 거리 중간값을 산출하는 식이다. 100~150야드의 거리에 대한 기록을 위해서는, 그 거리에서의 이득 타수가 가장 뛰어난 세 명을 찾아내 그들의 남은 거리 중간값을 산출하는 식이다. 세상에서 가장 뛰어난 선수가 되려면, 표에 나온 '가장 뛰어난 프로'의 점수를 꾸준히 넘어서야 한다.

표 9-12부터 9-14를 통해 가장 뛰어난 선수와 당신을 비교할 수 있다. 골프장이나 숏게임 연습장에서 볼을 치면서 가장 뛰어난 프로와 비교해보는 방법은 다음과 같다. 첫 번째 홀에서 50야드 떨어진 페어웨이에 볼을 놓고 친다. 페어웨이에서의 남은 거리 중간값 표에 따르면 가장 뛰어난 프로의 기록은 9피트(2.7m)이다. 당신의 샷이 9피트 내에 붙으면 1점을 얻고 9피트보다 멀면 1점을 잃는다. 다음 홀에서는 40야드 떨어진 러프에 볼을 놓고 친다. 러프에서의 남은 거리 중간값 표에 따르면, 가장 뛰어난 프로의 기록은 11피트(3.3m)이다. 당신의 샷이 11피트 내에 붙으면 1점을 얻고 11피트보다 멀면 1점을 잃는다.

다음에는 20야드 떨어진 벙커에 볼을 놓는다. 당신의 샷이 6피트(벙커에서의 남은 거리 중간값 표상 가장 뛰어난 프로의 기록) 내에 붙으면 1점을 얻고 6피트보다 멀면 1점을 잃는다. 게임을 하면서 점수를 계속 기록하라.

당신의 최종 점수가 양수라면 당신은 가장 뛰어난 프로보다 훌륭한 것이다. 당신의 최종 점수가 음수라면 연습을 더 해야 한다. 다른 사람을 상대로 이 게임을 하면서 최종 점수의 차이로 승자를 정할 수도 있다.

표 9-12 페어웨이에서의 남은 거리 중간값 채점표

홀에서 남은 거리 (야드)	남은 거리 중간값 (피트)					
	가장 뛰어난 프로	평균적인 프로	싱글 골퍼	보기 플레이어	100돌이	평균 110타
10	3	4	5	6	6	7
20	5	6	7	10	11	12
30	6	8	12	16	19	22
40	8	10	16	21	24	26
50	9	12	20	23	28	34
60	10	13	21	25	31	40
70	10	13	23	31	37	41
80	12	14	24	33	39	43
90	12	15	26	35	41	44
100	13	16	28	37	46	56
110	15	17	29	44	53	57
120	15	18	31	47	58	63
130	17	19	35	49	63	76
140	18	21	39	50	66	86
150	21	23	42	56	73	93
160	22	25				
170	25	28				
180	27	31				
190	31	34				
200	34	37				
210	37	42				
220	41	47				

골프 전략

러프에서의 남은 거리 중간값 채점표

홀에서 남은 거리 (야드)	남은 거리 중간값 (피트)					
	가장 뛰어난 프로	평균적인 프로	싱글 골퍼	보기 플레이어	100돌이	평균 110타
10	4	5	6	8	10	11
20	8	9	11	15	19	21
30	10	12	16	20	24	29
40	11	15	17	25	31	37
50	14	17	21	28	35	41
60	15	19	22	33	40	42
70	16	21	27	36	44	53
80	18	22	28	37	46	54
90	19	24	29	40	50	57
100	24	26	32	41	52	64
110	26	28	37	43	58	75
120	27	31	38	50	66	86
130	31	33	40	51	70	91
140	32	35	41	56	75	96
150	37	38	47	57	88	110

벙커에서의 남은 거리 중간값 채점표

홀에서 남은 거리 (야드)	남은 거리 중간값 (피트)					
	가장 뛰어난 프로	평균적인 프로	싱글 골퍼	보기 플레이어	100돌이	평균 110타
10	5	7	17	19	22	26
20	6	8	18	24	29	34
30	9	11	20	31	41	48
40	11	16	34	52	62	67

　　경기하면서 기록을 계속 남기면, 거리 카테고리별로 그룹을 만들고, 남은 거리 중간값을 최초 거리 대비 비율로 표시할 수 있다. 예를 들면, 100야드~150야드 사이 페어웨이에서 다섯 번의 샷을 했다고 가정하고, 최초 거리 대비 비율로 표시한 남은 거리가 적은 것부터 큰 순서로 3%, 10%, 11%, 13%, 30%라고 하자. 이 경우 다섯 개 비율의 중앙값인 11%가 남은 거리 중간값이 된다. 이를 표 9-15와 비교해

표 9-15 ● 페어웨이와 러프에서의 채점표. 남은 거리 중간값을 최초 거리 대비 비율로 표시함.

페어웨이

홀에서 남은 거리 (야드)	최초 거리 대비 남은 거리 중간값					
	가장 뛰어난 프로	평균적인 프로	싱글 골퍼	보기 플레이어	100돌이	평균 110타
10-20	9%	11%	13%	17%	20%	22%
20-60	7%	9%	13%	16%	20%	23%
60-100	5%	6%	10%	13%	16%	19%
100-150	4%	5%	9%	13%	16%	19%
150-200	5%	6%	10%	14%	18%	23%

러프

홀에서 남은 거리 (야드)	최초 거리 대비 남은 거리 중간값					
	가장 뛰어난 프로	평균적인 프로	싱글 골퍼	보기 플레이어	100돌이	평균 110타
10-20	14%	17%	19%	26%	32%	36%
20-60	10%	13%	16%	22%	27%	30%
60-100	7%	9%	12%	16%	20%	23%
100-150	8%	8%	10%	13%	18%	25%
150-200	9%	9%	13%	18%	25%	34%

표 9-16 ● GIR과 GIRP 성적표: GIR은 라운드당 정규 타수에 그린에 올린 수. GIRP는 라운드당 정규 타수보다 1타 많은 타수 내에 그린 또는 프린지에 올린 수. 파5 홀에서 3타 또는 그 이하로 그린에 올리면 그린 적중(GIR)으로 계산. 파5 홀에서 4타 또는 그 이하로 그린 또는 프린지에 올리면 GIRP로 계산. 표에는 라운드당 GIR과 GIRP의 평균을 표시함. 평균 85타 이상을 치는 아마추어는 GIRP를 기록하면 성적 향상을 기대할 수 있음.

구분	GIR	GIRP
PGA 투어 프로	11.6	17.3
평균 75타	8.9	17.0
평균 80타	7.0	15.4
평균 85타	5.3	13.8
평균 90타	3.9	12.3
평균 95타	2.8	10.8
평균 100타	1.9	9.5
평균 105타	1.2	8.1
평균 110타	0.8	6.8

보자. 비율을 이용하는 이유는 서로 다른 거리에서 일정한 수치에 가깝게 나오기 때문이다. 예를 들면, 싱글 골퍼의 100야드 떨어진 페어

웨이에서의 남은 거리 중간값은 28피트이고, 150야드에서는 42피트다. 이 두 수치는 크게 다르지만, 비율로 표시하면 둘 다 최초 거리의 약 9%이다.

정규 타수 +1타로 그린 또는 프린지에 올리기(GIRP)

필드샷 성적을 측정하는 기본적인 통계 기록에 그린 적중(GIR)이 있다. 파3 홀은 1타에, 파4 홀은 1타나 2타로, 파5 홀은 3타 또는 그 이하로 그린에 올리면 그린 적중을 한 것이다. 이를 쉽게 기억하는 방법은, 모든 홀의 파에는 퍼팅을 두 번 하는 것을 기본으로 생각하기 때문에 파에서 2타를 뺀 타수 또는 그 이하로 그린에 올리면 그린 적중을 한 것이 된다. 그린에 아주 살짝 모자라 '프린지'에 떨어지면 GIR 기록에 포함되지 않는다. 라운드당 프린지에서 치는 샷이 평균적으로 한 번 이상이기 때문에 GIR를 계산할 때에는 일관된 관례를 따르는 것이 중요하다.

표 9-16에 따르면, PGA 투어 프로는 라운드당 평균 71타를 치면서 그린 적중을 평균 11.6회 한다. 평균 90타인 사람은 라운드당 4회, 평균 100타인 사람은 라운드당 겨우 2회 그린 적중을 한다. 초보자가 정규 타수에 그린 적중을 성공시키는 것은 어려운 일이기 때문에 그들에게 GIR을 기록하라고 하는 것은 짜증이 날 만한 일이다.

'명랑 골프'를 치는 사람들을 위해 GIRP라는 새로운 통계 기록을 제안하고자 한다. '정규 타수+1타'로 그린 또는 프린지에 올리는 것을 의미한다. 파3 홀에서 1타 또는 2타로 그린 또는 프린지에 올리면 GIRP를 한 것으로 한다. 마찬가지로, 파4 홀에서 3타나 그 이하로 그린이나 프린지에 올리면, 그리고 파5 홀에서는 4타나 그 이하로 그린이나 프린지에 올리면 GIRP를 한 것으로 한다. GIRP를 기록하면 명랑 골프를 치는 사람들에게 더 현실적인 목표를 설정하고 달성하는 데 도움을 줄 수 있다. 파3 홀을 1타에 올리는 것은 많은 사람에게 현실적인 목표가 될 수 없지만 2타에 올리는 것은 현실적인 목표가 될 수 있다. 마찬가지로, 파4 홀을 3타에, 파5 홀을 4타에 올리는 것은 현실적인 목표가 될 수 있다. 표 9-16에 따르면, 라운드당 GIRP의 평균이 10 이상이면 100타를 깰 수 있다. GIRP를 기록하면 홀 공략에 대한 전략을 짜는 데 도움이 된다. 물이나 다른 해저드가 있는 홀에서는 해저드를 피하면서 한 타를 더 쳐 그린에 올리면 스코어를 낮출 수 있다.

GIRP를 기록하면 당신의 장점과 약점을 진단하는 데 도움이 된다. 표 9-16에 따르면 평균 95타를 치는 사람은 라운드당 GIRP가 11이다. 당신이 95타를 쳤는데 GIRP가 8이라면, 숏게임과 퍼팅이 기대 이상으로 잘된 것이고 드라이브샷과 어프로치샷 연습을 더 해야 한다는 것을 깨달을 수 있을 것이다. 이득 타수를 통해서 장점과 약점을 더 정확하게 확인할 수 있겠지만, GIRP를 기록하는 것도 효과적이며 더 쉬운 방법이다.

망한 샷 기록하기

탑핑, 뒤땅, 생크(shank) 등의 망한 샷은 사람들이 생각하는 것보다 자주 반복된다. 일반적인 100돌이는 이런 샷 때문에 라운드당 10타를 잃는다. 벤 호건은 "골프는 잘 친 샷의 경기가 아니다. 잘 못 친 샷의 경기이다. 실수를 가장 적게 하는 사람이 우승한다"고 말한 바 있다. 간단하고도 효과적인 방법은 매 라운드 후에 가장 잘 친 샷(언제나 자신감을 올려주니까)과 가장 못 친 샷(다음 연습을 위해)을 기억하며 분석하는 것이다. 망한 샷을 기록하면서 너무 자주 치는 것은 아닌지 확인하라.

나는 망한 샷을 정의할 때 샷의 질을 측정하는 이득 타수를 이용한다. 이득 타수가 -0.8에서 -1.3 사이인 샷이 망한 샷이다. 망한 샷에는 80야드도 보내지 못한 샷, 벌타 상황으로 보낸 샷, 다음 샷을 위해서는 리커버리샷을 해야 하는 샷, 칩샷을 탑핑해 그린 뒤로 넘어가는 샷, 50야드 남은 상황에서 벙커로 보내는 샷, 헛스윙을 하는 경우 등이 있다. 간단히 말하자면, 스윙을 한 번 했는데 홀까지의 진전이 거의 없는 상황을 말한다. 이보다 더 나쁜 상황을 왕창 망한 샷이라고 하겠다. 이득 타수가 -1.3보다 적은 경우다. 스윙 한 번에 거의 2타를 잃는 경우로, OB가 나거나, 분실구가 되거나, 물에 빠졌는데 드롭 위치가 최초 지점과 거의 차이가 없는 경우 등이다.

망한 샷 중 일부는 스윙을 잘못했기 때문이지만 일부는 전략이 잘못됐기 때문이다. 목표지점을 OB에 너무 가까이 설정하거나, 리커버리샷을 페어웨이로 쳐내는 대신 좁은 틈으로 시도하거나, 도그레그 홀에서 너무 심하게 컷샷을 시도하다가 타수를 많이 잃는 경우 등이

표 9-17	망한 샷 성적표: 그린 밖에서 망한 샷 때문에 라운드당 잃은 타수. 망한 샷에 1점, 왕창 망한 샷에 2점을 주고 총점 계산. 롱게임과 숏게임은 망한 샷의 위치가 100야드 밖이었나 안이었나로 구분함(그린에서의 퍼팅 제외).

구분	망한 샷 총점	롱게임	숏게임
PGA 투어 프로	0.7	0.5	0.2
평균 75타	1.4	1.1	0.3
평균 80타	2.5	1.7	0.8
평균 85타	3.9	2.6	1.3
평균 90타	5.6	3.8	1.8
평균 95타	7.5	5.1	2.4
평균 100타	9.7	6.7	3.0
평균 105타	12.1	8.5	3.6
평균 110타	14.8	10.6	4.2

있다. 프로와 아마추어 모두, 숏게임보다는 롱게임에서 망한 샷이 두 배 이상 나온다. 왜 그럴까? 롱샷에서 나무, 물, OB, 다른 해저드와 만날 일이 더 많기 때문이다. 그린 주변보다는 100야드 밖에 지뢰밭이 더 많다.

라운드마다 망한 샷이 1점, 왕창 망한 샷에 2점을 주고 총점을 표 9-17의 망한 샷 성적표와 비교하라. 일반적인 보기 플레이어는 망한 샷으로 잃는 타수가 프로보다 8배 많다. 골프에는 일관성이 중요하다. 90타를 치면서 망한 샷 총점이 6점 이상이면 일관성에 대한 연습을 해야 한다.

가장 좋은 스코어를 기록하기 위해서는 훌륭한 샷을 치는 것보다 망한 샷을 안 치는 것이 더 중요하다. 그리고 그것을 깨닫는 게 그렇게 어려운 일이 아니다. 대부분 아마추어는 망한 샷을 줄이는 것이 스코어를 줄이는 가장 쉬운 방법이다.

골프 전략

19번 홀 9장 총정리

- 스코어를 줄이는 세 가지 주요 단계는 측정하고, 분석하고, 개선하는 것이다.
- 이득 타수를 통해 성적을 측정하고 장점과 약점을 확인할 수 있다.
- 뛰어난 선수들은 이 장에서 설명한 게임 방법으로 연습 그린, 숏게임 연습장, 그리고 골프장에서 연습한다. 이 게임들은 본인의 성적을 스스로 측정할 수 있도록 점수제로 만들어졌다.
- 게임 성적표를 통해 다른 사람과 비교하며 당신의 성적을 분석할 수 있다. 점수를 꾸준히 기록하며 해당 분야에서의 발전 또는 하락 정도를 확인해본다.
- 어떤 분야에서 연습이 필요한지를 확인한 후 주변의 레슨 프로를 찾아가 게임과 훈련을 통한 연습 계획을 짜는 것이 좋다.
- 대부분 아마추어는 망한 샷을 줄이는 것이 스코어를 줄이는 가장 쉬운 방법이다.
- 나와 이야기를 나눈 모든 프로는 목적을 가지고 연습한다. 실력 향상은 마음속으로 바라기만 하거나 연습장에서 무작정 볼을 쳐서 가능한 것이 아니라 신중하게 연습을 해야 가능한 것이다.

20번 홀 :
총정리와 앞으로의 기대

    다른 많은 사람과 마찬가지로, 나도 수년간 페어웨이 안착 여부, 그린 적중 여부, 퍼팅 수와 같은 전통적인 통계 기록을 스코어카드에 기록해왔다. 하지만 라운드 후에는 확인해보고 바로 버렸다. 전통적인 통계 기록으로는 왜 잘 쳤는지, 왜 못 쳤는지를 알 수 없었기 때문이다.

    전통적인 통계 기록은 나의 라운드에 대한 도움도 되지 못했지만, 내가 궁금해하는 질문에 대해서도 답을 주지 못했다. 10타를 줄이려면 어떻게 해야 하나? 드라이브샷을 20야드 더 길게 치면 얼마나 도움이 되나? 퍼팅이 덜 휘도록 세게 치는 게 좋은가, 휘는 정도를 잘 예상해서 똑 떨어지게 치는 게 좋은가?

    이 책은 수년간 골프에 대한 이런 질문들을 파헤친 결과물이며, 학자로서 내가 재무 리스크를 평가하고 관리하는 데 사용하는 수학적인 도구들을 활용한 결과물이기도 하다. 하나의 답을 구하면 새로운 질문거리가 생기는 바람에, 골프라는 경기를 분석하는 것이 이렇게 오랜 시간 계속 진행되는 일이 될 줄은 몰랐다.

이 책은 샷의 시작지점과 최종지점 같은 위치 정보를 취합하는 것이 최근 몇 년 사이에 가능해졌기 때문에 나올 수 있었다. 데이터의 일부는 내가 주로 아마추어의 세부적인 샷 데이터를 수집하고 분석하는 데 사용한 골프메트릭스라는 프로그램으로 직접 만들어냈다. 2003년부터 각 대회의 데이터를 수집한 PGA 투어의 샷링크를 통해 프로의 많은 정보를 활용할 수 있었다. PGA 투어가 2007년부터 데이터를 학자들에게 공유해주기로 결정한 데 대하여 깊은 감사의 말씀을 전하고 싶다. 내게는 행운이 겹치는 순간이었다.

하지만 어떻게 데이터를 올바르게 분석할 것인지는 확실하지 않았다. 골프 성적을 측정하는 일이, 사과와 오렌지처럼 너무나도 다른 기술을 비교해야 하는 일이라는 것을 깨닫기까지는 그리 오래 걸리지 않았다. 드라이브샷을 페어웨이 한가운데로 날리는 것은 힘과 타이밍이 필요한 일이다. 칩샷은 볼을 정확히 쳐서 원하는 거리만큼 보내는 일이다. 내리막 경사에 왼쪽 오른쪽으로 휘는 6m 퍼팅을 성공시키는 것은 그린 읽는 능력과 세심한 퍼팅감이 필요한 일이다. 골프의 특징 중 하나는 이렇게 서로 다른 많은 기술이 필요하다는 것이며, 그래서 각 분야의 상대적인 중요성을 측정하는 방법을 찾는 것이 어렵기도 하다.

이 연구의 핵심은 이득 타수 개념인데, 지금까지 한 번도 시도되지 않았던 샷 단위의 데이터 활용 방법으로 각 분야를 비교할 수 있었다.

이득 타수에 대하여 다시 한번 간단히 설명해보겠다. 지금까지의 데이터상 평균 타수가 4인 홀에서 티샷을 했고, 그 샷이 페어웨이에

갔다. 그 지점에서 홀아웃하는 데 필요한 평균 타수가 2.8이라면, 그 티샷은 1타로 홀까지 1.2타만큼 전진한 것이 된다. 한 번의 티샷으로 평균적인 티샷 대비 0.2타 이득을 봤기에 0.2의 '이득 타수'가 발생한 것이다.

6m 퍼팅을 성공시키는 것과 90cm 퍼팅을 성공시키는 것은 스코어 카드상으로는 똑같이 1타이지만, 이득 타수를 통해 6m 퍼팅을 성공시킨 것이 더 좋은 결과라는 것을 확인할 수 있다. 이득 타수는 이러한 직관을 숫자로 알려준다. 비록 이득 타수가 컴퓨터 시대의 초창기에 개발된 멋진 수학에 뿌리를 두고 있기는 하지만, 핵심적인 부분은 뺄셈만 하면 될 정도로 단순한 통계 기록이다.

이득 타수 방법으로 데이터를 분석했더니 여러 가지 놀라운 사실을 알 수 있었다. 예를 들면, 이득 타수를 통해 퍼팅이 세계 최고의 선수와 다른 선수들의 스코어 차이의 15%만 영향을 준다는 것을 수학적으로 정확하게 확인했다. 하지만, 그렇게 대단한 선수들이 모여 있는 PGA 투어에서도 선수들끼리의 퍼팅 실력의 차이가 엄청나게 다양하다는 것도 이득 타수를 통해 확인했다. 루크 도널드, 스티브 스트리커, 잭 존슨 같은 선수들은 퍼팅이 다른 선수들과의 스코어 차이의 거의 40%를 차지한다. 그에 반하여 로리 매킬로이, 어니 엘스, 세르히오 가르시아, 애덤 스콧 같은 선수들은 필드샷으로 얻은 이득을 퍼팅이 부분적으로 까먹는다.

다른 선수들에게서도 놀랄 정도로 일관성 있는 모습을 볼 수 있었다. 퍼팅은 최고 수준의 프로와 평균적인 프로의 스코어 차이, 프로와 아마추어의 스코어 차이, 초보자와 수준 높은 아마추어의 스코어 차이 모두에서 15% 정도 영향을 준다. 2장에서 봤듯이, 프로가 '그분이 오셔서' 대회 우승을 차지할 때는 다른 분야보다 퍼팅의 이득 타수가 더 높아지지만, 보기 플레이어가 투어 평균 수준의 퍼팅 실력만으로 PGA 투어에서 꾸준히 경쟁하는 것은 살아 있는 유니콘을 발견하는 것보다 더 어려운 일이다.

이득 타수 방법을 통해 데이터를 분석하여 얻은 결과 중 또 하나는, 프로와 아마추어 스코어 차이의 2/3를 차지하는 것이 홀에서 100야드보다 더 떨어진 샷에서 나온다는 사실이다. 이득 타수를 통해 일반적으로는 롱게임의 중요성을, 정확하게는 어프로치샷의 중요성을 확인하였다. 퍼팅을 잘하거나 드라이브샷을 잘하는 사람의 스코어가 항상 좋은 것은 아니지만, 어프로치샷을 잘하는 사람은 도드라질 것이다.

당신은 한 번도 들어본 적 없겠지만, 세상에서 퍼팅을 가장 잘하는 선수인 그레그 워드와 드라이브샷을 가장 멀리 치는 선수인 제이슨 주백(Jason Zuback)을 예로 들어보자. 워드는 2002년에 프로 퍼팅 선수협회(Professional Putters Association, PPA) 명예의 전당에 헌액되었고, PPA 10년간 최고의 선수에 두 번이나 선정된 선수이다. 주백은 세계 롱드라이브 선수권대회(World Long Drive Championship)에서 다섯 번이나 우승을 차지했고, 2003년 미국 장타자 명예의 전당(Long Drivers of America Hall of Fmae)에 헌액되었다. 400야드 이상의 드라이브샷을 쉽게 쳤고, 대회에서 사용되는 40~50야드 폭의 페어웨이에 떨어뜨릴 정도로 똑바로 쳤다. 하지만 두 명 모두 전체적인 골프 실력이나 프로로서의 스코어는 최고 수준이 되지는 못했다. 워드나 주백 모두 PGA 투어에서 뛰어볼 시도를 했더라도 기회가 없었을 것이다.

그에 반해, 만약 150~200야드에서의 어프로치샷 세계선수권대회가 있다면, 나는 그 대회 우승자가 최고 수준의 프로 투어에서 경쟁할 수 있다고 감히 생각한다. 6장의 이득 타수 분석에서 확인했듯이, 이 분야에서의 좋은 성적은 PGA 투어에서 큰 스코어 이득을 가져온다. 이 분야에서 좋은 성적을 내려면 샷의 거리와 방향, 탄도, 페어웨이나 러프에서 친 볼을 홀 가까이 붙일 수 있는 스핀 등을 조절할 수 있을 정도로 훌륭한 스윙을 반복적으로 해내야 한다. 150~200야드에서 좋은 샷을 만들어내는 스윙은 더 짧거나 더 긴 거리에서도 좋은 결과를 만들어낸다.

6장에서 봤듯이, 2004년~2012년 사이 PGA 투어에서 150~200야드를 가장 잘 친 선수는 타이거 우즈였다. 그의 어프로치샷은 PGA 투어 평균보다 3,4피트(90cm~1.2m) 더 가까이 붙었고, 라운드당 1.3타의 이득을 만들어냈다. 타이거 우즈가 어프로치샷 외의 다른 모든 샷이 투어 평균 수준이었더라도 PGA 투어의 톱10에 들었을 것이다. 어프로치샷이 그만큼 중요하다.

가장 뛰어난 프로부터 실력이 많이 떨어지는 아마추어까지 모든 사람에게 롱게임이 중요하다는 것은 같지만, 개개인별로 강점과 약점은 서로 다르다. 실력을 향상시키려면 본인의 실력을 알아야 한다. 메이저대회 우승자인 마크 브룩스가 최근에 이야기한 것처럼, "고통스럽더라도, 당신의 약점이 무엇인지를 인지하고 그것이 더 이상 약점이 되지 않을 때까지 연습해야 한다". 하지만 생각보다 본인의 약점을 인지하는 것은 어렵고, 특히나 실력을 측정할 도구가 없으면 더 어렵다.

어떤 아마추어는 그린 밖 10야드에서도 퍼팅을 하면서 퍼터로 친 모든 타수를 계산하고는 자기가 퍼팅을 잘 못한다고 오해하기도 한다. 어떤 사람은 잘 친 샷만 기억하고, 또 어떤 사람은 동반자와만 비교를 하고는 자기가 롱게임을 충분히 잘한다고 생각하기도 한다. 이득 타수 분석을 이용하면 본인의 경기와 그것을 어떻게 개선할 수 있는지에 대하여 더 잘 이해할 수 있게 된다.

PGA 투어가 훌륭한 샷링크 데이터를 수집한 지도 10년이 넘었다. 그리고 홈페이지에 여러 가지 새로운 통계 기록을 소개했다. 125~150야드 페어웨이에서의 홀 접근도, 20~30야드에서의 스크램블링, 대회 3라운드에서의 원 퍼팅 성공률 등등. 하지만 최근까지도 그린 적중률이나 페어웨이 안착률 같은 '핵심(core)' 통계 기록에는 변화가 없었다. 새로운 퍼팅 이득 타수 기록이 소개된 것은 2011년 5월이었다.

퍼팅 이득 타수는 골프 통계 기록이라는 빙산의 일각이다. 미래에는 드라이브샷, 어프로치샷, 숏게임을 측정하고 비교할 수 있는 이득 타수 기록이 활용될 것이다. 이런 것들로 골프 통계 기록은 질 높은 정보로 가득 찰 것이다. 머지않은 미래에 샷 데이터가 자동으로 수집되어 사람들이 자기 코치에게 어떤 부분이 개선되고 있고, 어떤 부분의 개선이 필요한지 객관적인 정보를 줄 수 있는 날이 올 것이라고 생각한다.

미식축구, 농구, 축구를 포함한 많은 종목에서 큰 변화가 일어나고 있다. 데이터와 분석 자료를 활용하여 선수들의 실력을 평가하고 라인업과 전략을 결정하고 있다. 세부적인 샷 데이터를 활용하여 비슷한 방법으로 골프 전략을 향상시킬 수 있다. 프로는 아마추어보다 모든 샷을 더 잘 치지만, 그린 읽기, 퍼팅 전략, 필드샷 전략과 같이 골프채를 잡지 않는 분야에서도 더 잘한다. 많은 아마추어가 자기 실력을 과대평가하고, 해저드의 영향을 과소평가해서, 위험부담이 높은 샷을 선택했다가 너무 자주 '망한 샷'을 치면서 스코어를 잃는다. 스윙의 변화가 없어도 현명하게 치면 바로 스코어를 낮출 수 있다.

그럴 것 같다는 느낌이나 전통적으로 내려오는 생각을 통계적으로 검토하고 사실 여부를 확인해보기도 했지만, 이렇게 실증적으로 접근을 하더라도 수학 공식처럼 올바른 전략이 나오는 것은 아니라는 사실도 알게 되었다. 언제나 매 샷마다 볼이 어떻게 놓여 있는지, 바람은 어떻게 불고 있는지, 깃대의 위치, 그린의 굴곡, 필요한 탄도와 스핀으로 샷을 칠 능력이 본인에게 있는지와 같은 그 순간만의 상황을 잘 파악해야 한다.

숫자가 골프 경기의 드라마적인 부분을 대체할 수는 없지만, 팬들의 즐거움을 늘려줄 수는 있다. 중계방송에서 캐스터가 그저 어려운 샷이라고 이야기하는 대신에 이 비슷한 샷을 6m 이내로 붙인 경우는 절반도 안 된다고 이야기하는 날이 오길 기대한다. "17번 홀에서 1.2m에 붙인 엘스의 저 샷은 0.8타 이득을 가져다줍니다"라는 중계 멘트를 들을 수도 있겠다. 많은 종목에서 중계 캐스터가 경기를 정리하기 위해 박스 스코어를 활용한다. 골프 대회가 끝나면 캐스터가 드라이브샷, 어프로치샷, 숏게임, 퍼팅이 우승에 얼마씩 공헌했는지 알려주면 장면이 기대된다.

이 모든 정보를 가지고 무엇을 해야 할까? 골프를 조금 다른 관점에서 느긋하게 즐기면 된다. 데이터를 활용하여 과학적으로 접근했다고 골프의 묘미나 재미가 줄어드는 것은 아니다. 반대로, 골프 성적과 전략을 이해할 수 있고, 최종 성적에 어떤 부분이 영향을 줬는지 평가할 수 있으며, 골프를 치면서 최선의 선택을 할 수 있게 해주는 틀을 최소한 나는 알게 되었다. 나는 여러분도 그렇게 되길 바란다.

골프는 퍼팅만의 경기도, 드라이브샷만의 경기도 아니다. 1934년부터 1948년까지 브리티시 오픈에서 세 번이나 우승했던 헨리 코튼이 골프의 핵심을 이렇게 요약했다. "모든 샷이 제각각 중요하다(Every shot counts)." 데이터를 통한 접근으로 골프에 대한 이해가 넓어졌고, 골프가 미지의 신비로운 경기가 아니라는 것도 확인하였다. 골프는 분석과 분해가 가능하며 이를 통해 얻는 결과로 당신의 경기를 개선할 수 있다. 혁신은 이제 시작됐을 뿐이다.

2장. 숫자로 확인하자

표 A-1, A-2에 타이거 우즈, 필 미컬슨, 비제이 싱의 대회별 우승에 대한 퍼팅 공헌도(PCV) 결과가 나와 있다. 그림 A-1에는 그들의 대회별 PCV 결과가 차트로 표시되어 있다.

표 A-3에 PGA 투어에서 우승에 대한 퍼팅 공헌도 상위 25명이 나와 있다. 이들의 우승에 퍼팅이 큰 영향을 차지했다. 표 A-4에는 PGA 투어에서 우승에 대한 퍼팅 공헌도 하위 25명이 기재되어 있다. 이들은 퍼팅이 좋지 않았음에도 불구하고 뛰어난 필드샷 덕분에 우승을 차지했다. 표 A-5에는 PGA 투어에서 우승에 대한 퍼팅 공헌도가 중간인 25명이 표기되어 있다. 이 대회들의 수치가 일반적인 우승에 대한 퍼팅 공헌도를 나타내고 있다.

표 A-1 타이거 우즈의 우승에 대한 퍼팅 공헌도(PCV). 타이거가 우승을 한 대회에서의 평균 퍼팅 이득 타수는 1.14다. 우승을 차지한 대회에서 전체 선수 대비 평균 타수 차이는 4.09다. 우즈의 우승에 대한 퍼팅 공헌도는 28%(1.14 / 4.09)다. 전체 평균 PCV인 35%보다 살짝 낮다. 다른 선수가 우승을 차지할 때보다 필드샷의 공헌도가 더 높았다는 것을 확인할 수 있다.

순위	연도	대회명	퍼팅 이득 타수 (SGP)	필드샷 이득 타수	전체 선수 대비 우승자의 스코어(SVF)	우승에 대한 퍼팅 공헌도 (SGP/SVF)
1	2009	아널드 파머	1.87	1.57	3.44	54%
2	2009	AT&T 내셔널	1.89	2.28	4.16	45%
3	2005	뷰익 인비테이셔널	1.75	2.13	3.88	45%
4	2007	와코비아	1.95	2.58	4.53	43%
5	2007	뷰익 인비테이셔널	1.33	1.96	3.29	40%
6	2007	투어 챔피언십	1.55	2.52	4.08	38%
7	2007	BMW 챔피언십	1.48	2.79	4.27	35%
8	2009	WGC-브리지스톤	1.32	2.54	3.86	34%
9	2012	아널드 파머	1.44	2.98	4.43	33%
10	2008	뷰익 인비테이셔널	1.86	3.90	5.76	32%
11	2009	뷰익 오픈	1.07	2.51	3.59	30%
12	2006	뷰익 오픈	1.28	3.06	4.35	30%
13	2006	WGC-브리지스톤	1.07	2.60	3.87	29%
14	2009	BMW 챔피언십	1.51	3.68	5.19	29%
15	2008	아널드 파머	1.00	2.44	3.44	29%
16	2006	뷰익 인비테이셔널	0.73	2.07	2.80	26%
17	2005	포드 at 도럴	1.14	3.44	4.58	25%
18	2006	포드 at 도럴	0.86	2.81	3.67	23%
19	2005	WGC-NEC	0.61	2.26	2.87	21%
20	2006	도이치뱅크	1.15	4.46	5.61	21%
21	2007	WGC-브리지스톤	0.76	4.02	4.79	16%
22	2009	메모리얼	0.55	3.87	4.42	12%
23	2012	메모리얼	0.04	3.89	3.93	1%
24	2007	WGC-CA	-0.79	4.29	3.50	-23%
		평균	1.14	2.94	4.09	28%

표 A-2	비제이 싱과 필 미컬슨의 대회별 우승에 대한 퍼팅 공헌도(PCV). 싱의 평균 퍼팅 공헌도는 20%(0.77 / 3.92)다. 미컬슨의 평균 퍼팅 공헌도는 27%(1.10/4.12)다. 두 명 모두 전체 평균 PCV인 35%보다 낮다. 싱은 퍼팅이 나빴음에도 우승을 한 경우가 많다.

순위	선수	연도	대회명	퍼팅 이득 타수 (SGP)	필드샷 이득 타수	전체 선수 대비 우승자의 스코어(SVF)	우승에 대한 퍼팅 공헌도 (SGP/SVF)
1	비제이 싱	2006	바클레이스 클래식	2.97	0.78	3.75	79%
2	비제이 싱	2004	뉴올리언스	2.48	1.40	3.89	64%
3	비제이 싱	2007	메르세데스-벤츠	1.36	2.03	3.39	40%
4	비제이 싱	2004	크라이슬러 챔피언십	1.63	3.15	4.78	34%
5	비제이 싱	2007	아널드 파머	1.26	2.80	4.05	31%
6	비제이 싱	2005	뷰익 오픈	1.33	3.11	4.44	30%
7	비제이 싱	2005	소니 오픈	0.89	2.76	3.65	24%
8	비제이 싱	2005	와코비아	1.04	3.70	4.74	22%
9	비제이 싱	2004	뷰익 오픈	0.99	3.54	4.53	22%
10	비제이 싱	2006	바클레이스	0.30	2.11	2.41	12%
11	비제이 싱	2004	벤 캐나디언 오픈	0.34	3.64	3.98	9%
12	비제이 싱	2008	도이치 뱅크	0.38	3.99	4.37	9%
13	비제이 싱	2004	럼버 클래식	−0.08	3.57	3.49	−2%
14	비제이 싱	2005	셸 휴스턴 오픈	−0.08	3.63	3.55	−2%
15	비제이 싱	2004	셸 휴스턴 오픈	−0.16	3.96	3.81	−4%
16	비제이 싱	2004	도이치 뱅크	−0.37	5.21	4.84	−8%
17	비제이 싱	2008	WGC-브리지스톤	−1.14	4.19	3.05	−37%
			평균	0.77	3.15	3.92	20%
1	필 미컬슨	2009	투어 챔피언십	1.62	1.18	2.80	58%
2	필 미컬슨	2005	벨사우스 클래식	1.58	1.90	3.48	45%
3	필 미컬슨	2005	FBR 오픈	1.57	3.25	4.82	33%
4	필 미컬슨	2008	콜로니얼	1.11	2.72	3.83	29%
5	필 미컬슨	2006	벨사우스 클래식	1.77	4.99	6.76	26%
6	필 미컬슨	2009	노던 트러스트 오픈	0.78	2.58	3.35	23%
7	필 미컬슨	2008	노던 트러스트 오픈	0.92	3.19	4.11	22%
8	필 미컬슨	2007	도이치 뱅크	0.78	2.97	3.74	20%
9	필 미컬슨	2007	플레이어스	0.77	3.23	4.00	19%
10	필 미컬슨	2011	셸 휴스턴 오픈	0.77	3.97	4.74	16%
11	필 미컬슨	2009	WGC-CA	0.47	3.20	3.66	13%
			평균	1.10	3.02	4.12	27%

PGA 투어에서 우승에 대한 퍼팅 공헌도 상위 25명. 이들의 우승에는 퍼팅이 큰 영향을 차지했다. 퍼팅 성적은 라운드당 퍼팅 이득 타수(SGP)로 측정했다. 우승 성적은 라운드당 전체 선수 대비 우승자의 평균 타수(SVF)로 측정했다. 우승에 대한 퍼팅 공헌도는 SGP/SVF 비율이다. 필드샷 이득 타수는 전체 선수 대비 스코어(SVF)에서 퍼팅 이득 타수(SGP)를 뺀 결과다.

순위	선수명	연도	대회명	퍼팅 이득 타수 (SGP)	필드샷 이득 타수	전체 선수 대비 우승자의 스코어(SVF)	우승에 대한 퍼팅 공헌도 (SGP/SVF)
1	빌 하스	2011	투어 챔피언십	2.05	-0.26	1.79	114%
2	다니엘 초프라	2018	메르세데스-벤츠	2.47	-0.03	2.44	101%
3	루크 도널드	2012	트랜지션스	2.60	0.38	2.98	87%
4	J.J. 헨리	2006	뷰익 챔피언십	3.30	0.76	4.06	81%
5	맷 쿠차	2009	터닝 스톤 리조트	2.54	0.63	3.17	80%
6	비제이 싱	2006	바클레이즈 클래식	2.97	0.78	3.75	79%
7	벤 커티스	2006	부즈 앨런	3.57	0.96	4.53	79%
8	웨스 쇼트 주니어	2005	미셰린	2.28	0.72	3.01	76%
9	케니 페리	2008	존디어 클래식	2.28	0.79	3.07	74%
10	스튜어트 애플비	2004	메르세데스	2.66	1.03	3.69	72%
11	제프 오길비	2010	챔피언스 토너먼트	1.72	0.67	2.38	72%
12	루카스 글로버	2011	웰스파고	2.65	1.05	3.70	72%
13	제프 매거트	2006	페덱스 세인트 주드	3.09	1.32	4.41	70%
14	닉 와트니	2011	AT&T 내셔널	2.74	1.23	3.97	69%
15	스티브 플레시	2007	터닝스톤 리조트	2.19	1.03	3.22	68%
16	제리 켈리	2009	뉴올리언스	2.28	1.13	3.41	67%
17	스튜어트 애플비	2005	메르세데스	1.64	0.83	2.48	66%
18	루크 도널드	2011	칠드런스 미러클 네트워크	2.01	1.04	3.05	66%
19	스튜어트 싱크	2004	MCI 헤리티지	2.16	1.18	3.33	65%
20	칼 페터르손	2006	메모리얼	2.58	1.42	4.00	64%
21	스튜어트 싱크	2004	WGC-NEC	2.46	1.38	3.84	64%
22	짐 퓨릭	2006	캐나디언 오픈	2.41	1.36	3.77	64%
23	비제이 싱	2004	뉴올리언스	2.48	1.40	3.89	64%
24	최경주	2011	플레이어스	2.05	1.20	3.25	63%
25	에런 배들리	2006	헤리티지	2.57	1.51	4.08	63%

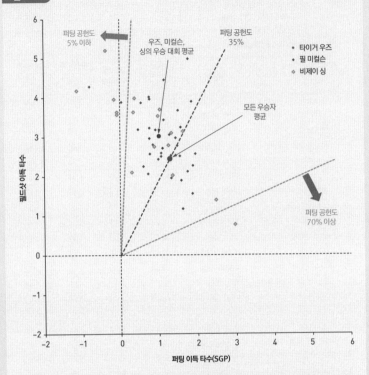

그림 A-1

퍼팅 공헌도 5% 이하

우즈, 미컬슨, 싱의 우승 대회 평균

퍼팅 공헌도 35%

• 타이거 우즈
• 필 미컬슨
◇ 비제이 싱

모든 우승자 평균

퍼팅 공헌도 70% 이상

필드샷 이득 타수

퍼팅 이득 타수(SGP)

타이거 우즈, 비제이 싱, 필 미컬슨의 우승: 라운드당 퍼팅 이득 타수(SGP) 대비 라운드당 필드샷 이득 타수를 분포시켰다. 필드샷 이득 타수와 퍼팅 이득 타수의 합이 전체 선수 대비 우승자의 평균 타수(SVF), 또는 라운드당 전체 선수 대비 총 이득 타수이다. 우승에 대한 퍼팅 공헌도는 SGP/SVF 비율이다. 이 61승의 우승에 대한 퍼팅 공헌도 평균은 25%다.

PGA 투어에서 우승에 대한 퍼팅 공헌도 하위 25명. 이들은 퍼팅이 좋지 않았음에도 불구하고 우승을 차지했다. 퍼팅 성적은 라운드당 퍼팅 이득 타수(SGP)로 측정했다. 우승 성적은 라운드당 전체 선수 대비 우승자의 평균 타수(SVF)로 측정했다. 우승에 대한 퍼팅 공헌도는 SGP/SVF 비율이다. 필드샷 이득 타수는 전체 선수 대비 스코어(SVF)에서 퍼팅 이득 타수(SGP)를 뺀 결과이다.

순위	선수명	연도	대회명	퍼팅 이득 타수 (SGP)	필드샷 이득 타수	전체 선수 대비 우승자의 스코어(SVF)	우승에 대한 퍼팅 공헌도 (SGP/SVF)
291	스콧 스털링스	2011	그린브라이어 클래식	0.21	2.88	3.09	7%
292	닉 와트니	2009	뷰익 인비테이셔널	0.25	3.78	4.03	6%
293	버바 왓슨	2011	파머스 인슈어런스	0.25	3.95	4.20	6%
294	세르히오 가르시아	2004	뷰익 클래식	0.19	3.16	3.35	6%
295	제이슨 고어	2005	럼버 클래식	0.22	3.61	3.83	6%
296	로리 사바티니	2006	니산 오픈	0.19	3.49	3.68	5%
297	더스틴 존슨	2012	페덱스 세인트 주드	0.17	3.32	3.49	5%
298	우디 오스틴	2007	세인트 주드 챔피언십	0.25	5.17	5.42	5%
299	크리스 카우치	2006	뉴올리언스	0.05	3.47	3.52	2
300	타이거 우즈	2012	메모리얼	0.04	3.89	3.93	1%
301	벤 크레인	2010	파머스 인슈어런스	0.02	2.98	3.00	1%
302	스콧 버플랭크	2007	바이런 넬슨	-0.05	3.84	3.79	-1%
303	숀 오헤어	2011	캐나디언 오픈	-0.08	3.60	3.52	-2%
304	비제이 싱	2004	럼버 클래식	-0.08	3.57	3.49	-2%
305	비제이 싱	2005	셀 휴스턴 오픈	-0.08	3.63	3.55	-2%
306	브렛 웨트릭	2006	바이런 넬슨	-0.11	3.68	3.57	-3%
307	비제이 싱	2004	셀 휴스턴 오픈	-0.16	3.96	3.81	-4%
308	마크 헨스비	2004	존 디어 클래식	-0.22	3.57	3.35	-7%
309	비제이 싱	2004	도이치 뱅크	-0.37	5.21	4.84	-8%
310	제이슨 더프너	2012	바이런 넬슨	-0.39	4.22	3.84	-10%
311	스티브 플래시	2007	리노-타호 오픈	-0.81	4.99	4.18	-19%
312	타이거 우즈	2007	WGC-CA	-0.79	4.29	3.50	-23%
313	세르히오 가르시아	2004	바이런 넬슨	-0.71	3.55	2.84	-25%
314	숀 오헤어	2009	퀘일 홀로	-0.82	3.99	3.17	-26%
315	비제이 싱	2008	WGC-브리지스톤	-1.14	4.19	3.05	-37%

PGA 투어에서 우승에 대한 퍼팅 공헌도 중간 25명. 퍼팅 성적은 라운드당 퍼팅 이득 타수(SGP)로 측정했다. 우승 성적은 라운드당 전체 선수 대비 우승자의 평균 스코어(SVF)로 측정했다. 우승에 대한 퍼팅 공헌도는 SGP/SVF의 비율이다. 필드샷 이득 타수는 전체 선수 대비 스코어(SVF)에서 퍼팅 이득 타수(SGP)를 뺀 결과이다.

순위	선수명	연도	대회명	퍼팅 이득 타수 (SGP)	필드샷 이득 타수	전체 선수 대비 우승자의 스코어(SVF)	우승에 대한 퍼팅 공헌도 (SGP/SVF)
145	데이비드 톰스	2006	소니 오픈	1.96	3.46	5.42	36%
146	트레버 이멜만	2006	웨스턴 오픈	1.31	2.31	3.62	36%
147	조너선 버드	2011	챔피언스 토너먼트	1.11	1.97	3.09	36%
148	프레드 펑크	2005	플레이어스	1.11	1.98	3.09	36%
149	라이언 파머	2004	푸나이 클래식	1.21	2.22	3.43	35%
150	타이거 우즈	2007	BMW 챔피언십	1.48	2.79	4.27	35%
151	잭 존슨	2008	발레로 텍사스 오픈	1.35	2.59	3.94	34%
152	타이거 우즈	2009	WGC-브리지스톤	1.32	2.54	3.86	34%
153	파커 맥라클린	2008	레전드 리노-타호 오픈	1.63	3.15	4.79	34%
154	비제이 싱	2004	크라이슬러 챔피언십	1.63	3.15	4.78	34%
155	로리 사바티니	2009	바이런 넬슨	1.50	2.93	4.43	34%
156	애덤 스콧	2006	투어 챔피언십	1.19	2.32	3.51	34%
157	어니 엘스	2004	메모리얼	1.76	3.44	5.20	34%
158	프레드 펑크	2004	서던 팜 뷰로	1.15	2.26	3.42	34%
159	제프 오길비	2005	크라이슬러 투산	1.00	1.98	2.98	34%
160	존 센든	2006	존 디어 클래식	1.28	2.54	3.82	33%
161	조이 신들러	2004	와코비아	1.04	2.08	3.12	33%
162	헌터 메이헌	2010	피닉스 오픈	0.98	1.95	2.93	33%
163	마크 윌슨	2007	혼다 클래식	1.06	2.15	3.21	33%
164	어니 엘스	2010	WGC-CA	1.23	2.51	3.74	33%
165	해리슨 프레이저	2011	페덱스 세인트 주드	1.39	2.85	4.24	33%
166	제프 오길비	2008	WGC-CA	1.07	2.22	3.29	33%
167	타이거 우즈	2012	아널드 파머	1.44	2.98	4.43	33%
168	필 미컬슨	2005	FBR 오픈	1.57	3.25	4.82	33%
169	라이언 파머	2008	긴 수르 메르 클래식	0.88	1.83	2.71	33%

3장. 퍼팅 이득 타수

2003년부터 2012년까지 전체 선수 대비 가장 높은 SGP 기록은 2006년 FBR 오픈 2라운드에서 J. J. 헨리(J.J.Henry)가 세웠다. 그는 61타를 치면서 PGA 투어 기준점 대비 8.6타의 엄청난 이득을 그린에서 만들어냈다. 전체 선수가 기준점 대비 0.3타의 이득을 기록했으니 헨리는 전체 선수 대비 8.3타의 이득을 그린에서 거둔 것이다. 표 A-6에 세부 내용이 나와 있다. 그의 61타는 전체 평균 70.5타보다 9.5타를 앞선 것이었으며, 퍼팅이 이 중 87%(8.3/9.5)를 차지했다.

표 A-6 ● TPC 스코츠데일 스타디움 코스(TPC Scottsdale Stadium course)에서 열렸던 2006년 FBR 오픈 2라운드에서 J.J.헨리의 퍼팅 결과. PGA 투어 기준점 대비 전체 선수가 0.3타의 이득을 거둔 것에 비해 그는 8.6타의 이득을 거뒀다. 전체 선수 대비 8.3타의 퍼팅 이득 타수는 2003년부터 2012년까지 한 라운드에서 거둔 가장 높은 퍼팅 성적이다.

홀	1	2	3	4	5	6	7	8	9	아웃
거리(피트)	29	26	31	16	42	6	5	6	8	
투어 평균 퍼팅 수	2.0	1.9	2.0	1.8	2.1	1.3	1.2	1.4	1.5	15.2
헨리의 퍼팅 수	1	2	2	1	2	1	1	1	1	12
이득 타수	1.0	−0.1	0.0	0.8	0.1	0.3	0.2	0.4	0.5	3.2

홀	10	11	12	13	14	15	16	17	18	인	합계
거리(피트)	8	16	28	2	27	26	13	27	9		
투어 평균 퍼팅 수	1.5	1.8	2.0	1.0	2.0	1.9	1.7	1.9	1.6	15.4	30.6
헨리의 퍼팅 수	1	1	1	1	1	1	2	1	1	10	22
이득 타수	0.5	0.8	1.0	0.0	1.0	0.9	−0.3	0.9	0.6	5.4	8.6

기준점 대비 SGP	8.6
전체 선수 평균 SGP	0.3
전체 선수 대비 SGP	8.3

표 A-7은 2003년부터 2012년까지 퍼팅 기록이 가장 뛰어난 라운드를 전체 선수 대비 SGP의 순서로 정리한 것이다. 2006년 J.J.헨리의 라운드가 가장 높은 순위를 차지했다. 퍼팅을 잘하는 선수들이 명

표 A-7 2003년부터 2012년까지 퍼팅 기록이 가장 뛰어난 라운드(전체 선수 대비 SGP의 순서로 정리).

순위	날짜	선수명	첫 퍼팅 평균 거리	퍼팅 수	퍼팅 이득 타수(SGP)
1	2/3/2006	J.J.헨리	18.0	22	8.32
2	7/8/2010	폴 고이도스	19.9	22	7.36
3	8/27/2005	대런 스타일스	19.8	25	6.96
4	3/18/2012	스콧 피어시	17.2	23	6.93
5	7/26/2012	샬 슈워츨	17.0	24	6.81
6	7/31/2011	J.P.헤이즈	16.2	23	6.79
7	2/24/2005	스티브 스트리커	15.5	22	6.66
8	10/1/2004	우디 오스틴	12.6	22	6.64
9	9/15/2005	마크 오메라	14.4	21	6.62
10	6/10/2004	데이비드 프로스트	21.4	26	6.60
11	10/24/2009	맷 베탄코트	14.0	22	6.58
12	7/8/2010	스티브 스트리커	20.8	25	6.58
13	3/22/2012	크리스 스타라우드	18.9	25	6.51
14	9/23/2005	댄 포스먼	22.3	26	6.51
15	3/31/2011	지미 워커	17.3	23	6.45
16	7/7/2011	크리스 블랭크스	20.6	25	6.42
17	8/23/2007	브라이언 게이	12.6	20	6.40
18	10/31/2004	조 듀랜트	22.0	25	6.38
19	10/27/2005	딘 윌슨	19.3	24	6.36
20	7/23/2009	케빈 나	15.9	24	6.35
21	10/7/2011	네이선 그린	23.7	27	6.34
22	6/29/2007	케니 페리	14.4	22	6.29
23	9/5/2005	팀 헤런	21.2	25	6.28
24	4/30/2005	다니엘 초프라	13.4	22	6.26
25	1/26/2003	팻 베이츠	22.3	26	6.25
26	3/31/2012	헌터 메이헌	21.4	26	6.17
27	7/10/2008	크리스 라일리	14.4	23	6.16
28	3/17/2006	마크 오메라	18.8	24	6.15
29	3/5/2006	프레드릭 야콥슨	18.0	24	6.14
30	11/1/2007	J.P.헤이즈	18.4	25	6.12
31	10/12/2007	존 데일리	17.5	24	6.12
32	8/24/2012	샬 슈워츨	20.0	26	6.12
33	8/22/2003	가이 보로스	13.0	22	6.11
34	1/26/2012	마크 터네사	17.3	25	6.08
35	10/2/2003	히스 슬로컴	15.9	23	6.07
36	8/29/2008	마이크 위어	12.3	21	6.07
37	5/5/2005	프레드 펑크	19.7	25	6.06
38	4/30/2010	J.P.헤이즈	16.3	25	6.02
39	10/21/2010	로버트 개리거스	20.6	26	6.02
40	9/30/2004	브렌든 파파스	18.8	24	6.01

단에 나와 있지만, 한 라운드에서의 퍼팅 성적에 대한 기록인 관계로 몇몇 유명한 선수들의 이름이 보이지 않기도 한다. 퍼팅 기록이 가장 나빴던 라운드의 주인공인 조 듀랜트도 퍼팅 기록이 가장 뛰어난 라운드 리스트에 포함된 점이 재미있다. 전체 선수 대비 SGP로 측정된 이 리스트의 몇몇 라운드에서는 퍼팅 수가 25개 이상인 경우도 있다. 예를 들면, 네이선 그린(Nathan Green)은 27개의 퍼팅으로 6.3의 SGP를 기록하며 21위를 차지했다. 퍼팅 수가 많은 이유는 첫 퍼팅의 거리가 길었기 때문이다(평균 24피트). 케니 페리는 22개의 퍼팅으로 6.3의 SGP 를 기록하며 22위를 차지했다. 퍼팅 수가 적은 이유는 첫 퍼팅의 거리가 짧았기 때문이다(평균 14피트). 두 사람 첫 퍼팅 거리의 차이가 상당하다. 퍼팅 이득 타수는 첫 퍼팅의 거리를 감안하기 때문에, 퍼팅 성적을 훨씬 더 정확하게 측정하는 기록이다.

어떤 라운드에서 퍼팅을 얼마나 잘했는지를 이해하려면, 퍼팅 기록

표 A-8 ● 전체 선수 대비 SGP의 빈도. 예를 들면, 전체 선수 대비 1.5타의 퍼팅 이득 타수를 기록한 라운드는 PGA 투어의 라운드의 81%보다 뛰어난 기록이다. 퍼팅으로 2.5타의 손해를 본 라운드는 PGA 투어 라운드의 8%보다 뛰어난 기록이며, 이는 전체의 92%보다 뒤지는 기록이다.

퍼팅 이득 타수 (SGP)	더 나쁜 라운드 비율	퍼팅 이득 타수 (SGP)	더 나쁜 라운드 비율
5.5	99.9%	−0.5	38%
5.0	99.8%	−1.0	28%
4.5	99.5%	−1.5	19%
4.0	99%	−2.0	12%
3.5	98%	−2.5	8%
3.0	96%	−3.0	4%
2.5	93%	−3.5	2%
2.0	88%	−4.0	1%
1.5	81%	−4.5	0.6%
1.0	72%	−5.0	0.3%
0.5	61%	−5.5	0.1%
0.0	50%	20.8	6.58

이 가장 뛰어난 라운드들보다는 전체 라운드를 살펴보는 것이 좋을
것이다. 예를 들어, 전체 선수 대비 1타의 퍼팅 이득 타수를 기록하는
것은 얼마나 잘한 것일까? 그렇게까지 훌륭해 보이지 않을 수 있겠지
만, 표 A-8에 의하면 이 기록은 전체 라운드의 72%보다 뛰어난 기록
이다. 퍼팅으로 1타의 손해를 본 라운드는 하위 30%에 속하는 기록
이다.

퍼팅 기량 발전상

2011년에서 2012년 사이 퍼팅이 가장 향상된 선수는 누구일까? 표
A-9에 의하면, 데릭 레임리(Derek Lamely)가 라운드당 1타를 향상시키
며 1위를 차지했다. 하지만, 퍼팅에 비해 다른 분야에서는 충분히 줄
이지 못했는지 21개 대회에 출전하여 5개 대회에서만 컷을 통과했다.
2012년 어니 엘스, 세르히오 가르시아, 짐 퓨릭의 재기에는 향상된 퍼

표 A-9 ● 2011년부터 2012년 9월까지 SGP 기준으로 퍼팅이 가장 향상된 선수들.

순위	선수명	SGP 총 향상 수치	SGP 향상 수치		
			0-6피트 (0-1.8m)	7-21피트 (2.1-6.3m)	22피트 이상 (6.6m 이상)
1	데릭 레임리	1.00	0.29	0.41	0.30
2	제프 매거트	0.90	0.43	0.32	0.14
3	필 미컬슨	0.79	0.00	0.54	0.24
4	더스틴 존슨	0.76	0.44	0.25	0.07
5	어니 엘스	0.70	0.48	0.41	-0.19
6	톰 길리스	0.69	0.47	-0.09	0.31
7	보 반 펠트	0.68	0.35	0.22	0.11
8	제임스 드리스콜	0.62	0.19	0.08	0.34
9	세르히오 가르시아	0.61	0.27	0.24	0.09
10	짐 퓨릭	0.59	0.44	0.22	-0.08
	평균	0.73	0.34	0.26	0.13

팅이 큰 몫을 차지했다. 퍼팅이 향상된 상위 10명의 평균 향상 수치는 라운드당 0.73타였다. 표 A-9에 나와 있듯이, 퍼팅 이득 타수의 대부분은 6.3m 이내의 퍼팅에서 발생했다. 프로도 6.6m 이상의 퍼팅에서는 이득 타수를 만들기가 매우 어렵다.

전체 선수 평균 대비 이득 타수

PGA 투어에서 이용하고 있는 가장 중요한 퍼팅 통계 기록은 전체 선수 대비 퍼팅 이득 타수이다. 이는 전체 선수들의 각 라운드 퍼팅 성적으로 그린의 난이도를 측정한 투어 평균 대비 퍼팅 이득 조정 타수로 계산된다. 하지만 월드골프챔피언십(World Golf Championships) 대회나 투어 챔피언십(TOUR Championship)처럼 출전 선수가 다른 대회보다 적고, 그래서 투어 평균보다 퍼팅을 잘하는 선수들이 출전하는 대회도 있다. 이런 대회에서는 전체 선수의 퍼팅이 PGA 투어 평균 퍼팅 기준점보다 더 좋기 마련인데, 이는 그린이 쉬워서가 아니라 투어 평균보다 퍼팅을 더 잘하는 선수들이 출전하는 대회이기 때문이다. 이런 경우, 전체 선수의 성적을 감안하여 퍼팅 결과를 조정하는 것은 불공평하다.

출전 선수가 많은 정규 대회에서는 전체 선수의 퍼팅 평균이 그린의 난이도를 반영한다고 가정해도 괜찮다. 하지만 일반적으로 그린의 난이도와 선수들의 퍼팅 실력을 동시에 추정하는 것은 어려운 일이다. 전체 선수의 퍼팅 결과가 좋다는 것은 평균보다 쉬운 그린 덕분일 수도 있고, 출전 선수의 퍼팅 실력이 뛰어나기 때문일 수도 있다. 이 두 가지 효과를 구분 짓기 위해서 멋진 수학 기법이 필요하다. 이 기법을 고정효과 회귀분석(fixed-effect regression)이라고 하는데, 이는 대수학을 간단히 확장시킨 것으로, 충분한 정보가 주어졌을 때 두 개의 미지수를 동시에 해결할 수 있는 방법이다.

이 회귀분석 접근 방식으로 퍼팅 데이터를 활용하여 그린 난이도와 선수들의 퍼팅 실력을 동시에 추정할 수 있다. 그 결과로 얻은 통계 기록을 전체 선수 평균 대비 퍼팅 이득 타수(strokes gained putting to the average field)라고 하는데, 이는 그린 난이도를 감안하여 전체 선수 대비 퍼팅 실력을 측정하기 때문이다. 전체 선수 대비 퍼팅 이득 타수(strokes gained putting to the field)라는 PGA 투어의 통계 기록은 라운드별로 전체 선수 대비 상대적인 퍼팅 실력을 측정한다. 두 기록은 서로 비슷하지만, 전체 선수 평균 대비 퍼팅 이득 타수가 조금 더 정확하다. 이 장에 나온 몇몇 수치가 PGA 투어 홈페이지와 살짝 다른 이유가 이 때문이다.

퍼팅 이득 타수에 대해서만 설명했지만, 이 책에 나온 드라이브샷 이득 타수와 다른 모든 이득 타수 계산에는 각 라운드의 난이도, 출전 선수들의 수준을 감안한 이러한 조정을 수행하였다.[28]

6장. 거리, 정확도, 그리고 타이거 우즈의 비밀

표 A-10부터 A-18까지는 최상위 선수들의 연도별 이득 타수 기록이다. 표 A-10에는 샷링크 시대의 타이거 우즈 기록이 나와 있다. 놀랍게도 그는 2003년부터 2009년까지 매년 총 이득 타수 1위를 차지했다(2008년에는 부상 때문에 11개 라운드에만 출전했다). 어프로치샷 이득 타수 부문에서는 많은 대회에 참가하지 못했던 2010년과 2011년을 포함해 한 번도 5위를 벗어난 적이 없다.

차례대로 짐 퓨릭(표 A-11), 루크 도널드(표 A-12), 필 미컬슨(표 A-13), 로리 매킬로이(표 A-14), 비제이 싱(표 A-15), 어니 엘스(표 A-16), 세르히오 가르시아(표 A-17), 스티브 스트리커(표 A-18)의 이득 타수 결과가 나와 있다.

루크 도널드는 2010년 1월 세계 랭킹 29위였고, 2011년 1월에는 9위였다. 2011년에 총 이득 타수를 라운드당 0.75타 향상시키며 2011년 6월에는 세계 랭킹 1위에 올랐다. 표 A-12에 의하면 이런 향상의 거의 모두가 롱게임에서 나온 것이다. 드라이브샷에서 거의 0.5타, 그리고 어프로치샷에서 0.25타를 향상시켰다. 이득 타수 분석을 통해 그의 필드샷이 '중간급'이 아니라는 것을 확인할 수 있다. 그는 2011년 어프로치샷 이득 타수 1위이다.

표 A-17에 의하면, 어니 엘스가 2011년에 고전한 이유는 퍼팅에서 라운드당 1타 이상이 떨어졌기 때문이다. 브리티시 오픈 우승을 포함한 2012년의 재기 성공에는 퍼팅 향상이 큰 부분을 차지했다. 스티브 스트리커는 2006년 '올해의 재기상' 수상자였다. 표 A-18에 의하면, 그의 숏게임은 언제나 빛났고, 2006년의 향상된 경기력은 대부분 롱게임이 좋아졌기 때문이었다. 스트리커는 2007년에도 올해의 재기상을 수상했는데, 어프로치샷이 더 향상됐기 때문이었다. 루크 도널드, 어니 엘스, 스티브 스트리커는 스코어를 낮추기 위해서는 강점은 유지하고 약점을 개선해야 한다는 명제의 훌륭한 사례이다.

표 A-14에 의하면, 로리 매킬로이는 2012년에 라운드당 총 이득 타수 3.0으로 총 이득 타수 1위에 올랐다. 라운드당 0.4타의 이득을 숏게임과 퍼팅에서 거뒀는데, 이는 필 미컬슨의 라운드당 1.2타와 비교된다. 매킬로이가 롱게임 실력을 유지하면서 숏게임과 퍼팅을 필 미

표 A-10 타이거 우즈의 연도별 이득 타수: 2003년부터 2012년까지의 총 이득 타수와 샷을 카테고리별로 구분함. 연도별 순위는 각 연도에 최소 30라운드의 PGA 투어 샷링크 데이터가 있는 약 200명을 대상으로 산출함.

연도	순위					라운드당 이득 타수					라운드 수
	총 이득 타수	드라이브 샷	어프로치 샷	숏게임	퍼팅	총 이득 타수	드라이브 샷	어프로치 샷	숏게임	퍼팅	
2012	2	9	1	37	27	2.80	0.74	1.39	0.26	0.42	49
2011	29	136	4	89	49	1.09	-0.15	0.88	0.09	0.28	19
2010	48	123	4	160	91	0.71	-0.08	0.91	-0.20	0.08	29
2009	1	15	1	4	2	3.71	0.53	1.48	0.71	0.99	48
2008	1	8	1	3	4	4.14	0.61	2.01	0.67	0.85	11
2007	1	4	1	35	2	3.68	0.81	1.77	0.30	0.80	43
2006	1	4	1	23	21	3.78	0.92	1.98	0.39	0.49	37
2005	1	2	3	89	4	2.82	1.09	0.89	0.10	0.75	55
2004	1	21	5	9	3	3.06	0.48	1.12	0.51	0.95	54
2003	1	6	1	1	18	3.71	0.87	1.60	0.70	0.54	46

표 A-11 짐 퓨릭의 연도별 이득 타수: 2003년부터 2012년까지의 총 이득 타수와 샷을 카테고리별로 구분.

연도	순위					라운드당 이득 타수					라운드 수
	총 이득 타수	드라이브 샷	어프로치 샷	숏게임	퍼팅	총 이득 타수	드라이브 샷	어프로치 샷	숏게임	퍼팅	
2012	5	53	4	22	22	2.09	0.27	1.01	0.33	0.48	66
2011	36	84	9	47	134	0.94	0.10	0.71	0.23	-0.10	70
2010	3	63	11	2	22	2.03	0.23	0.67	0.64	0.49	60
2009	3	80	14	6	4	2.13	0.15	0.65	0.53	0.80	65
2008	6	46	13	76	28	1.62	0.33	0.71	0.13	0.44	75
2007	10	53	10	9	105	1.68	0.31	0.74	0.59	0.04	66
2006	2	17	3	14	3	2.94	0.58	1.10	0.45	0.81	68
2005	4	68	1	4	31	2.26	0.21	1.11	0.55	0.39	68
2004	22	29	42	101	16	1.49	0.41	0.43	0.02	0.60	31
2003	4	43	11	7	13	2.55	0.39	0.39	0.58	0.59	59

컬슨 수준으로 향상시킬 수 있다면 라운드당 3.8타의 총 이득 타수를 거둘 수 있을 것이다. 달리 표현하면, 매킬로이의 롱게임과 미컬슨의 숏게임, 퍼팅을 합치면, 타이거 우즈의 2003년과 2006년부터 2009년까지의 총 이득 타수와 견줄 수 있게 된다. 이 기간 타이거 우즈가 얼마나 대단했는지를 보여준다.

표 A-12 루크 도널드의 연도별 이득 타수: 2003년부터 2012년까지의 총 이득 타수와 샷을 카테고리별로 구분.

| 연도 | 순위 | | | | | 라운드당 이득 타수 | | | | | 라운드 수 |
	총 이득 타수	드라이브 샷	어프로치 샷	숏게임	퍼팅	총 이득 타수	드라이브 샷	어프로치 샷	숏게임	퍼팅	
2012	3	124	11	3	2	2.21	-0.06	0.77	0.58	0.91	48
2011	1	89	1	6	1	2.71	0.08	1.18	0.49	0.95	52
2010	5	175	3	10	1	1.95	-0.38	0.92	0.45	0.96	53
2009	13	182	23	12	1	1.48	-0.47	0.51	0.42	1.03	61
2008	2	164	47	1	2	1.96	-0.25	0.40	0.89	0.92	28
2007	18	84	46	30	20	1.36	0.13	0.39	0.34	0.49	50
2006	4	84	8	1	12	2.43	0.13	0.87	0.83	0.61	43
2005	5	59	4	1	17	2.23	0.23	0.86	0.64	0.50	40
2004	21	102	20	24	57	1.50	0.11	0.72	0.40	0.27	60
2003	95	151	93	39	84	0.25	-0.25	0.09	0.31	0.10	63

표 A-13 필 미컬슨의 연도별 이득 타수: 2003년부터 2012년까지의 총 이득 타수와 샷을 카테고리별로 구분.

| 연도 | 순위 | | | | | 라운드당 이득 타수 | | | | | 라운드 수 |
	총 이득 타수	드라이브 샷	어프로치 샷	숏게임	퍼팅	총 이득 타수	드라이브 샷	어프로치 샷	숏게임	퍼팅	
2012	8	110	20	4	7	1.86	0.00	0.66	0.55	0.64	60
2011	6	51	2	9	140	1.63	0.28	1.03	0.44	-0.11	58
2010	10	38	8	15	117	1.49	0.40	0.75	0.39	-0.05	57
2009	19	20	48	7	119	1.29	0.52	0.31	0.50	-0.05	48
2008	1	17	6	9	50	2.25	0.51	0.91	0.54	0.27	59
2007	3	43	7	5	59	2.06	0.38	0.77	0.69	0.23	52
2006	5	11	6	44	66	2.13	0.65	0.99	0.29	0.20	49
2005	8	41	22	9	47	1.81	0.38	0.61	0.52	0.30	50
2004	10	8	15	31	125	1.80	0.67	0.81	0.36	-0.04	50
2003	47	89	101	22	60	0.82	0.11	0.02	0.44	0.24	50

연도	순위					라운드당 이득 타수					라운드 수
	총 이득 타수	드라이브 샷	어프로치 샷	숏게임	퍼팅	총 이득 타수	드라이브 샷	어프로치 샷	숏게임	퍼팅	
2012	1	2	2	35	73	2.97	1.22	1.34	0.27	0.15	40
2011	12	1	50	101	139	1.42	1.14	0.35	0.04	-0.11	18
2010	22	3	19	158	125	1.19	0.90	0.57	-0.19	-0.09	40
2009	67	38	36	116	155	0.47	0.39	0.40	0.00	-0.32	22

연도	순위					라운드당 이득 타수					라운드 수
	총 이득 타수	드라이브 샷	어프로치 샷	숏게임	퍼팅	총 이득 타수	드라이브 샷	어프로치 샷	숏게임	퍼팅	
2012	43	33	22	39	179	0.91	0.41	0.61	0.25	-0.37	82
2011	40	37	52	43	131	0.86	0.36	0.34	0.25	-0.08	72
2010	30	25	2	33	195	1.05	0.49	0.93	0.31	-0.68	57
2009	70	33	30	68	186	0.40	0.40	0.46	0.14	-0.61	51
2008	4	3	7	7	177	1.80	0.80	0.80	0.57	-0.38	63
2007	9	12	17	19	107	1.75	0.63	0.64	0.45	0.03	82
2006	6	25	10	8	90	2.07	0.53	0.86	0.57	0.10	84
2005	2	3	7	5	64	2.58	1.04	0.79	0.55	0.20	84
2004	2	1	3	7	126	2.85	1.10	1.17	0.62	-0.04	85
2003	2	1	12	8	66	3.07	1.36	0.95	0.54	0.21	64

연도	순위					라운드당 이득 타수					라운드 수
	총 이득 타수	드라이브 샷	어프로치 샷	숏게임	퍼팅	총 이득 타수	드라이브 샷	어프로치 샷	숏게임	퍼팅	
2012	35	51	19	89	101	1.01	0.28	0.67	0.05	0.00	65
2011	71	69	8	55	194	0.48	0.18	0.76	0.20	-0.66	59
2010	7	44	9	37	28	1.75	0.35	0.71	0.28	0.42	55
2009	16	25	6	24	152	1.37	0.46	0.88	0.33	-0.30	54
2008	25	80	2	43	190	1.10	0.17	1.14	0.28	-0.46	36
2007	2	17	2	27	104	2.16	0.57	1.20	0.35	0.07	44
2006	8	18	24	2	96	1.94	0.57	0.55	0.74	0.07	51
2005	3	5	10	36	29	2.37	0.97	0.74	0.27	0.40	30
2004	3	3	12	6	78	2.47	0.81	0.84	0.65	0.16	41
2003	10	9	9	25	159	1.90	0.77	1.00	0.42	-0.29	32

표 A-17 세르히오 가르시아의 연도별 이득 타수: 2003년부터 2012년까지의 총 이득 타수와 샷을 카테고리별로 구분.

연도	순위					라운드당 이득 타수					라운드 수
	총 이득 타수	드라이브 샷	어프로치 샷	숏게임	퍼팅	총 이득 타수	드라이브 샷	어프로치 샷	숏게임	퍼팅	
2012	14	31	43	25	19	1.64	0.43	0.39	0.32	0.50	44
2011	19	12	37	33	123	1.31	0.66	0.41	0.30	-0.07	45
2010	92	47	74	93	166	0.21	0.34	0.18	0.05	-0.36	36
2009	28	23	8	150	113	1.08	0.48	0.77	-0.15	-0.01	44
2008	2	10	3	21	111	1.95	0.55	1.04	0.39	-0.04	56
2007	4	82	3	21	39	1.97	0.14	1.07	0.43	0.33	55
2006	21	28	5	105	148	1.43	0.49	1.00	0.07	-0.13	43
2005	6	1	11	28	159	1.95	1.10	0.72	0.32	-0.19	52
2004	8	7	1	28	200	1.94	0.73	1.33	0.37	-0.49	50
2003	112	39	63	120	196	0.04	0.44	0.29	-0.03	-0.67	28

표 A-18 스티브 스트리커의 연도별 이득 타수: 2003년부터 2012년까지의 총 이득 타수와 샷을 카테고리별로 구분.

연도	순위					라운드당 이득 타수					라운드 수
	총 이득 타수	드라이브 샷	어프로치 샷	숏게임	퍼팅	총 이득 타수	드라이브 샷	어프로치 샷	숏게임	퍼팅	
2012	12	45	8	16	57	1.75	0.32	0.83	0.40	0.21	54
2011	2	76	34	2	2	2.18	0.17	0.43	0.72	0.87	53
2010	1	52	4	3	15	2.36	0.30	0.87	0.64	0.55	56
2009	2	46	5	3	56	2.23	0.33	0.88	0.72	0.30	62
2008	14	173	43	1	26	1.31	-0.32	0.43	0.75	0.46	58
2007	5	117	5	6	25	1.96	-0.04	0.91	0.68	0.41	65
2006	17	145	65	3	20	1.47	-0.09	0.32	0.73	0.50	54
2005	129	216	160	3	9	-0.05	-1.16	-0.19	0.61	0.68	59
2004	144	216	137	10	12	-0.22	-1.27	-0.08	0.48	0.66	61
2003	141	201	102	5	97	-0.32	-0.99	0.02	0.63	0.02	45

어프로치샷 이득 타수(SGA)와 숏게임 이득 타수(SGS)

표 A-19에 2004년부터 2012년까지 PGA 투어에서 라운드당 어프로치샷 이득 타수(SGA) 상위 40명이 샷 카테고리별로 구분되어 나와 있다. 타이거 우즈가 홀에서 150~200야드가 떨어진 지점에서의 어프로치샷 이득 타수 순위 1위를 차지했다. 200~250야드가 떨어진 지점에서의 순위도 1위다. 하지만 100~150야드가 떨어진 지점에서는 톰 리먼(Tom Lehman), 로리 매킬로이, 크리스 블랭크스(Kris Blanks) 순서였다. SGA 상위 40명의 평균 이득 타수를 살펴보면, 150~200야드가 떨어진 지점에서의 샷이 전체의 44%(0.24/0.55)를 차지한다는 것을 알 수 있다. 이 거리에서의 샷이 투어 프로에게는 가장 중요하며, 이 거리에서의 남은 거리 중간값은 어프로치샷 실력을 전체적으로 평가하는 훌륭한 수치이다.

표 A-20에는 2004년부터 2012년까지 PGA 투어에서 라운드당 숏게임 이득 타수(SGS) 상위 40명이 샷 카테고리별로 나와 있다. 스티브 스트리커가 홀로부터 20~60야드가 떨어진 지점에서의 샷 이득 타수 순위 1위를 차지했다. 60~100야드 떨어진 지점에서의 순위도 1위이다. 하지만 0~20야드 사이 지점에서의 1위는 코리 페이빈(Corey Pavin)과 루크 도널드이다. 0~50야드 떨어진 벙커에서의 순위는 마이크 위어(Mike Weir)와 루크 도널드 순이다.[29] SGS 상위 40명의 평균 이득 타수를 살펴보면, 0에서 20야드가 떨어진 지점에서의 샷이 가장 큰 부분을 차지하며, 0에서 50야드 떨어진 벙커샷이 근소한 차이로 그다음이라는 것을 알 수 있다.

표 A-21에 샷 카테고리별로 대회 우승자와 상위 40명의 이득 타수

표 A-19 샷 카테고리별로 구분한 라운드당 어프로치샷 이득 타수(SGA): 2004년부터 2012년까지 PGA 투어에서의 SGA 상위 40명. 순위는 2004년부터 2012년까지 최소 200라운드를 소화한 240명의 선수를 대상으로 선정했으며, 샷링크 데이터에 120라운드만 있는 로리 매킬로이는 예외를 적용했다(그래서 이름 옆에 별표를 표시함). 100~150, 150~200, 200~250 카테고리에는 벙커샷과 리커버리샷이 포함되어 있지 않으며, 홀에서 250야드보다 더 떨어진 지점에서의 샷도 포함시키지 않았다. 이런 샷들은 표의 공간이 부족하여 제외했다.

선수명	순위				라운드당 이득 타수			
	총 SGA	100-150	150-200	200-250	총 SGA	100-150	150-200	200-250
타이거 우즈	1	10	1	1	1.28	0.20	0.62	0.30
로버트 앨런비	2	5	5	3	0.88	0.23	0.35	0.23
짐 퓨릭	3	7	2	11	0.78	0.21	0.38	0.17
어니 엘스	4	17	8	10	0.77	0.15	0.34	0.17
세르히오 가르시아	5	20	11	9	0.75	0.14	0.28	0.17
로리 매킬로이*	6	2	12	12	0.73	0.27	0.27	0.17
필 미컬슨	6	4	19	40	0.72	0.24	0.23	0.10
애덤 스콧	7	21	13	12	0.71	0.14	0.25	0.16
비제이 싱	8	6	7	77	0.70	0.21	0.35	0.06
루크 도널드	9	30	4	28	0.65	0.12	0.36	0.11
채드 캠벨	10	27	3	55	0.61	0.13	0.37	0.08
톰 리먼	11	1	17	86	0.60	0.29	0.24	0.06
스콧 버플랭크	12	72	6	17	0.58	0.07	0.35	0.13
조이 신들러	13	31	9	16	0.57	0.12	0.31	0.13
케니 페리	14	106	21	2	0.57	0.04	0.23	0.23
리 웨스트우드	15	59	14	19	0.56	0.08	0.26	0.13
크리스 블랭크스	16	2	29	38	0.56	0.26	0.18	0.10
데이비드 톰스	17	108	10	15	0.55	0.04	0.30	0.13
폴 케이시	18	11	30	14	0.53	0.19	0.18	0.15
팀 클락	19	41	23	20	0.52	0.10	0.22	0.13
저스틴 로즈	20	84	27	4	0.51	0.06	0.19	0.20
존 센든	21	16	15	94	0.49	0.16	0.25	0.05
알렉스 체카	22	12	57	26	0.47	0.18	0.13	0.11
카밀로 비제가스	23	23	43	42	0.47	0.14	0.16	0.10
브랜든 데 용	24	121	35	8	0.46	0.03	0.18	0.17
데이비스 러브 3세	25	15	54	110	0.46	0.16	0.14	0.03
스티브 스트리커	26	28	28	59	0.45	0.12	0.19	0.08
스튜어트 싱크	27	58	18	95	0.43	0.08	0.24	0.05
리키 반스	28	32	20	58	0.42	0.12	0.23	0.08
조 듀랜트	29	22	25	32	0.42	0.14	0.20	0.11
잭 존슨	30	51	16	45	0.41	0.08	0.25	0.09
히스 슬로컴	31	49	45	34	0.40	0.09	0.16	0.10
트레버 임멜만	32	126	52	13	0.40	0.02	0.14	0.15
르티프 구슨	33	56	83	6	0.39	0.08	0.09	0.18
부 위클리	34	43	38	81	0.38	0.10	0.17	0.06
제프 슬루먼	35	36	32	54	0.38	0.11	0.18	0.08
브라이니 베어드	36	46	67	27	0.38	0.09	0.12	0.11
제이슨 본	37	67	22	114	0.37	0.07	0.23	0.02
스티븐 에임스	38	91	33	96	0.37	0.06	0.18	0.05
최경주	39	52	12	136	0.36	0.08	0.25	0.00
더들리 하트	40	9	78	62	0.35	0.20	0.10	0.08
상위 40명 평균					0.55	0.13	0.24	0.12

표 A-20	샷 카테고리별로 구분한 라운드당 숏게임 이득 타수(SGS): 2004년부터 2012년까지 PGA 투어에서의 SGS 상위 40명. 순위는 2004년부터 2012년까지 최소 200라운드를 소화한 240명의 선수를 대상으로 선정했다. 0~20, 20~60, 60~100 카테고리에는 퍼팅과 벙커샷이 포함되어 있지 않다. 50~100야드 떨어진 벙커샷은 표의 공간이 부족하여 포함시키지 않았다.

선수명	순위					라운드당 이득 타수				
	총 SGS	0-20	20-60	60-100	0-50 벙커샷	총 SGS	0-20	20-60	60-100	0-50 벙커샷
스티브 스트리커	1	3	1	1	69	0.63	0.17	0.21	0.18	0.05
코리 페이빈	2	1	14	12	16	0.54	0.23	0.10	0.09	0.12
크리스 라일리	3	6	3	59	3	0.52	0.16	0.14	0.04	0.18
루크 도널드	4	2	51	26	2	0.51	0.19	0.06	0.06	0.20
마이크 위어	5	57	9	21	1	0.50	0.08	0.12	0.07	0.24
파드리그 해링턴	6	7	6	7	31	0.50	0.16	0.13	0.12	0.09
필 미컬슨	7	11	7	27	17	0.46	0.15	0.12	0.06	0.12
비제이 싱	8	21	12	44	14	0.42	0.12	0.10	0.05	0.12
저스틴 레너드	9	10	5	9	92	0.41	0.16	0.13	0.10	0.03
브라이언 게이	10	32	43	5	34	0.39	0.11	0.07	0.13	0.09
류지 이마다	11	20	18	46	13	0.39	0.13	0.10	0.04	0.12
짐 퓨릭	12	12	19	22	38	0.39	0.15	0.09	0.07	0.08
닉 오헌	13	54	30	8	20	0.38	0.08	0.08	0.11	0.11
케빈 나	14	13	16	87	25	0.38	0.14	0.10	0.02	0.11
마루야마 시게키	15	75	2	35	23	0.37	0.06	0.14	0.05	0.11
저스틴 로즈	16	28	60	36	7	0.36	0.11	0.05	0.05	0.14
스튜어트 애플비	17	23	8	75	28	0.36	0.12	0.12	0.03	0.10
토드 피셔	18	9	4	13	168	0.35	0.16	0.13	0.09	-0.03
로리 사바티니	19	56	32	37	10	0.34	0.08	0.07	0.05	0.13
이안 폴터	20	4	80	98	19	0.33	0.17	0.03	0.01	0.11
어니 엘스	21	30	24	20	63	0.32	0.11	0.09	0.07	0.06
에런 배들리	22	19	29	173	24	0.30	0.13	0.08	-0.02	0.11
최경주	23	14	100	128	5	0.30	0.14	0.02	0.00	0.14
타이거 우즈	24	41	10	30	98	0.30	0.09	0.11	0.06	0.03
로드 팸플링	25	33	94	95	4	0.30	0.10	0.03	0.02	0.15
커크 트리플렛	26	36	142	6	37	0.29	0.10	0.00	0.12	0.08
애런 오버홀저	27	59	15	78	46	0.28	0.08	0.10	0.02	0.08
르티프 구슨	28	16	67	99	36	0.28	0.14	0.04	0.01	0.08
케빈 서덜랜드	29	15	79	157	15	0.28	0.14	0.03	-0.01	0.10
맷 쿠차	30	63	23	66	35	0.28	0.07	0.09	0.03	0.08
밥 하인츠	31	18	138	42	27	0.27	0.13	0.00	0.05	0.10
브랜트 스네데커	32	35	21	29	121	0.27	0.10	0.09	0.06	0.01
브라이스 몰더	33	24	145	15	54	0.27	0.12	0.00	0.08	0.07
조너선 버드	34	22	35	63	84	0.27	0.12	0.07	0.03	0.04
웨브 심프슨	35	105	42	32	18	0.27	0.03	0.08	0.04	0.12
제프 오길비	36	58	119	40	11	0.26	0.08	0.01	0.04	0.13
오마 유레스티	37	65	92	34	26	0.26	0.07	0.03	0.04	0.10
글렌 데이	38	70	39	17	65	0.26	0.06	0.07	0.07	0.06
톰 퍼니스 주니어	39	31	37	132	50	0.26	0.11	0.07	0.00	0.07
팀 페트로비치	40	8	57	81	124	0.25	0.16	0.05	0.02	0.01
상위 40명 평균						0.35	0.12	0.08	0.05	0.10

를 비교해놓았다. 그 옆에는 샷 카테고리별로 PGA 투어의 평균 샷 횟수가 나와 있다. 퍼팅은 전체 샷 횟수의 41%, 우승자의 이득 타수의 34%, 상위 40명의 이득 타수의 15%를 차지한다.

표 A-21 ● 샷 카테고리별로 구분한 대회 우승자의 이득 타수, 상위 40명의 이득 타수, 그리고 PGA 투어 평균 샷 횟수. 우승자의 이득 타수는 우승을 차지한 대회의 기록으로 계산했다. 대회 우승자들은 전체 선수 대비 라운드당 평균 3.7타, 상위 40명은 PGA 투어 전체 선수 평균 대비 라운드당 1.1타의 이득을 각각 거뒀다. 어프로치샷이 이 이득의 40%를 차지했다. 퍼팅은 샷 횟수의 41%를 차지했지만, 상위 40명 이득 타수의 15%만 점했다. 어프로치샷은 샷 횟수의 26%를 점했지만, 상위 40명 이득 타수의 40%를 차지했다. 1.8m 이내 퍼팅이 전체 샷 횟수의 22%를 점했다. 표에는 없지만, 60cm 이내의 퍼팅이 13%, 90cm부터 1.8m 퍼팅이 9%를 차지했다.

	우승자		상위 40명		투어 평균	
	SG	비율	SG	비율	샷 횟수	비율
드라이브샷	0.7	18%	0.3	28%	13.9	20%
어프로치샷	1.3	34%	0.4	40%	18.5	26%
숏게임	0.5	14%	0.2	17%	9.4	13%
퍼팅	1.3	34%	0.2	15%	29.2	41%
합계	3.7	100%	1.1	100%	71.0	100%

		우승자		상위 40명		투어 평균	
		SG	비율	SG	비율	샷 횟수	비율
	드라이브샷	0.7	18%	0.32	28%	13.9	20%
어프로치샷	100-150	0.3	9%	0.10	9%	5.0	7%
	150-200	0.5	14%	0.18	16%	7.0	10%
	200-250	0.3	7%	0.10	9%	3.6	5%
	기타	0.2	4%	0.06	5%	2.9	4%
숏게임	0-20	0.2	7%	0.05	5%	4.0	6%
	20-60	0.1	3%	0.04	4%	2.1	3%
	60-100	0.1	2%	0.04	3%	1.4	2%
	0-50 벙커샷	0.1	2%	0.05	3%	1.7	2%
	기타	0.0	0%	0.00	0%	0.2	0%
퍼팅	0-6피트 (0-1.8m)	0.3	8%	0.06	5%	16.9	22%
	7-21피트 (2.1-6.3m)	0.7	19%	0.07	6%	7.9	11%
	22피트(6.6m) 이상	0.3	7%	0.05	4%	5.4	8%
	합계	3.7	100%	1.13	100%	71.0	100%

아마추어 추가 결과

그림 A-2와 A-3은 프로와 아마추어의 어프로치샷 남은 거리 중간 값을 비교한 것이다. 그림 A-4는 프로와 아마추어의 어프로치샷 그 린 적중 성적을 비교한 것이다. 그림 A-5, A-6, A-7은 프로와 아마추어의 숏게임 성적을 비교한 것이다. 모든 그림에서 프로와 아마추어의 성적 차이가 엄청나다는 것을 확인할 수 있다. 개인적으로 본인의 성적과 그림의 기준점을 비교하여 상대적인 강점과 약점을 확인할 수 있다.

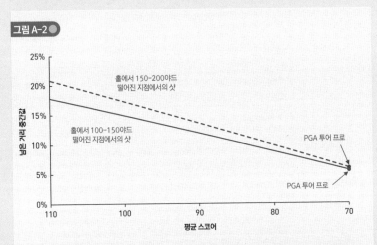

평균 스코어 대비 남은 거리 중간값(퍼센트). 남은 거리 중간값은 샷의 반을 이 수치보다 홀에 더 가까이 붙였다는 것을 의미한다. PGA 투어 프로는 100~150야드 떨어진 지점에서의 샷 중 반을 최초 남은 거리의 5.5% 이내로 붙이고, 일반적인 보기 플레이어는 샷의 반을 12% 이내로 붙인다. 150~200야드 떨어진 지점에서는, PGA 투어 프로가 샷의 반을 최초 남은 거리의 5.9% 이내로 붙이고, 일반적인 보기 플레이어가 14% 이내로 붙인다. 프로와 아마추어의 차이는 샷이 길수록 더 커진다.

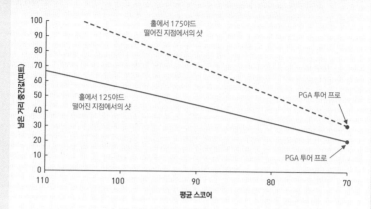

평균 스코어 대비 남은 거리 중간값(피트). 남은 거리 중간값은 샷의 반을 이 수치보다 홀에 더 가까이 붙였다는 것을 의미한다. PGA 투어 프로는 125야드 떨어진 지점에서의 샷 중 반을 21피트(6.3m) 이내로 붙이고, 일반적인 보기 플레이어는 샷의 반을 45피트(13.5m) 이내로 붙인다. 175야드 떨어진 지점에서는, PGA 투어 프로는 샷의 반을 31피트(9.3m) 이내로 붙이고, 일반적인 보기 플레이어는 71피트(21.3m) 이내로 붙인다. 프로와 아마추어의 차이는 샷이 길수록 더 커진다.

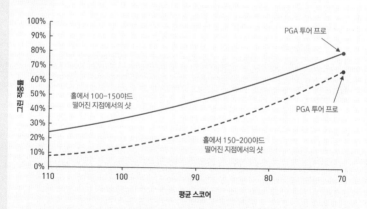

평균 스코어 대비 그린 적중률. '그린'은 그린에 올리거나 프린지에 떨어뜨린 샷의 비율을 의미한다. PGA 투어 프로는 홀에서 100~150야드 떨어진 지점에서의 샷의 80%를 그린이나 프린지에 올리고, 일반적인 보기 플레이어는 샷의 46%를 그린이나 프린지에 올린다. 홀에서 150~200야드 떨어진 지점에서는, PGA 투어 프로는 샷 중 67%를 그린이나 프린지에 올리고, 일반적인 보기 플레이어는 샷의 26%를 그린이나 프린지에 올린다.

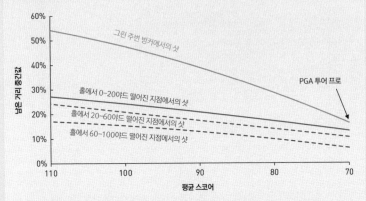

평균 스코어 대비 남은 거리 중간값(퍼센트). 남은 거리 중간값은 샷의 반을 이 수치보다 홀에 더 가까이 붙였다는 것을 의미한다.

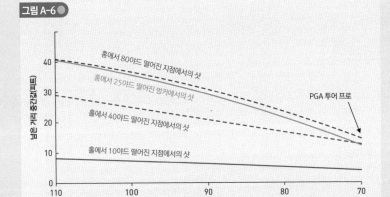

평균 스코어 대비 남은 거리 중간값(피트). 남은 거리 중간값은 샷의 반을 이 수치보다 홀에 더 가까이 붙였다는 것을 의미한다.

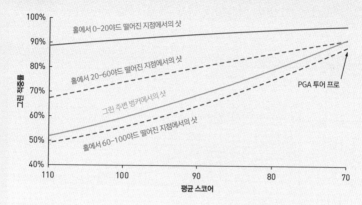

평균 스코어 대비 그린 적중률. '그린'은 그린에 올리거나 프린지에 떨어뜨린 샷의 비율을 의미한다.

7장. 퍼팅 전략

그림 A-8과 A-9는 평균 경사 0.7도와 2.3도인 그린에서의 퍼팅 거리와 각도별로 PGA 투어 프로가 설정한 목표지점이다.

표 A-22에는 프로와 아마추어의 퍼팅 중요도 세부 결과가 나와 있다. 프로에게 가장 중요한 퍼팅 거리는 5피트(1.5m)이고, 아마추어에게는 4피트(1.2m)이다. 그림 A-10에는 실력 차이에 따른 퍼팅 이득 타수 차이가 나와 있다. 그림 A-11에는 퍼팅 빈도수 결과가 나와 있다.

표 A-22를 통해 목표 설정을 위한 유용한 정보를 얻을 수 있다. 3m 퍼팅의 성공률이 55%가 되도록 연습을 한다고 가정해보자. 목표를 높게 잡는다고 큰일이 나는 것은 아니지만, 세계에서 가장 퍼팅을 잘하는 선수도 이 거리에서의 성공률이 45%밖에 되지 않는다. 시간은 소중하며, 달성하기 어려워 보이는 목표를 위해 시간을 투자한다는 것은 다른 분야의 연습 시간이 부족해진다는 것을 의미한다.

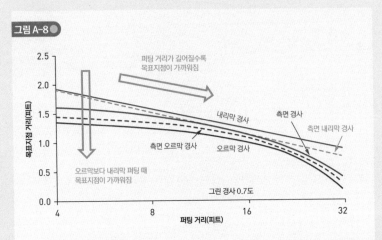

실패한 퍼팅 분포 패턴의 중앙을 추정한 PGA 투어 프로의 목표지점 거리. 그린의 경사는 홀 주변이 0~1도, 평균 0.7도이다. 오르막 퍼팅보다 내리막 퍼팅일 때 목표지점이 더 멀다. 긴 퍼팅보다 짧은 퍼팅일 때 목표지점이 더 멀다.

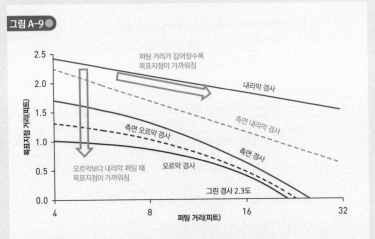

그린의 경사가 홀 주변이 2도 이상, 평균 2.3도일 때 PGA 투어 프로의 목표지점 거리. 오르막 퍼팅보다 내리막 퍼팅일 때 목표지점이 더 멀다. 긴 퍼팅보다 짧은 퍼팅일 때 목표지점이 더 멀다. 긴 오르막 퍼팅, 측면 오르막 퍼팅, 측면 퍼팅일 때 목표지점이 홀에 살짝 못 미친 지점이며, 프로는 이런 퍼팅의 50%에서 60%를 짧게 친다.

퍼팅 중요도 결과. 퍼팅 실력이 뛰어난 선수, 퍼팅 실력이 평균인 선수, 그리고 보기 플레이어의 거리별 원 퍼팅 성공률이 나와 있다. 퍼팅의 중요도는 퍼팅 실력의 차이와 라운드당 퍼팅 수를 곱한 값에 비례한다. 여기에서는 퍼팅 실력의 차이를 원 퍼팅 성공률로 산출했다. 실력 차이를 측정하는 올바른 방법은 이득 타수를 이용하는 것이겠지만, 이 두 가지 방법은 아주 비슷한 결과를 보여준다. 프로와 아마추어 모두에게 숏퍼팅이 가장 중요하다. 프로에게 가장 중요한 퍼팅 거리는 5피트(1.5m)이고, 아마추어에게는 4피트(1.2m)이다.

퍼팅 거리	선수 구분		최고-평균 차이	라운드당 퍼팅 수	퍼팅 중요도
	최고 선수	평균 선수			
3	98%	96%	1%	2.8	0.037
4	91%	88%	3%	1.8	0.058
5	82%	77%	5%	1.3	0.064
6	72%	67%	6%	1.0	0.057
7	63%	58%	5%	0.9	0.046
8	55%	50%	5%	0.8	0.038
9	50%	45%	5%	0.7	0.039
10	45%	40%	5%	0.7	0.035
11	39%	35%	4%	0.6	0.025
12	36%	31%	5%	0.6	0.027
13	33%	28%	5%	0.5	0.025
14	29%	25%	4%	0.5	0.019
15	27%	23%	3%	0.5	0.016
16	24%	21%	3%	0.4	0.015

퍼팅 거리	선수 구분		최고-평균 차이	라운드당 퍼팅 수	퍼팅 중요도
	최고 선수	평균 선수			
3	96%	87%	10%	2.8	0.27
4	88%	67%	21%	1.8	0.39
5	77%	51%	26%	1.3	0.34
6	67%	41%	26%	1.0	0.27
7	58%	33%	25%	0.9	0.22
8	50%	28%	22%	0.8	0.18
9	45%	24%	20%	0.7	0.15
10	40%	21%	19%	0.7	0.13
11	35%	18%	16%	0.6	0.10
12	31%	16%	15%	0.6	0.09
13	28%	14%	14%	0.5	0.08
14	25%	13%	13%	0.5	0.06
15	23%	11%	12%	0.5	0.06
16	21%	10%	11%	0.4	0.05

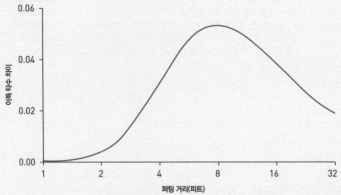

퍼팅 실력이 뛰어난 선수와 퍼팅 실력이 평균인 선수 사이에 퍼팅 거리별 퍼팅당 이득 타수 차이(편의상 로그값으로 표시). 가장 큰 이득 타수 차이가 나는 부분은 0.05의 차이가 나는 5~10피트 거리의 퍼팅이다. 이는 원 퍼팅 성공률 차이인 5%와 일치한다. 예를 들면, 퍼팅 실력이 뛰어난 선수는 8피트 거리의 퍼팅 성공률이 55%이고, 퍼팅 실력이 평균인 선수는 약 50%이다.

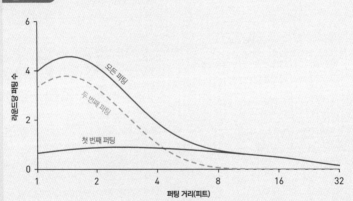

퍼팅 거리별 PGA 투어 프로의 라운드당 퍼팅 수(편의상 로그값으로 표시). 1.5피트 거리의 퍼팅이 가장 자주 발생하며, 이런 퍼팅의 대부분은 두 번째 퍼팅이다. 10피트(3m)를 넘는 두 번째 퍼팅은 거의 없다.

긴 오르막 퍼팅 대 짧은 측면 퍼팅: 추가 세부 정보

그림 A-12에 3~5피트 거리에서의 원 퍼팅 성공률이 나와 있다. 아주 짧은 퍼팅에서는 퍼팅 각도가 별 영향을 주지 않는다. 그림 A-13에는 9~11피트 거리에서의 원 퍼팅 성공률이 나와 있다.

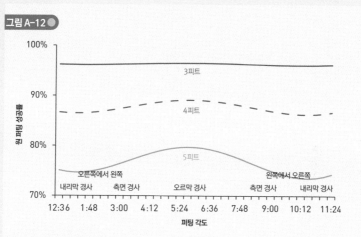

그린의 경사가 홀 주변이 1~2도 사이(홀의 54%가 이 범위 내에 위치), 평균 1.4도일 때 PGA 투어 프로의 원 퍼팅 성공률.

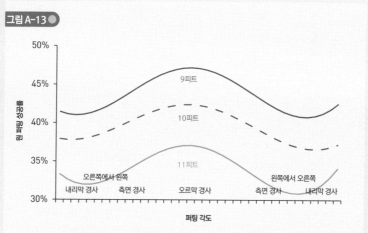

그린의 경사가 홀 주변이 1~2도 사이(홀의 54%가 이 범위 내에 위치), 평균 1.4도일 때 PGA 투어 프로의 원 퍼팅 성공률.

표 A-23 PGA 투어 프로의 거리별 업앤다운 비율과 홀아웃을 위한 평균 타수.

홀까지의 거리	샷의 비율	업앤다운 비율			홀아웃을 위한 평균 타수		
		페어웨이	러프	벙커	페어웨이	러프	벙커
10	35%	79%	66%	55%	2.17	2.34	2.47
20	27%	63%	47%	50%	2.37	2.57	2.53
30	12%	52%	37%	40%	2.50	2.69	2.65
40	5%	44%	31%	30%	2.59	2.77	2.79
50	3%	39%	26%	18%	2.65	2.86	2.99
60	2%	36%	23%	10%	2.69	2.90	3.17
70	3%	34%	21%	10%	2.71	2.93	3.19
80	3%	32%	19%		2.74	2.96	
90	4%	30%	18%		2.76	2.98	
100	6%	28%	16%		2.79	3.01	
	100야드 이내의 필드샷 비율				69%	19%	12%

감사의 글

나와 우리 아들들이 자동차 라디오로 PGA 투어 중계방송을 처음 들었을 때 나의 아내인 낸시는 웃음을 크게 터뜨렸다. 우리 가족 중 유일하게 골프를 치지 않았지만, 우리 가족의 삶에서 골프가 차지한 역할에 대해 꽤 재미있어 했다. 그녀의 든든한 지원에 감사하며, 초안을 꼼꼼히 읽고 아무도 찾지 못했던 실수를 잡아내 준 것에 감사한다.

언제나 아들들에게는 하고 싶은 것을 하라고 했지만, 둘 다 골프를 치게 됐고 연습도 열심히 했다(솔직히 다니엘은 야구를 먼저 좋아했다). 크리스토퍼는 핸디캡이 3일 정도로 골프를 잘 치고, 우리 골프장의 주니어 챔피언십 대회에서 두 번이나 우승했다. 골프메트릭스 프로그램의 코스를 만들고 데이터를 입력하는 것부터, 이 책과 골프 통계 및 전략에 대한 의견을 제시하는 것까지 수년간 큰 도움을 줬다.

문장을 다듬고, 아이디어의 흐름을 조정하고, 가독성을 높이는 제안을 하는 등 제니퍼 프리먼의 도움이 아주 컸다. 제니, 고마워!

이 책이 완성되도록 이끌어준 고담 출판사의 편집자 제시카 신들러와 브룩 캐리에게 감사하다. 처음부터 지원과 격려, 그리고 강한 믿음을 전해준 빌 싱커에게 특별히 고맙게 생각한다. 함께 골프도 재미있게 치면서 출판계에 대한 설명을 해준 나의 에이전트 데이비드 매코믹에게도 감사한다. 이 책의 멋진 그림을 만들어준 트레버 존스턴에게도 인사를 전한다.

일일이 언급하기에 너무 많은 사람과의 대화를 통해 도움을 받았지만, 오랜 친구인 폴 베이더, 테드 코노버, 톰 카우치, 톰 던든, 밥 그로버, 존 헬스트룀, 욘 칼센, 에릭 켄워디, 얀 레빈, 롭 닐, 댄 파크스, 토니 렌쇼, 벤 시어, 스티브 스미스, 프랭크 토마스(드라이브샷 천국 아이디어 제공)에게 감사한다. 골프장 프로인 마이크 디플리, 데니스 힐먼, 마이클 헌트, 그레그 페이스, 필 와일더무스와 골프 작가인 마이클 애거, 코넬 배럿, 데이비드 배럿, 패럴 에번스, 숀 마틴, 피터 모리스, 존 폴 뉴포트, 빌 페닝턴, 애덤 슈팍, 조시 센스, 마이크 스태추라에게도 감사한다. 박사과정의 마툴야 반살, 천닝위엔, 고순민, 신동욱과 동료 학자인 딕 렌들먼과의 골프 연구는 재미있었다. 데이비드 앤더슨, 토드 보르예손, 제임스 코니시, 척 프레스토, 키스 스바바로, 앤드루 셈라드, 크레이그 월릿이 있는 테일러메이드와 함께 일하고 배워서 기뻤다. USGA 핸디캡 연구팀(HRT)의 일원으로 핸디캡 문제에 대하여 연구한 것은 즐거운 경험이자 영광이었다. USGA와 HRT의 스티븐 에드먼드슨, 프랭크 엥글, 스콧 호브드, 애덤 카너시, 케빈 오코너, 맷 프링글, 루 리치오, 워런 시먼스, 딕 스트라우드, 그리고 고(故) 프랜 샤이드에게 감사하다.

루 립니키와의 오랜 협업은 친구의 생일 파티에서 우연히 만나면서 시작됐다. 아마추어와 프로의 데이터를 수집하고 분석하는 데 사용한 골프메트릭스 프로그램을 개발하는 데 마법 같은 프로그래밍 실력을 보여준 립니키에게 어떻게 감사한 마음을 표할 수 있을지 모르겠다. 골프메트릭스 소프트웨어에는 키반치 안나, 덩웨이웨이, 돈 데벤도프, 알렉산드라 게라, 리 빈이 도움을 줬다. 골프메트릭스에 데이터를 제공한 많은 골퍼에게도 감사한다.

나 같은 학자에게 어마어마한 샷링크 데이터를 공유해준 PGA 투어에게 고마움을 전한다. 이러한 공유가 없었다면, 퍼팅 이득 타수와 골프의 통계학적 접근이라는 시도가 처음부터 아주 어려웠을 것이다. PGA 투어의 톰 올터, 스티브 에번스, 킨 로, 켄 러벌, 알렉스 턴불, 롭 유셀먼, 마이크 비티, 돈 월리스에게 특히 고맙게 생각한다.

투어 프로 및 코치들과의 대화를 통해 귀한 지식을 얻을 수 있었다. 특히 코치인 숀 폴리, 팻 고스, 리카드 린드버그, 데이비드 오어, 저스틴 포인터, 그레그 로즈, 테리 로울스, 콜린 스와턴, 마크 우드와 선수인 에이미 올콧, 요나스 블릭스트, 마크 캘커베키아, 벤 크레인, 제이슨 데이, 루크 도널드, 브래드 팩슨, 소피 구스타프슨, 피터 핸슨, 나넷 힐, 스콧 호크, 로베르트 칼손, 다비드 링메르트, 에도아르도 몰리나리, 저스틴 로즈, 보 반 펠트에게 감사의 인사를 전한다.

다른 많은 연구와 마찬가지로, 나의 연구도 선행 연구가 녹아들어 있다. 골프에 대한 연구를 시작했을 때, 지금은 고전이 된 『완벽한 스윙을 찾아서』라는 책을 고등학생 때 도서관에서 대출했던 것이 기억나지 않았다. 이 책의 저자인 1960년대의 코크런과 스톱스는 각각의 샷을 기록하고 분석했던 선구자였다. 클라인 솔레이는 프로와 아마추어의 퍼팅을 기록하고 분석하여 그 결과를 1970년대 말 『퍼팅을 얼마나 잘해야 하나?』라는 책으로 냈다. PGA 투어가 퍼팅 이득 타수 기록을 발표한 이래로, 비슷한 아이디어를 가지고 있었다는 얘기를 여러 사람에게서 들었다.

초안 때부터 그레그 콜먼, 마이크 요하네스, 톰 칼먼으로부터의 조언이 도움이 됐다. 초안을 꼼꼼하게 읽어주고, 제안과 질문도 많이 해주고, 많은 대화를 함께 나눴던 내 친구 에도아르도 몰리나리에게 특히 감사한다. 물론 실수가 있겠지만 이는 내 책임이다. 나의 멀리건(업데이트와 오류 수정) 및 책과 관련된 다른 정보는 에브리 샷 카운트 사이트(www.everyshotcounts.com)에서 확인할 수 있다.

마지막으로, 시간 내어 이 책을 읽은 여러분에게 감사하다. 이 책을 통해 골프에 대해서 몇 가지를 배웠으면 좋겠고, 당신의 골프에 도움이 될 만한 아이디어를 최소한 하나 정도 찾았으면 좋겠다. 그리고 책에 소개된 이야기가 재미있었기를 바란다.

옮긴이의 글

스포츠와 숫자를 사랑하는 사람으로서 원저인 『에브리 샷 카운트 (Every Shot Counts)』를 번역하는 내내 '이 책을 너무 늦게 알게 되었다'는 아쉬움이 컸다. 원저가 출판된 지 10년이 지났기 때문에 본문의 내용이 조금은 '옛날 얘기'가 되어버렸기 때문이다. 그나마 다행인 것은 '골프' 하면 누구에게나 떠오르는 '타이거 우즈'의 활약상이 잘 설명되었다는 것이다. 그래도 10년 사이에 골프 통계 기록의 주류로 자리 잡은 '이득 타수'를 제대로 소개할 수 있어서 기쁜 마음으로 번역을 마칠 수 있었다.

본문에서 소개한 바와 같이, 퍼팅 이득 타수(SG: Putting)는 2011년부터 PGA 투어의 공식 기록으로 인정됐고, 다른 이득 타수 부문들 (SG: Total, SG: Tee-to-Green, SG: Off-the Tee, SG: Approach the Green, SG: Around-the-Green)은 2014년부터 PGA 투어의 공식 기록으로 인정됐다. 이제 PGA 투어 홈페이지의 기록(Stats) 페이지에는 '이득 타수'가 가장 앞부분에 나올 정도로 완전히 자리 잡은 모습이다. 그만큼 '이득 타수'라는 골프 통계 기록이 다른 전통적인 기록의 문제점을 보완하고 골프 선수의 실력을 나타내는 데 가장 합리적인 것으로 인정됐다는 반증이다.

본문에는 없는 최근 11년간의 PGA 투어 이득 타수 순위에 대해 잠깐 소개해보고자 한다. PGA 투어는 2013년부터 시즌을 10월에 시작해서 다음 해 8월에 끝내는 일정으로 변경했다. 그렇게 2013-14 시즌부터 2022-23 시즌까지 열 번의 시즌을 시행하고 2024년부터는 다시 시즌을 1월에 시작해서 9월에 끝내는 일정으로 회귀하였다. 최근 10년간 총 이득 타수 상위 5명은 아래의 표와 같다.

표 ● 2013-14 시즌부터 2022-23 시즌까지 각 시즌별 총 이득 타수 상위 5명

시즌	순위	선수명	총 이득 타수	시즌	순위	선수명	총 이득 타수
2013 -14	1	로리 맥길로이	2.266	2014 -15	1	헨릭 스텐손	2.210
	2	세르히오 가르시아	1.984		2	조던 스피스	2.154
	3	짐 퓨릭	1.196		3	제이슨 데이	2.106
	4	애덤 스콧	1.720		4	버바 왓슨	2.088
	5	맷 쿠차	1.573		5	짐 퓨릭	1.634

시즌	순위	선수명	총 이득 타수	시즌	순위	선수명	총 이득 타수
2015 -16	1	제이슨 데이	2.118	2016 -17	1	리키 파울러	1.987
	2	더스틴 존슨	1.928		2	조던 스피스	1.924
	3	애덤 스콧	1.894		3	더스틴 존슨	1.882
	4	로리 맥길로이	1.681		4	저스틴 토머스	1.811
	5	조던 스피스	1.569		5	존 람	1.778

시즌	순위	선수명	총 이득 타수	시즌	순위	선수명	총 이득 타수
2017 -18	1	더스틴 존슨	2.372	2018 -19	1	로리 맥길로이	2.551
	2	저스틴 로즈	1.952		2	패트릭 캔틀레이	1.857
	3	저스틴 토머스	1.835		3	애덤 스콧	1.831
	4	토미 플리트우드	1.606		4	저스틴 토머스	1.631
	5	타이거 우즈	1.596		5	웨브 심프슨	1.507

표 ●

시즌	순위	선수명	총 이득 타수	시즌	순위	선수명	총 이득 타수
2019 -20	1	존 람	1.823	2020 -21	1	존 람	2.098
	2	저스틴 토머스	1.709		2	브라이언 디섐보	1.823
	3	잰더 쇼플리	1.605		3	패트릭 캔틀레이	1.820
	4	웨브 심프슨	1.597		4	루이 우스트이젠	1.599
	5	브라이언 드섐보	1.566		5	잰더 쇼플리	1.484

시즌	순위	선수명	총 이득 타수	시즌	순위	선수명	총 이득 타수
2021 -22	1	로리 맥길로이	2.115	2022 -23	1	스코티 셰플러	2.314
	2	맷 피츠패트릭	1.792		2	로리 맥길로이	2.102
	3	윌 젤러토리스	1.767		3	패트릭 캔틀레이	1.869
	4	저스틴 토머스	1.680		4	잰더 쇼플리	1.869
	5	스코티 셰플러	1.677		5	토미 플리트우드	1.699

시즌	순위	선수명	총 이득 타수
2013-14	1	로리 매킬로이	2.266
	2	세르히오 가르시아	1.984
	3	짐 퓨릭	1.196
	4	애덤 스콧	1.720
	5	맷 쿠차	1.573

시즌	순위	선수명	총 이득 타수
2014-15	1	헨릭 스텐슨	2.210
	2	조던 스피스	2.154
	3	제이슨 데이	2.106
	4	버바 왓슨	2.088
	5	짐 퓨릭	1.634

시즌	순위	선수명	총 이득 타수
2015-16	1	제이슨 데이	2.118
	2	더스틴 존슨	1.928
	3	애덤 스콧	1.894
	4	로리 매킬로이	1.681
	5	조던 스피스	1.569

시즌	순위	선수명	총 이득 타수
2016-17	1	리키 파울러	1.987
	2	조던 스피스	1.924
	3	더스틴 존슨	1.882
	4	저스틴 토머스	1.811
	5	존 람	1.778

시즌	순위	선수명	총 이득 타수
2017-18	1	더스틴 존슨	2.372
	2	저스틴 로즈	1.952
	3	저스틴 토머스	1.835
	4	토미 플리트우드	1.606
	5	타이거 우즈	1.596

시즌	순위	선수명	총 이득 타수
2018-19	1	로리 매킬로이	2.551
	2	패트릭 캔틀레이	1.857
	3	애덤 스콧	1.831
	4	저스틴 토머스	1.631
	5	웨브 심프슨	1.507

시즌	순위	선수명	총 이득 타수
2019-20	1	존 람	1.823
	2	저스틴 토머스	1.709
	3	잰더 쇼플리	1.605
	4	웨브 심프슨	1.597
	5	브라이언 드섐보	1.566

시즌	순위	선수명	총 이득 타수
2020-21	1	존 람	2.098
	2	브라이언 드섐보	1.823
	3	패트릭 캔틀레이	1.820
	4	루이 우스투이젠	1.599
	5	잰더 쇼플리	1.484

시즌	순위	선수명	총 이득 타수
2021-22	1	로리 매킬로이	2.115
	2	맷 피츠패트릭	1.792
	3	윌 잴러토리스	1.767
	4	저스틴 토머스	1.680
	5	스코티 셰플러	1.677

시즌	순위	선수명	총 이득 타수
2022-23	1	스코티 셰플러	2.314
	2	로리 매킬로이	2.102
	3	패트릭 캔틀레이	1.869
	4	잰더 쇼플리	1.869
	5	토미 플리트우드	1.699

시즌	순위	선수명	총 이득 타수
2024	1	스코티 셰플러	2.496
	2	잰더 쇼플리	1.941
	3	로리 매킬로이	1.412
	4	마쓰야마 히데키	1.268
	5	콜린 모리카와	1.203

가장 뛰어난 프로 골프 선수를 가리는 기준은 여러 가지가 있을 수 있다. 우승 횟수, 메이저대회 우승 여부, 상금 순위도 있지만, 대회마다 상금 규모가 다른 것과는 달리 누구에게나 똑같이 적용되는 평균 타수 순위가 가장 합리적인 기준이라고 생각한다. 그리고 최근 10년간 PGA 투어 평균 타수 상위 100명의 평균 타수와 이득 타수 간의 상관관계를 분석해보니 91.6% ~ 95.4%로 나타났다. 그 어떤 단일 통계 기록도 평균 타수와 이처럼 높은 상관관계를 보여주지 못한다는 점에서 이득 타수의 높은 신뢰도를 알 수 있다.

미국, 유럽, 일본, 그리고 우리나라의 남녀 프로골프 투어 중 이득 타수를 공식 기록으로 인정하고 인터넷 홈페이지에 노출하고 있는 것은 PGA 투어, DP 월드투어(유럽남자투어), 그리고 우리나라의 KLPGA 투어뿐이다. 미국의 LPGA 투어*나 일본의 남녀 투어가 모두 아직 이득 타수를 제대로 활용하지 못하고 있는 반면에 우리나라의 KLPGA 투어에서 공식 기록으로 활용하고 있다는 점이 인상적이다. 본문에 설명된 바와 같이 이득 타수를 산출하기 위해서는 모든 샷 하나하나의 거리 기록이 필요한데, KLPGA 투어의 공식 기록 업체인 CNPS는 2019년부터 KLPGA 대회의 모든 샷별 거리 데이터를 수집하기 시작했고 2021년부터 자체적으로 이득 타수 기록을 산출해오다가 2023년부터 KLPGA가 공식 기록으로 인정하고 있는 것이다. 선수들의 실력만큼 골프 통계 기록 분야에서도 세계적인 수준에 올라섰다는 것은 상당히 고무적이라 할 수 있겠다.

* LPGA 투어 홈페이지에는 2024년부터 이득 타수 기록이 나왔지만 각종 거리 기록이 없는 불완전한 모습임.

옮긴이의 글

이 책을 통해 골프도 통계적으로 접근을 하면 재미있는 부분이 많다는 것을 많은 사람들이 알게 되었으면 좋겠다. 이제는 우리나라에서도 '세이버매트릭스'라는 말이 낯설지 않을 만큼 야구에서는 통계 기록에 대한 관심도 많고 연구나 분석도 일반화된 지 오래되었지만 골프에서는 이제부터 시작이라 생각한다. 더 멀리, 더 정확하게 치기 위한 스윙에 대한 관심은 많지만 통계 기록을 통해 드러난 장점과 단점을 분석하는 것 또한 프로 선수들에게는 반드시 필요한 과정임을 이 책을 통해 깨닫게 되길 바란다. 또한 골프 팬에게도 새로운 관심 대상 분야가 되었으면 좋겠다.

번역을 할 수 있게끔 어려운 판권 문제 해결부터 많은 부분에 도움을 주신 대원씨아이의 여러분께 감사의 말씀을 전하며, 많은 사람들과 공유하고 싶었던 정보를 이 책을 통해 전할 수 있게 된 기쁨을 사랑하는 가족과 함께 나누고 싶다.

김상우

주

1 자세한 내용은 Bansal and Broadie, 2008, "A Simulation Model to Analyze the Impact of Hole Size on Putting in Golf", in Proceedings of the 2008 Winter Simulation Conference에 있다.

2 이 간단한 기록에도 문제가 있다. PGA 투어 프로들이 하와이의 카팔루아 플랜테이션 코스에서 경기를 하면, 고저 차와 바람의 영향으로 다른 골프장에서보다 400야드 드라이브샷이 더 많이 나온다. 드라이브샷 거리에 결정적인 영향을 미치는 골프장과 날씨 조건을 감안하면, 드라이브샷 거리 평균 기록도 개선될 여지가 있다.

3 미스터 롱드라이브의 긴 티샷의 이득 타수 0.66은 미스터 스테디프로의 이득 타수 0.14보다 0.52 더 크다. 짧은 티샷의 이득 타수 0.01은 미스터 스테디프로의 이득 타수보다 0.13 적다.

4 표 5-5를 포함해 이 책에 나온 이득 타수 결과는 PGA 투어 전체 선수의 평균에 대한 상대적인 성적을 측정한 것이다. 표 5-2의 기준점으로 이득 타수를 계산한 후에, 각 라운드의 난이도 및 대회 출전 선수들의 면면(얼마나 랭킹이 높은 선수들이 출전했나)을 감안하여 미세 조정을 한다. 미세 조정에 대한 더 자세한 정보는 부록을 참조하기 바란다.

5 정확도는 방향 실수의 표준편차를 각도로 계산한 것이다.

6 PGA 투어 프로의 페어웨이 안착률과 SGD의 상관관계는 −12%이다. 정확도 각도와 SGD의 상관관계는 −44%이다. 아주 큰 차이를 보인다.

7 버바 왓슨의 드라이브샷 평균 거리는 노타 비게이보다 32야드 길다. 왓슨의 SGD는 라운드당 0.91, 비게이는 라운드당 −0.31이다. 두 명의 정확도가 비슷하기 때문에 20야드는 라운드당 0.76타의 가치가 있다(0.76 =[1.22 / 32] × 20).

8 통계학에 관심이 많은 사람을 위해 부연 설명하면, 8야드는 투어 프로들의 드라이브샷 거리의 표준편차 1에 해당한다. 이 8야드 거리 차이로 라운드당 0.3타를 더 적게 치게 된다. 정확도의 표준편차 1에 해당 되는 것이 0.3도이며, 이 차이로 라운드당 0.2타를 더 적게 치게 된다. 이 계산을 통해 정확도보다 거리가 더 중요함을 알 수 있다.

9 편의성과 단순함을 위해 '어프로치샷'을 이렇게 정의했다. 티샷 후 그린이 보이지 않아서 치는 레이업 샷과 각종 어려운 상황에서의 탈출 샷 등이 여기에 포함되어 있다.

10 5.9%의 수치에는 러프, 페어웨이, 티에서의 샷은 포함되어 있지만, 벙커샷과 리커버리샷은 제외시켰다. PGA 투어 프로의 150~200야드 사이 페어웨이에서의 남은 거리 중간값은 5.6%이며 러프에서는 8.9%이다.

11 5.5%의 수치에는 러프, 페어웨이, 티에서의 샷은 포함되어 있지만, 벙커샷과 리커버리샷은 제외시켰다. PGA 투어 프로의 100~150야드 사이 페어웨이에서의 남은 거리 중간값은 5.0%이며 러프에서는 8.2%이다.

12 라운드당 총 이득 타수는 그 라운드의 모든 샷 각각의 이득 타수의 단순 합이다. 총 이득 타수는 조정 평균 타수와 비슷한 결과를 보여주는데, 조정 평균 타수란 각 라운드에서 모든 출전 선수의 스코어를 감안하여 조정한 선수의 평균 타수를 의미한다.

13 대회에서 우승하기 위해서는 다른 출전 선수들 대비 라운드당 약 3.7타의 이득을 봐야 한다. 타이거 우즈가 우승을 차지하기 위해서는 평소의 경기 대비 라운드당 0.9타의 추가 이득을 봐야 했다. 짐 퓨릭은 평소의 경기 대비 라운드당 1.9타의 추가 이득을 봐야 했다. 대회를 우승할 때 필요한 이러한 추가 이득은 다른 분야보다 퍼팅에서 더 많이 발생한다. 대회를 우승할 때 갑자기 드라이브샷을 20야드 더 길게 치지는 않지만, 퍼팅의 '그분'이 오셔서 평소보다 퍼팅을 더 많이 성공시키는 것이다.

14 어프로치샷은 홀에서 100야드보다 더 떨어진 곳에서 치는 모든 샷 중 파4 홀과 파5 홀의 티샷을 제외한 샷이다. 여기에는 레이업 샷과 리커버리샷이 포함되어 있다.

15 표 6-7의 결과는 시뮬레이션 분석에 의한 것이다. 이득 타수 분석으로도 비슷한 결과가 나타나기 때문에 결과에 대한 독립성 검정이 됐다고 본다. 시뮬레이션 분석은 다음과 같이 진행되었다. 보기 플레이어의 모델은 보

기 플레이어의 샷 기록으로 만들고, 데이터에 대한 적합성 검정을 수행했다. 싱글 골퍼도 같은 방법으로 진행하였다. 그리고 싱글 골퍼의 드라이브샷으로 보기 플레이어 모델의 시뮬레이션을 수행하였다. 여기에서 얻은 스코어의 감소분을 스코어에 대한 드라이브샷의 영향이라고 평가하였다. 싱글 골퍼의 어프로치샷을 보기 플레이어에게 반영시켜 시뮬레이션을 진행하였고 이를 스코어에 대한 어프로치샷의 영향이라고 평가하였다. 이런 방식으로 보기 플레이어와 싱글 골퍼의 10타 차이가 각 분야별로 어떻게 발생하는지 확인했다. 자세한 내용은 브로디와 고의 2013년 컬럼비아 대학교 경영대학 연구 문서를 참고하기 바란다.

16   더 정확히 말하면, 경사 1도는 18m 거리 기준으로 31.5cm의 증가 효과가 있으며, 이는 1.75%에 해당한다 (1.05 / 60).

17   만약 성공한 퍼팅이 어디까지 굴러갔을지를 알 수 있다면, 실패한 퍼팅뿐만 아니라 모든 퍼팅의 분포 패턴의 중심점이 퍼팅의 더 정확한 목표지점이라고 할 수 있을 것이다. 실패한 퍼팅의 중심점만으로는 목표지점에 대한 약간의 오차가 발생할 것이다.

18   거리, 퍼팅 각도, 그린 경사, 그린 빠르기를 모두 조합하여 퍼팅 이득 타수를 계산하면 조금 더 정확한 기준점을 만들 수 있겠지만, 추가로 작업해야 하는 복잡함이 가치가 있을 정도로 개선되지는 않는다.

19   Raymond Floyd, *The Elements of Scoring: A Master's Guide to the Art of Scoring Your Best When You're Not Playing Your Best* (New York: Simon and Schuster, 2000).

20   이 책에는 서로 다른 부분에서 일관된 주제가 있다. 드라이브샷 거리가 20야드 늘어나는 것은 장타자보다 단타자에게 유리하다. 홀의 크기가 커지는 것은 퍼팅을 잘하는 사람보다 잘 못하는 사람에게 유리하다. 전략의 개선은 타수가 높은 사람에게 더 효과적이다.

21   부록의 표 A-23 참조.

22   이렇게 생각해볼 수도 있다. 투어 프로에게 1년 동안 모든 파5 홀에서 평균 타수를 취하거나, 아니면 서드샷을 홀에서 100야드 떨어진 페어웨이에서 치는(언제나 완벽하게 레이업을 했다는 가정) 선택권이 주어졌다고 생각해보자. 어느 쪽이 더 좋은가? 파5 홀에서의 투어 평균 타수는 4.7이다. '완벽한 레이업 선택'의 평균 타수는 4.8이 된다(첫 두 샷과, 홀아웃에 필요한 평균 타수 2.8). 모든 파5 홀에서 평균 0.1타를 포기하는 것은 다른 선수 대비 엄청난 손해를 보는 것이다.

23   84% 확률의 0.4타 이득과 16% 확률의 2.0타 손해가 같기 때문에(0.84 × 0.4 = 0.16 × 2.0), 손익분기점이 84%가 된다.

24   파4 홀에서의 티샷에 대한 표 8-1에 나와 있듯이, 프로는 티샷의 1% 미만이 OB가 난다. 그러면 위험부담이 큰 리커버리샷이 OB가 날 가능성이 있다면 성공 가능성이 99%가 되어야 하는 것 아닌가? 그렇지 않은 이유는 리커버리 상황에서는 안전한 방법이 좋은 대안이 아니지만, 파4 홀의 티샷에서는 아주 훌륭한 선택이기 때문이다.

25   신경섬유를 둘러싼 부분인 미엘린이 과학자들에 의해 근육의 기억을 생성하는 뇌의 구조임이 밝혀졌다. 저스틴 로즈가 세계 랭킹에서 상승한 이유에 대해 숀 폴리에게 물었을 때, 그의 한마디 대답은 "미엘린"이었다.

26   수학을 좋아하는 사람을 위해 추가 설명하자면, 게임의 점수는 이득 타수와 상관관계가 높도록 정했다. 이는 게임에서의 점수 차이가 골프 스코어의 차이와 거의 정비례한다는 의미이다.

27   퍼팅을 잘하는 선수라 함은, 라운드당 퍼팅으로 0.5타 이상의 이득을 거두는 선수를 의미하며, 매년 상위 20명 정도가 포함된다. 퍼팅을 잘 못하는 선수라 함은, 퍼팅으로 0.5타 이상의 손해를 보는 선수를 의미한다.

28   이득 조정 타수 계산에 대한 자세한 내용은 Broadie, M. 2012, "Assessing Golfer Performance on the PGA TOUR", Interfaces, Vol.42, No.2, pp. 146–65를 참고하기 바란다.

29   표 A-19와 A-20은 모두 라운드당 결과 수치이다. 특정 샷 카테고리, 예를 들어 그린 주변 벙커샷을 가장 잘하는 선수를 확인하기 위해서는 라운드당 대신 샷당 이득 타수를 이용하는 것이 더 좋은 방법이기는 하다. 하지만 두 통계 기록은 거의 일치한다. 라운드당 이득 타수가 더 매력적인 이유는 모든 샷 카테고리를 더하면 라운드당 총이득 타수가 나오기 때문이다. 샷당 이득 타수는 이러한 부가가치가 없다.

도판 출처

- 14쪽, 16쪽, 133쪽, 그림 3-1, 표 6-6, 그림 7-1, 그림 7-2, 그림 7-6, 그림 7-7, 그림 7-8, 그림 7-9, 그림 7-10, 그림 7-12, 그림 7-13, 그림 9-1, 그림 9-2 | © Mark Broadie
- 68쪽 | © Getty Images/photographer Alfred Eisenstaedt
- 그림 3-2, 그림 4-1, 그림 5-1, 그림 5-2, 그림 6-1, 그림 8-1, 그림 8-2, 그림 8-3, 그림 8-4, 그림 8-5, 그림 8-6, 그림 8-7 | © Trevor Johnston/TrevorJohnston.com
- 82쪽, 124쪽 | © Bettmann/CORBIS
- 109쪽 | © CORBIS
- 112쪽 | © Melanie Jackson Agency, LLC
- 141쪽 상단 사진 | © PGA TOUR Entertainment, 하단 사진 | © Christopher Broadie
- 203쪽 | © Ron Wilkerson

에브리 샷 카운트

1판 1쇄 인쇄   2025년 3월 31일
1판 1쇄 발행   2025년 4월 15일

지은이   마크 브로디
옮긴이   김상우

발행인   황민호
본부장   박정훈
책임편집   신주식
편집기획   김선림 최경민 윤혜림
마케팅   조안나 이유진
국제판권   이주은 한진아
제작   최태순 성시원

발행처   대원씨아이㈜
주소   서울특별시 용산구 한강대로15길 9-12
전화   (02)2071-2095
팩스   (02)749-2105
등록   제3-563호
등록일자   1992년 5월 11일

www.dwci.co.kr

ISBN   979-11-423-1362-2 13690